DIETHELM MICHEL
QOHELET

ERTRÄGE DER FORSCHUNG

Band 258

DIETHELM MICHEL

QOHELET

WISSENSCHAFTLICHE BUCHGESELLSCHAFT
DARMSTADT

CIP-Titelaufnahme der Deutschen Bibliothek

Michel, Diethelm:
Qohelet / Diethelm Michel. – Darmstadt: Wiss.
Buchges., 1988
(Erträge der Forschung; Bd. 258)
ISBN 3-534-08317-2
NE: GT

Bestellnummer 08317-2

Satz: Setzerei Gutowski, Weiterstadt
Druck und Einband: Wissenschaftliche Buchgesellschaft, Darmstadt
Printed in Germany
Schrift: Linotype Garamond, 10/11

ISSN 0174-0695
ISBN 3-534-08317-2

INHALT

VORWORT

Für das Verständnis des Buches Qohelet ist es nach meiner Überzeugung entscheidend wichtig, ob das Buch aus einer Sammlung von isolierten und voneinander unabhängigen Sentenzen besteht oder ob vom Verfasser ein planmäßiger Aufbau von Anfang an vorgesehen war. Ein beträchtlicher Teil dieses Buches ist daher der Dokumentierung der hier vorgetragenen Theorien gewidmet. Wer diese Diskussion verfolgen und auch mit den anderen behandelten Problemen sich auseinandersetzen will, braucht dazu, wie das nun einmal bei Auslegungsfragen so ist, einen Text – und zwar möglichst einen kritisch übersetzten Text. Der verhältnismäßig geringe Umfang des Buches Qohelet erlaubte es, in diesem Band der ›Erträge der Forschung‹ eine Neuerung zu versuchen: Am Ende der Darstellung findet sich eine Übersetzung der zwölf Kapitel mit einem Kurzkommentar, der den Leser in die behandelte Problematik einführen soll. Er kann natürlich keinen ausführlichen Kommentar ersetzen, kann aber hoffentlich doch die in den Ausführungen des Textes gelegentlich nur angedeutete Sicht des Verfassers klären.

Und damit bin ich bei dem Problem, das den Erscheinungstermin des Bandes so lange hinausgeschoben hat. Beim Schreiben der Forschungsüberblicke stellte ich fest, daß meine eigene Meinung an nicht wenigen Stellen von dem Trend oder gar Konsens der Forschung abwich. Da es schwierig ist, Forschungsergebnisse darzustellen, wenn man mit ihnen nicht ganz übereinstimmt, und da es nicht im Sinne der ›Erträge der Forschung‹ ist, hier eigene Theorien zu entwickeln, habe ich die Arbeit an diesem Band zunächst unterbrochen und meine eigenen Forschungen dargestellt. Sie sollen demnächst als Band der ›Beihefte für die Zeitschrift für die alttestamentliche Wissenschaft‹ erscheinen; auf diesen Band, der zur Zeit des Drucks noch nicht erschienen ist, wird mit MICHEL, BZAW hingewiesen.

Zu danken habe ich vielfach. Zunächst einmal dem theologischen Lektorat von der Wissenschaftlichen Buchgesellschaft für die Geduld, mit der es die etwas langwierige Entstehung des Buches begleitete; dann meinem Assistenten Reinhard Lehmann für unermüdliche Hilfe bei der Literaturbeschaffung, vor allem aber Frau Maria Theresia Küchenmeister für die sorgfältige Erstellung des Manuskripts.

1. NAME UND PERSON DES VERFASSERS

„Dies sind die Reden des Predigers, des Sohnes Davids, des Königs zu Jerusalem" – so übersetzt LUTHER den ersten Vers unseres Buches. Moderne Kommentare und etwa auch die evangelisch-katholische Einheitsübersetzung verzichten auf den „Prediger" und übersetzen „Worte Qohelets ben David, des Königs in Jerusalem" oder ähnlich.

Gegen beide Wiedergaben des hebräischen Textes lassen sich Bedenken anmelden. LUTHER hat sich mit der Übersetzung des hebräischen Wortes *qohelet* durch „Prediger" auf eine wohl mögliche, aber nicht zwingende Wiedergabe des hebräischen Wortes festgelegt, und die Wiedergabe durch „Qohelet" erweckt den Eindruck, es handle sich um einen Eigennamen, was, wie wir sehen werden, höchstens halb stimmt.

Was also wissen wir über den Verfasser dieses Buches und eventuell über seinen Namen? Neben der eben zitierten Stelle 1,1 ist noch 12,9–10 zu erörtern: „Ein Nachtrag: Qohelet war ein Weiser und lehrte auch das Volk Erkenntnis. Er wägte ab und prüfte, faßte viele Sprichwörter ab. Qohelet trachtete danach, angemessen formulierte Worte herauszufinden, und ⟨er schrieb⟩ wahre Worte in rechter Weise auf." Diese Worte stammen zwar nach allgemeiner Ansicht nicht vom Verfasser des Buches selbst (s. u. S. 116f.), aber sie bieten den einzigen Anhaltspunkt, etwas aus dem Buche selbst über den Verfasser zu sagen.

Die Angabe in 1,1, Qohelet sei Sohn Davids und König in Jerusalem gewesen, soll den Verfasser pseudepigraphisch mit Salomo identifizieren, und zwar aufgrund der Salomofiktion in 1,12 – 2,10 (vgl. S. 76f.) – darüber herrscht unter modernen Auslegern Einigkeit. Denn aus der Abfassungszeit des Buches, die mit Sicherheit nachexilisch ist (vgl. S. 112f.), folgt zwingend, daß diese Angabe nicht stimmen kann. So bleibt an verläßlicher Mitteilung aus 1,1 nur noch „Qohelet" übrig.

Bei diesem Wort ist lediglich klar, daß es ein feminines Partizip des Grundstamms (= Qal) von der Wurzel *qhl*[1] ist. Zwar ist das Verb *qhl*

[1] Eine Anmerkung für Leser, die keine semitische Sprache kennen: In

sonst im Alten Testament nicht im Grundstamm, sondern nur im Reflexivstamm (= Niphal) in der Bedeutung „sich versammeln" sowie im Kausativstamm (= Hiphil) in der Bedeutung „jemanden versammeln" belegt, aber ein singuläres Partizip des Grundstamms kommt gelegentlich auch bei anderen Verben vor (z.B. *dober*), bereitet also linguistisch keine Schwierigkeiten.

Schwierigkeiten aber bereiten die feminine Form des Partizips sowie die Tatsache, daß es teils mit, teils ohne Artikel verwendet wird. Nicht ohne Probleme ist ferner die Bestimmung der Bedeutung des Grundstamms von *qhl*.

a) Zur femininen Form des Partizips

Da es 1,2; 12,8.9 mit einem maskulinen Verb konstruiert wird, da außerdem 1,1 zu Qohelet die Apposition „Sohn Davids" steht, dient das feminine Partizip ohne Frage zur Bezeichnung eines männlichen Wesens. Die meisten Ausleger erklären diese Inkongruenz unter Hinweis auf Esra 2,55.57, wo sich zwei analoge feminine Partizipien als männliche Eigennamen finden: *hassoperet* und *poreket hasᵉbajim.* Nach der üblichen Erklärung haben sie ursprünglich Ämter („das Schreiberamt" und „das Gazellenpflegeamt") bezeichnet und wurden dann sekundär als Namen für die Inhaber der Ämter verwendet. So soll z.B. nach EISSFELDT (³Einleitung, 666f.) *qohelet* ursprünglich das Amt der Versammlungsleitung oder des Redens in der Versammlung und dann sekundär auch den Versammlungsleiter oder Versammlungsredner bezeichnet haben. WHITLEY (BZAW 148, 4f.) stützt diese Deutung noch durch den Hinweis auf eine ähnliche Verwendung von femininen Nomina in Qumran, in der Mischna und im Arabischen, vgl. vorher DELITZSCH, 212ff. und LORETZ (1964) 146f., Anm. 53. – Grammatisch einwandfrei ist auch die Auffassung von PAUTREL (9f.), der auf die kollektiv verwendeten Partizipien *jošebet* (Einwohnerschaft) und *'ojebet* (Feind) hinweist und analog *qohelet* kollektiv als „die Teilnehmer an einer Volksversammlung" oder „die Öffentlichkeit"

den semitischen Sprachen gibt es zwei verschiedene k-Laute, einen normalen, der unserem deutschen k entspricht, und einen emphatischen, der in der Umschrift durch q wiedergegeben wird. Da wir im Deutschen nicht zwischen normalem und emphatischem k-Laut unterscheiden, ist Qohelet also wie Kohelet auszusprechen. Der Ton liegt auf der Silbe he.

(le public) versteht. Personifiziert und als Eigenname verwendet verkörpert Qohelet dann die Rolle des Widerspruchsgeistes des Autors. „Ich, die geduldige, schweigende, durch eine veraltete Lehre gelangweilte Öffentlichkeit – ich spreche jetzt meinerseits, um das zu sagen, was alle Welt ganz unten schließlich doch denkt.“[2] Mit dieser Deutung kann PAUTREL zwar einsichtig machen, daß Qohelet der herkömmlichen Weisheit widerspricht, aber er verkennt doch wohl den originellen, um nicht zu sagen singulären Charakter seiner Darlegungen – personifizierte öffentliche Meinung dürfte er kaum sein. So ist es nicht verwunderlich, daß PAUTRELS Deutung von niemandem aufgenommen worden ist, obwohl sie grammatisch näherliegend ist als die vorher skizzierte. – Eine verblüffende Erklärung der grammatischen Inkongruenz ist von ZIMMERMANN (JQR 36, 43 f.) vorgetragen und von GINSBERG (Studies in Koheleth, 31 f.) und ULLENDORFF (VT 12, 215) aufgenommen und modifiziert worden: es liegt ein Übersetzungsfehler aus dem Aramäischen vor. Im Aramäischen wird der Artikel als Endung *-ā* an das zu determinierende Wort angehängt (sog. Status determinatus) und hat die gleiche Form wie die Femininendung *-ā* (die freilich bei korrekter Schreibweise mit *He* als Mater lectionis im Unterschied zum Aleph als Mater lectionis für den Status determinatus geschrieben wird – aber das geht in aramäischen Texten oft durcheinander!). Ein Übersetzer soll nun den Status determinatus mit der Femininendung verwechselt haben und im Hebräischen statt des korrekten maskulinen Partizips mit Artikel ein feminines Partizip ohne Artikel gewählt haben. Es ist aber m. E. schwer vorstellbar, ein Übersetzer habe einen so elementaren Fehler bei einem für das Buch so wichtigen Wort (immerhin handelt es sich um den Autor!) gleich mehrmals gemacht. So wird man doch mit den meisten Auslegern die erste der vorgetragenen Erklärungsmöglichkeiten vorziehen (Amtsbezeichnung sekundär als Personenbezeichnung verwendet), wenn man nicht wie GORDIS sich mit der Feststellung bescheiden will: “The name Koheleth remains as enigmatic today as ever before” (193).

[2] «Moi, le Public, le patient, le muet, lassé d’un enseignement périmé, voici que je parle à mon tour, pour dire ce que tout le monde a fini par penser tout bas» (a. a. O., 9 f.).

b) Appellativum oder Eigenname?

Bei den sieben Belegen des Wortes Qohelet (1,1.2.12; 7.17; 12,8.9.10) findet sich einmal (12,8) der Artikel vor dem Wort, außerdem ist 7,27 vermutlich nach einer von den meisten Exegeten akzeptierten Textverbesserung (*'mr hqhlt* statt *'mrh qhlt*: falsche Worttrennung!) ebenfalls der Artikel zu lesen. Da im Hebräischen vor einem Eigennamen kein Artikel stehen kann, ist jedenfalls 12,8 und vielleicht auch 7,27 das Wort *qohelet* nicht als Eigenname, sondern als Appellativum verwendet worden. Andererseits zeigen die übrigen artikellosen Stellen deutlich, daß das Wort zu einem Eigennamen geworden war, und von diesen Stellen hat 1,12 besonderes Gewicht, weil sie von Qohelet selbst stammen dürfte, während 1,1.2; 12.9.10 anderen Verfassern zuzuschreiben sind (vgl. unten S. 116). Der Verfasser selber hat also das Wort *qohelet*, das eigentlich kein Eigenname war, in der Art eines Eigennamens von sich selber verwendet. Was nun bedeutet Qohelet?

c) Zur Bedeutung von qhl

Wie schon erwähnt, ist das Verb im Reflexivstamm in der Bedeutung „sich versammeln" und im Kausativstamm in der Bedeutung „jemanden versammeln" im biblischen Hebräisch gut belegt; hinzuweisen wäre auch noch auf das Substantiv *qahal*, das „Volksversammlung" bedeutet und von dem das Verb im Qal denominiert sein könnte. Wenn man das oben unter a) Dargelegte über die Verwendung der femininen Form für ein männliches Wesen bedenkt, wäre ein *qohelet* also jemand, der innerhalb der Volksversammlung ein Amt innehat, also etwa ein Versammlungsleiter oder ein Versammlungsredner. In diese Richtung weist auch die Septuaginta, die ja bekanntlich *qohelet* durch *ekklesiastes* übersetzt, was einen Angehörigen der *ekklesia* bezeichnet, also der Bürgerversammlung. Ebenfalls in diese Richtung weist HIERONYMUS, der *qohelet* durch *contionator*, „Volksredner", wiedergibt.

Wenn diese Ableitung richtig sein sollte, wäre es natürlich nun wichtig, nach der Art der Versammlung zu fragen, in der Qohelet geredet oder die er geleitet haben soll. Der Bedeutungsumfang des hebräischen Wortes *qahal*[3] hilft uns hier leider nicht weiter: das Wort

[3] Vgl. J.-P. MÜLLER, qāhāl Versammlung, in: THAT 2, 1976, 609–619.

kann eine zum Krieg versammelte Mannschaft, eine Gerichtsgemeinde, eine Kultgemeinschaft und die Vollversammlung der jüdischen Kultgemeinde bezeichnen, aber leider auch viel begrenzter eine „Rotte von Übeltätern" (Ps 26,5). Klärend für die Zeit Qohelets ist Jesus Sirach, nach dem Weise und Schreiber in der Volksversammlung eine gegenüber den Handarbeitern hervorragende Stellung einnehmen: sie werden befragt, ragen aus der Gemeinde hervor, sitzen auf dem Richterstuhle, offenbaren Lehre und Urteil, sind in Weisheitssprüchen bewandert (Jesus Sirach 38,32–33). In Verbindung mit 12,9 hat JOÜON (Bibl 2,53–54) die interessante Theorie vertreten, das mit 12,8 endende Buch Qohelet sei zwar «l'œuvre du philosophe», aber darüber hinaus habe Qohelet auch noch als Lehrer des Volkes in der Volksversammlung gewirkt, und daher stamme der Name Qohelet: «Qoheleth a eu un enseignement populaire, destiné à tous, au ‹peuple›.... C'est à ces qahal, où il enseignait le peuple, que Qoheleth doit ce titre honorifique. Qoheleth serait donc ‹l'homme de l'assemblée populaire›, l'Orateur ou le Prédicateur par excellence.» Ohne die Differenzierung JOÜONS bezieht LORETZ (1964, 147f.) den Titel auf das ganze Werk Qohelets. „Qohelet würde dann der ehrenvolle Name für den Weisen sein, der in der *qhl*-‚Versammlung (des Volkes)' der nachexilischen Gemeinde auf Grund seiner Weisheit eine große Rolle spielt ... Wenn so mit guten Gründen angenommen werden kann, daß der Name Qohelet auf die besondere Ehre und Würde eines weisen Gelehrten anspielt, ist es auch verständlich, warum der Verfasser sich als Qohelet vorstellt. Im ganzen Werk legt er dar, daß er die Weisheit kennt –, ob er sich mit der herkömmlich gelehrten Weisheit identifiziert, ist jedoch eine andere Frage." Wenn JOÜON recht hätte, wäre sogar LUTHERS Übersetzung des Wortes Qohelet durch „der Prediger" gerechtfertigt – dann könnte man nicht dagegen einwenden, daß sich im Buch Qohelet von den sonstigen religiösen Traditionen des Alten Testaments bestenfalls Spuren finden (dazu vgl. unten S. 67ff.) und Qohelet also kein Prediger in unserem Sinne gewesen sein könne. Aber die Trennung in ein bis 12,8 reichendes Werk eines Philosophen und eine darüber hinausgehende Tätigkeit eines Predigers ist kaum durchführbar – schließlich soll mit der Überschrift 1,1 „Worte Qohelets ..." der Inhalt des vorliegenden Buches angegeben werden und vor allem: in 1,12 bezeichnet der Autor sich selber beim Vollzug seines philosophischen Bemühens mit Qohelet. Die Übersetzung „Prediger" ist nicht vertretbar; sie sollte deshalb – bei allem Respekt vor LUTHER! – konsequenterweise auch aus der Lutherübersetzung verschwinden! Was nun die Auffassung von LORETZ angeht, so erscheint es doch etwas schwierig, anzunehmen, Qohelet habe sich einen Ehrentitel für einen herkömmliche Weisheit lehrenden Weisen zugelegt (der im übrigen nirgendwo sonst belegt ist!), obwohl er sich mit der herkömmlichen Weisheit gerade nicht identifiziert. LOHFINK, der das Problem als letzter ausführlich behandelt hat (Komm., 11f.), bemerkt zu Recht, „Inhalt und Gestalt von Koh" seien „so geartet, daß man sich seine Entstehung kaum im Rahmen des wohlgeregelten, seit Jahrhunderten inhaltlich festliegenden, vollausgeleuchteten Schulbetriebs am Tempel vorstellen kann". Eine besondere Rücksichtnahme auf eine spätere priesterliche Tätigkeit der Schüler sei nicht erkennbar, außerdem sei die Abrechnung mit der bisherigen Bildungstradition „recht offenherzig". Qohelet sei also kaum als Lehrer an einer Tempelschule denkbar. „Wahrscheinlicher in unserem Zusammenhang ist, daß Kohelet seine Lehre nach Art der griechischen Wanderphilosophen auf dem Marktplatz öffentlich ... angeboten hat, natürlich wie diese gegen angemessene Bezahlung. Das muß dann in Jerusalem etwas Neues gewesen sein und hat Aufsehen erregt. Es entstand ein Schülerkreis um ihn herum, und von ihm her bekam er den Namen qōhælæt. Mit diesem hat er dann, als er seine Lehre in einem Buch zusammenfaßte, kokettiert" (Komm., 12). So etwa könnte es gewesen sein, wobei dahingestellt sein mag, ob man zusätzlich mit LOHFINK annehmen will, daß Qohelet aus einer einflußreichen Familie stammte und man ihm deshalb „Eskapaden nicht ohne weiteres verbieten" konnte. So etwa könnte es gewesen sein – wenn die Ableitung des „Namens" Qohelet von dem Verb *qhl* „sich versammeln" oder von *qahal* „Versammlung" stimmt.

Freilich aber sind auch andere Ableitungen vorgeschlagen worden. GINSBERG (Studies in Koheleth, 33), der ZIMMERMANNS These übernimmt, das Buch sei ursprünglich auf Aramäisch verfaßt und dann erst ins Hebräische übersetzt worden, wobei die aramäische Determinatusendung mißverstanden worden sei (vgl. oben), verweist darauf, daß der Grundstamm von *qhl* im Syrischen die Bedeutung "to convoke" („einberufen") habe und übersetzt Qohelet mit "the Convoker". ULLENDORFF (VT XII, 215) schließt sich der Erklärung der femininen Partizipform durch Fehlübersetzung an und ergänzt sie durch den Hinweis, daß im Aramäisch-Syrischen die Wurzel *qhl* nicht nur „versammeln", sondern auch „litigiosus, pertinax" bedeute. "It would be hard to imagine a more suitable name for the putative author of the book of Ecclesiastes than 'the arguer.'"

Whitley (BZAW 148, 6) schließlich vermutet für die hebräische Wurzel *qhl* in Neh 5,7 und Hi 11,10 eine juridische Bedeutung („Anklage" für das Substantiv *q^e^hilla*, „verurteilen" für das Verb *qhl* im Hiphil) und weist darauf hin, daß im Syrischen das Verb *qhl* auch "to consider" und im Intensivstamm (Pael) "to consider attentively" bedeute. Der Autor unseres Buches spiele alle diese Bedeutungsnuancen durch: er fragt, er erwägt, er urteilt. Vielleicht könne das hebräische *qohelet* eine solch umfassende Bedeutung haben, "but, if it is to be represented by one term in English, perhaps 'The Sceptic' would have some measure of adequacy".

Nur als eine Art Kuriosität sei noch vermerkt, daß Kamenetzky (1914) die Frage zu klären versucht, wieso man Salomo habe Qohelet nennen können. Seine Antwort: in der chronistischen Geschichtserzählung über Salomo komme „ziemlich häufig" das Wort *qahal* vor (1 Chr 28,1.8; 29,1; 2 Chr 1,3.5; 5,2.3; 6,3.12; 7,8). Der Wortstamm *qhl* bezeichnet also Salomo „als denjenigen, in dessen Lebensbeschreibung der Stamm *qhl* häufig vorkommt" (226). Doch abgesehen von der kaum nachzuvollziehenden Antwort ist auch die Frage Kamenetzkys falsch gestellt: sie setzt voraus, im ganzen Buch sei Salomo als Autor angenommen, und gerade das stimmt nicht (vgl. unten S. 76f.). Daß Kamenetzky selber dann (1924) vorschlägt, *qhlt* als *q^e^hillot* (Volksversammlung) zu lesen, weil Salomo nach der Chronik sich mehrmals an das versammelte Volk gewandt habe, ist gegenüber seiner früheren Theorie sicherlich auch keine Verbesserung.

Wenn man die vorgeschlagenen Deutungsversuche überblickt, ergibt sich m. E. folgendes:

1. Die Verwendung eines femininen Partizips für eine männliche Person ist wohl als Personifizierung einer Amtsbezeichnung nach Analogie von Esra 2,55.57 zu erklären.
2. Die Tatsache, daß *qohelet* als Bezeichnung für ein Amt oder einen Stand sonst nicht belegt ist, läßt es wahrscheinlich erscheinen, daß diese Bezeichnung speziell für den Verfasser unseres Buches geprägt wurde.
3. Dann aber ist fraglich, ob die übliche Ableitung von *qahal* „Volksversammlung" oder dem Verb *qhl* zutreffend ist, weil nichts im Buche Qohelet auf irgendeine Beziehung zu irgendeiner Volksversammlung hinweist. Dazu kommt noch, daß der Stil des Buches Qohelet wohl eher an schriftliche Abfassung als mündlich vorgetragene Lehre denken läßt.
4. Wenn die Bezeichnung *qohelet* speziell für den Verfasser unseres

Buches geprägt sein sollte, sollte man erwarten, daß sie eine Beziehung zu der Eigenart des Buches aufweist. Die von WHITLEY als möglich erwiesene Bedeutung „Skeptiker“ o. ä. wird dieser Forderung am ehesten gerecht.

2. DAS PROBLEM DER LITERARISCHEN STRUKTUR DES BUCHES

Auch ein aufmerksamer Leser wird sich vergebens bemühen, im Buche Qohelet planvollen Aufbau und fortschreitende Gedankenführung nach der Art zu finden, wie wir sie heute von einer wissenschaftlichen Abhandlung als selbstverständlich erwarten. Neben Abschnitten, in denen man eine fortschreitende Argumentation erkennen kann, stehen solche, die anscheinend lediglich durch Stichwortassoziation verbunden sind – und nicht selten kann man sich des Eindrucks nicht erwehren, daß der Verfasser einfach von einem Thema zum nächsten springt, ohne daß ein Grund für diesen Sprung erkennbar wäre.

Dazu kommt noch, daß sich häufig widersprüchliche Sätze finden. Wie soll man z.B. „Besser ist Kummer als Lachen, denn bei finsterer Miene ist das Herz gut" (7,3) zusammenbringen mit „Eile nicht mit schnellem Atem, Kummer zu empfinden, denn Kummer wohnt in der Brust des Toren" (7,9) oder mit „Da pries ich die Freude, denn es gibt nichts besseres für den Menschen unter der Sonne, als zu essen und zu trinken und sich zu freuen" (8,15)? Wie soll man zusammenbringen „Ein Gewinn von Erkenntnis ist: die Weisheit erhält ihren Besitzer am Leben" (7,12) mit „Nicht den Weisen ist Brot (sicher) und nicht den Verständigen Reichtum" (9,11)? Die Beispiele ließen sich leicht vermehren.

Für diese beiden Phänomene (nichterkennbare Disposition und gelegentliche sachliche Widersprüche) muß nun jeder Ausleger des Buches eine Erklärung finden. Die bisher vorgetragenen Erklärungsversuche lassen sich, grob gesehen, in drei Grundmodelle zusammenfassen:

a) Der Eindruck der fehlenden Disposition stimmt. Die fehlende Disposition ist dadurch zu erklären, daß der Verfasser bzw. Herausgeber gar keine Abhandlung im modernen Sinn schreiben wollte, sondern Sentenzen bzw. Reflexionen bzw. Topoi aneinanderreihte. Die widersprüchlichen Aussagen sind durch diese literarische Eigenart zu erklären.

b) Der Eindruck der fehlenden Disposition stimmt. Die im jetzigen Text fehlende Disposition ist aber vom ursprünglichen

Verfasser nicht beabsichtigt. Er hat vielmehr ein planvoll gegliedertes Werk geschrieben, das nachträglich durch Ergänzungen bzw. Umstellungen entstellt worden ist und vom Ausleger literarkritisch rekonstruiert werden muß.

c) Der Eindruck der fehlenden Disposition stimmt nicht. Bei genauer und sachgemäßer Analyse zeigt sich ein vom Verfasser beabsichtigter planvoller Aufbau.

a) Sentenzen – Reflexionen – Topoi

Diese Position ist bereits 1875 von DELITZSCH vertreten worden: „Blicken wir auf diese umrißliche Reproduction des Inhalts und Gedankengangs des Buchs zurück, so zeigt sich durchweg gleiche Weltanschauung mit gleichem Ultimatum, und auch insofern Kunst der Composition, als eine malerische Ouvertüre das Buch eröffnet und ein malerisches Finale es abschließt. Aber stufengängige Entwickelung, fortschreitende Beweisführung läßt sich vermissen und sogar die Gruppirung des Gleichartigen ist nicht rein durchgeführt; die Gedankenverknüpfung ist öfter durch Aeußerliches und Zufälliges bestimmt und nicht selten schiebt sich in die Kette des Sachverwandten ein fremdartiges Glied ein. Das in c. 1 und 2 diesen Bekenntnissen aufgedrückte salomonische Gepräge beginnt weiterhin sich zu verwischen. Die Aneinanderreihung der Bekenntnisse wird von c. 3 an aphoristisch, und die eingelegten Spruchreihen lassen sich nicht befriedigend rubriciren. Die Gründe, Anlässe und Absichten, welche den Verf. bestimmten, Bekenntnisse und Sittensprüche gerade so einander folgen zu lassen, entziehen sich großentheils der Beobachtung. Alle Versuche, in dem Ganzen nicht nur Einheit des Geistes, sondern auch genetischen Fortgang, allesbeherrschenden Plan und organische Gliederung nachzuweisen, mußten bisher und werden inskünftige scheitern" (195).

Ganz deutlich zeigt sich hier das Problem, das sich denjenigen stellt, die nicht mit einer vom Verfasser beabsichtigten planvollen Anlage des Buches rechnen: die Texte Qohelets haben in der Regel eine unverwechselbare Eigenart – wie ist diese zu beschreiben und zu begründen? DELITZSCH redet hier von „gleicher Weltanschauung mit gleichem Ultimatum", betont also die inhaltlichen Momente. Auf derselben Linie liegt WILDEBOER: „Das Buch selbst spottet jeder Einteilung. Vergeblich hat man versucht, das Ganze in verschiedene Hauptteile zu zerlegen; denn bis jetzt sind noch keine zwei Ausleger in ihren Versuchen je zu übereinstimmenden Resultaten gekommen ... Unser Buch ist keine logisch fortschreitende philosophische Abhandlung ... Es bildet ein Ganzes, aber die Einheit liegt hinter den Ausführungen im Geiste des Schreibers" (110f.).

Die sich bei Qohelet findenden Widersprüche kann man bei dieser Grundposition biographisch zu erklären versuchen: „Seine mannigfaltigen Reflexionen bringt Qohelet nicht in logischer Ordnung vor, wie es vielleicht ein griechischer Philosoph oder ein moderner Denker getan hätte. Es hieße, die vorüberziehenden Wolken in einen Rahmen fassen, wollte man die Reflexionen Kohelets in eine streng logische Ordnung bringen. Wenn sich in den alttestamentlichen Büchern überhaupt eine Ordnung zeigt, so ist es nur die chronologische ... So hat auch Kohelet seine Gedanken aufgezeichnet, wie sie kamen. Es ist also hierin eine Art chronologischer Ordnung. Daraus mag zum Teile folgen, daß hie und da über denselben Gegenstand anscheinend ganz widersprechende Urteile abgegeben werden, ähnlich wie wir öfters über dieselbe Sache zu verschiedenen Zeiten verschieden urteilen. Bei Kohelet läßt sich jedoch diese Verschiedenheit hauptsächlich aus den verschiedenen Gesichtspunkten erklären, von welchen aus er die Dinge betrachtet" (ZAPLETAL, 31).[1]

[1] Weitere Versuche einer biographischen Deutung der Gegensätze bei Qohelet:

„Die litterarische Form des Buches Qoheleth ist eine unvollkommene. Ausser in 1 und 2, wo der Verfasser von dem Gang seiner (wirklichen oder nur gedachten) Erfahrung geleitet wird, zeigt die Beweisführung nur selten eine systematische Entwicklung. Der Gedankenzusammenhang ist oft schwer herauszufinden; das Objekt der Verhandlung wechselt leicht und ziemlich jäh; das Buch zeigt auch keine deutlich hervortretenden Unterteile. Auch die in ihm zur Darstellung gebrachten Ansichten sind nicht überall vollkommen konsequent ausgeführt. Augenscheinlich spiegelt das Buch die wechselnden Stimmungen des Verfassers wieder, und diese werden nebeneinander zur Darstellung gebracht, ohne dass immer zwischen ihnen der logische Zusammenhang hergestellt wird" (DRIVER, 501).

„Im literarischen Stil ist das Büchlein im A.T. einzigartig und dadurch um so reizvoller. Am meisten erinnert es an die *Meditationen des Marc Aurel*, es ist mit diesen in mancher Hinsicht verwandt. Wie dort fehlt es auch hier am geschlossenen Aufbau, an der logischen Gedankenfolge, wenn auch eine Entwicklung in der Stimmung unverkennbar ist. Beide, Marc Aurel und Kohelet, sind keine Philosophen gewesen, die neue Lehrsätze des Denkens und Anschauens fanden, sondern Praktiker, die sich mit der Lebens-

1969 wiederholt GALLING die von DELITZSCH vorgetragene Grundposition und präzisiert sie insofern, als er die in der Planlosigkeit erkennbare Einheitlichkeit nicht nur durch das immer um dieselben Themen kreisende einheitliche Denken Qohelets erklärt, sondern auch formal die Nebeneinanderstellung von einzelnen Sentenzen als sachgemäß und beabsichtigt ansieht: „‚Alle Versuche, in dem Ganzen ... genetischen Fortgang, allesbeherrschenden Plan und organische Gliederung nachzuweisen, mußten bisher und werden inskünftig scheitern.' Dieses 1875 von Franz Delitzsch geäußerte Urteil ... hat bis zur Stunde nichts von seiner Gültigkeit verloren. Es basiert auf der grundlegenden Erkenntnis, daß der Autor nicht ein Buch (einen Traktat *de vanitate rerum*) geplant hat, sondern seine jeweilige Erkenntnis in einer auf ein bestimmtes Thema zugespitzen *Sentenz* zum Ausdruck bringt ... Da hinter den einzelnen Sprüchen das Denken Q.'s immer wieder um das unbegreif-

kunst, mit Gefühlsbestimmungen und Betrachtungen über das Leben befaßten. Wie dort sind auch hier die Beobachtungen und Erfahrungen aus allen Gebieten genommen, aus dem Menschenleben, dem eigenen und fremden, aus der Natur und der Geschichte, aus allgemeinen täglichen und bestimmten einzelnen Fällen. Auch der schriftstellerische Prozeß ist bei Beiden ähnlich zu denken; die Erfahrungen und Beobachtungen stammen aus verschiedenen Zeiten und sind wohl teilweise früher aufgezeichnet worden, aber das Ganze ist doch eine einheitliche, so ziemlich aus Einem Guß entstandene Arbeit. ... Wo Kohelet forschender Denker ist, redet er im ‚Ich', als Lehrer und Erzieher redet er im ‚Du' ..." (VOLZ, 234).

„Die ersten Kapitel, vor allem das erste und zweite, machen in überraschendem, im A.T. nur selten erreichtem Grade den Eindruck einer geschlossenen Gedanken- und Beweisführung, der Durchführung des Satzes ‚Alles ist nichtig'. Mit Kap. 3 wird der Zusammenhang lockerer und lokkerer, von Kap. 5 an wagen sich gar praktische Ratschläge und Klugheitsregeln hervor, deren wir uns zu dem Lehrer der Eitelkeit alles Irdischen und der Nutzlosigkeit jedes Bemühens gar nicht versehen hätten. Sollen wir für alle solche Abschnitte eine oder mehrere fremde Hände annehmen, also mindestens die jenes Nachredners, oder sollen wir umgekehrt so lange umordnen, bis alle Klüfte überbrückt sind und ein klarer Gedankengang uns folgerichtig vom einen zum anderen führt? Beides ist wiederholt versucht worden; aber schwerlich liegt genügender Anlaß dafür vor. Kein Pessimismus kann folgerichtig sein, und bei bloßem Verneinen kann niemand stehenbleiben. Nachdem er sein Herz ausgeschüttet, durfte und mußte auch der Prediger zu den Wirklichkeiten des Lebens zurückkehren" (BUDDE, 422).

liche Widerfahrnis von Schicksal und Tod kreist, stehen sich die einzelnen Sentenzen im Gesamttenor so nahe, daß es keiner übergreifenden Gliederung bedurfte, um jeweils eine Gruppe von Sentenzen von einer nachfolgenden abzusetzen. Bildet die einzelne Sentenz primär die literarische Einheit, die als solche ausgelegt werden muß, so heißt das auf der anderen Seite natürlich nicht, daß die einzelnen Sentenzen wie Spielkarten durcheinandergemischt und nach dem so entstandenen Zufalls-Resultat hintereinander gestellt wurden. Ob Q. selbst noch die vorliegende Reihenfolge entworfen hat, ist fraglich. Jedenfalls ist ein Schüler Q.'s als Herausgeber ... für das Ganze verantwortlich" (GALLING, 76).[2]

Die von DELITZSCH dargelegte Position wird also von GALLING präzisiert und ausgebaut: Es gibt deshalb keinen planmäßigen Aufbau, weil der Verfasser seine Gedanken in Einzelsentenzen dargelegt hat, die dann sekundär zusammengefügt worden sind. Das Verbindende der einzelnen Sentenzen ist nicht ein geplanter Gedankenfortschritt, sondern eine in den Einzelsentenzen sich jeweils aussprechende Grunderfahrung („das unbegreifliche Widerfahrnis von Schicksal und Tod"). An dieser Grundkonzeption ändert sich natürlich nichts, wenn man statt „Sentenz" lieber den Terminus „Reflexion" wählt, wie es ELLERMEIER tut (1967, 50).

Der Auffassung GALLINGS ähnelt die von ZIMMERLI: „Das Buch Kohelet ist kein Traktat mit klar erkennbarem Aufriß und einem einzigen, bestimmbaren Thema. Es ist aber zugleich mehr als eine lose Sentenzensammlung, obwohl der Sammlungscharakter an einzelnen Stellen nicht zu übersehen ist" (1974, 230). Was das Buch trotz des Fehlens von klar erkennbarem Aufriß und einzigem Thema zu mehr als einer losen Sentenzensammlung macht, ist wieder ein inhaltliches Moment, das ZIMMERLI gegenüber GALLING präziser beschreibt. Er stellt fest, „daß Kohelet sich auf der ganzen Linie in einem polemischen Gespräch mit einer Weisheit befindet, die meint, die Dinge des Lebens meistern zu können ... Aus der Erfahrung der restlosen Verfügtheit aller Dinge argumentiert er im Bereich der verschiedenen Topoi, welche die Weisheit anzusprechen

[2] In der 1. Auflage hatte GALLING die Bedeutung der Einzelsentenz noch stärker betont: „Grundsätzlich muß man im ersten Stadium die Gestaltung des einzelnen Aphorismus als das allein Maßgebliche ansehen und daher in der Erklärung auch immer von der einzelnen Sentenz ausgehen. Bei der Zusammenstellung (zweites Stadium!) sind gewisse Reihen zu übersehen" (HAT 18, 1940, 49). Vgl. weiter GALLING (1932) 276–299; (1934) 355–373.

pflegt, wägt das Gewicht der einzelnen Weisheitsaussagen ab, von denen einige auch für ihn Bedeutung behalten, andere im Kontext seiner eigenen Sicht eine neue Akzentuierung erfahren und noch anderen scharf gegenteilige Feststellungen entgegengesetzt werden" (1974, 229).

Zimmerlis Urteil, das Buch Kohelet sei kein Traktat mit einem einzigen, bestimmbaren Thema, richtet sich gegen Loretz (1964; vgl. Loretz, 1963). Auch Loretz meint, im Buche Qohelet suche man vergeblich „eine leicht ersichtliche Gedankenordnung", dies aber bedeute nicht, „das Buch Qohelet besitze keine vom Verfasser gewollte *stilistische* Einheit des Aufbaus" (1964, 210). Für diese ist charakteristisch, „daß das Buch Qohelet im engsten Anschluß an die Topoi der israelitischen Literatur, besonders der Weisheitsliteratur entstanden ist" (1964, 208). „Da Qohelet als Vertreter der Topik anzusehen ist, müssen alle Versuche, in seinem Buche eine logisch aufgebaute, fortschreitende Ordnung zu finden oder die Einheit zu leugnen und die Einzelsentenz als Ausgangspunkt einer Interpretation des Buches in die Mitte zu stellen, als im Grunde verfehlt angesehen werden. Diese Versuche sind zwar aus dem Geist der Neuzeit heraus verständlich, sachlich gesehen aber inadäquat. Unbekümmert und aller Systematik zum Trotz kreist Qohelet ohne Abgrenzung oder Zuordnung nach oben oder unten hin mit jedem neuen Wort um sein Thema: ‚Alles ist nur ein Windhauch.' Es ist somit nicht nach der Ordnung der Topoi zueinander zu fragen, sondern nach ihrem Bezug zu der durch das ganze Buch beabsichtigten Aussage. Für die Exegese ergibt sich aus dem Dargelegten die Schlußfolgerung, daß jeder Versuch einer logischen Abgrenzung der einzelnen Stellen des Buches oder deren In-Beziehung-Setzen zueinander umsonst verschwendete Mühe ist. Die Auslegung hat sich vielmehr um die Frage zu kümmern, wie durch die einzelnen Topoi der Maschale die zentrale Aussage des Buches beleuchtet und erhärtet wird" (1964, 212).

Durch Loretz ist letzten Endes die in diesem Abschnitt skizzierte Grundposition („kein gedanklich geordneter Aufbau, sondern einzelne Sprüche/Sentenzen", „Einheitlichkeit des Werkes liegt in inhaltlichen Elementen") bis zum Extrem geführt: Es gibt in dem Buch nicht einmal die kleinen Einheiten der Sentenzen bzw. Reflexionen, sondern lediglich eine Ansammlung von verschiedenen Topoi, nach deren logischer Abgrenzung und In-Beziehung-Setzung zu anderen Topoi noch nicht einmal gefragt werden soll, statt dessen ist danach zu fragen, wie durch die einzelnen

Maschale die zentrale Aussage des Buches beleuchtet und erhärtet wird.

Gerhard von Rad hat zwar dieser Auffassung vorsichtig zugestimmt: „Nachdem sich die Auslegung endgültig von der Annahme eines geschlossenen Gedankenzusammenhanges und eines stufengängigen inneren Aufbaus gelöst zu haben schien und zu der Überzeugung durchgefunden hatte, daß die literarischen Einheiten aus sich heraus zu erklären seien, scheint sich in dieser Sache neuerdings doch wieder ein Wandel anzubahnen. Es gibt eben eine innere Einheit, die sich auch auf andere Weise aussprechen kann als durch eine lineare Gedankenentwicklung oder durch einen logischen Fortschritt in der Denkbewegung, nämlich durch Einheit des Stils, der Topik und der Thematik, die ein Literaturwerk zu einem Ganzen machen, ja ihm den Rang eines in sich geschlossenen Kunstwerkes geben können" (1970, 293). Dennoch aber hat diese extreme Position sich bisher nicht durchsetzen können: Daß Zimmerli sich gegen die These gewandt hat, im Buche Qohelet finde sich ein einziges, bestimmbares Thema, wurde bereits erwähnt. Zur Ablehnung der kleineren Einheiten der Sentenzen durch Loretz vgl. Galling: „Daß Lo[retz] Q[ohelet] glaubt, Pred ohne Klärung der Einheiten interpretieren zu können, ist unverständlich" (74, Anm. 1). – Noch schärfer Ellermeier: „Denn in Wirklichkeit praktiziert Loretz eine noch nie dagewesene Methode der Zertrümmerung" (1967, 31). Ellermeier setzt sich auf S. 28–39 ausführlich mit Loretz auseinander und zeigt, daß die Nichtbeachtung der Funktion eines Topos innerhalb des Gedankengangs (!) eines Maschals zu Fehlinterpretationen führt.

Keine neuen Gesichtspunkte bringt Lauha. „Das Predigerbuch ist in der vertrauten Weise herkömmlicher didaktischer Literatur aus mehr oder weniger voneinander unabhängigen Reflexionen zusammengesetzt ... Wenn ein unbefangener Leser sich mit dem Problem des Aufbaus und der Einheitlichkeit des Predigerbuches befaßt, stellt er als Ergebnis zweierlei Tatsachen fest. Zuerst: ein logisch fortschreitender Gedankengang ist wahrlich nicht zu finden. Hat man das Buch zu Ende gelesen, ist man der Lösung des Problems nicht näher gekommen. Die Reflexionen beleuchten den nichtigen Wert des Lebens und den unbegreiflichen Charakter des Geschehens, aber eine Entwicklung in der Darstellung ist nicht zu finden. Die Schwerpunkte und die Gesichtswinkel wechseln; in belanglosen Fragen ergeben sich sogar Widersprüche; aber der Gedankengang tritt auf der Stelle. Doch sind die Sentenzen nicht verworren im Text aufgereiht, sondern haben ihren Platz nach verschiedenen Stichwörtern und gedanklichen Assoziationen erhalten. Nach der abendländischen Logik kann das Ganze mehr oder weniger willkürlich sein, aber vom Standpunkt des Herausgebers aus – sei es Kohelet selbst oder sein Schüler – ist der Aufbau des Buches in keinem Falle zufällig. Das Predigerbuch ist kein Konglomerat loser Sprüche wie das Buch der Proverbien, sondern die Sentenzen bilden Abschnitte, denen gewisse Topoi eine innere Zusammengehörigkeit verleihen (so in jüngster Zeit besonders Loretz)" (4f.). Ähnlich hatte sich schon HERTZBERG geäußert, der gegen die von GALLING in der 1. Auflage seines Kommentars vorgenommene Aufteilung in 37 Einzelsentenzen größere Zusammenhänge, meistens thematisch bedingt, und insofern auch einen „bestimmten Gedankengang" behauptet hat. Freilich: „Dieser Aufriß, für den der Kommentar Belege und Erklärungen zu bieten hat, zeigt, wenn auch keinen logisch fortschreitenden Gedankengang, so doch eine völlige *Einheitlichkeit* des Gedankengefüges" (39).

Wenn man die hier skizzierten Positionen von DELITZSCH bis LAUHA zusammenfassend zu werten versucht, kommt man zu dem Satz, mit dem HERTZBERG das Fazit seiner Diskussion mit GALLING zieht: „Es bleibt, aufs Ganze gesehen, in der Tat keine große Divergenz übrig!" (37). Und dies gilt letztlich auch für LORETZ. Denn bei allen Unterschieden im einzelnen sind folgende Elemente allen gemeinsam:

1. Im Buche Qohelet findet sich kein fortschreitender, logischer Gedankengang.
2. Dennoch aber ist das Buch Qohelet keineswegs eine letzten Endes zufällige Zusammenstellung von Einzelsprüchen wie etwa das Buch Proverbia, sondern hat eine in seinem Inhalt begründete Einheitlichkeit.
3. Ob bei fehlendem Gedankenfortschritt einzelne Sentenzen bzw. Topoi isoliert zu betrachten sind oder ob anzunehmen ist, daß sie (vom Verfasser beabsichtigt oder sekundär) zu größeren Einheiten zusammengefaßt worden sind, ist gegenüber den unter 1 und 2 angeführten Punkten von geringerer Bedeutung.

b) Literarkritische Lösungsversuche

In der Ära, in der die Literarkritik bei der Erklärung von Widersprüchen im Pentateuch Triumphe feierte, lag es nahe, diese Methode auch bei der Erklärung der Widersprüche im Buche Qohelet zu erproben.

Der originellste Versuch stammt wohl von BICKEL (1884). Nach ihm ist für den fehlenden Gedankengang im jetzigen Text ein Buchbinder verantwortlich, der die Blätter seiner Handschrift, von denen jedes etwa 518–535 Buchstaben Text hatte, in falscher Reihenfolge gebunden hat. Durch dieses Versehen sind später zur Glättung des Sinns Umstellungen und Textänderungen erforderlich geworden. Die ursprüngliche Reihenfolge soll gewesen sein: 1,2 – 2,11; 5,9–13. 15a. 14. 15b – 6,7; 3,9. 12. 13. 10. 11. 14–16. 18 – 4,8; 2,12b. 17–26. 12a. 13–16; 3,1–8; 8,6–14. 16a. 17a. 16b. 17b – 9,3 (bis *bilbabam*); 8,15; 9,11 – 10,1; 6,8. 10–12; 7,6; 6. 9; 7,7–10. 13–19. 11. 12. 21. 22. 20; 4,9 – 5,8; 10,16 – 11,3. 6. 4. 5; 7,23–29; 8,1 b–4; 10,2–14 a. 15. 14 b; 9,3 (von *b^eḥajjehäm* an)–10 a; 11,7–10 a; 12,1 a; 11,10 b; 12,1 b – 6. 8. – Abgesehen davon, daß für die damalige Zeit doch wohl, wie wir jetzt aus Qumran wissen, Manuskripte nicht auf einzelnen Blättern, sondern auf Rollen geschrieben gewesen sein dürften, gilt, was SIEGFRIED zu diesem Vorschlag schrieb: „Unbegreiflich aber ist es, dass unser Blätterhefter auf der einen Seite die Textordnung so gedankenlos durcheinandergeworfen und auf der anderen Seite, um nun wieder eine Art Zusammenhang herzustellen, sehr scharfsinnige Textänderungen, Umstellungen und Einschiebungen vorgenommen haben sollte. Dieser Verstand würde doch jedenfalls auf das Suchen der richtigen Blätterordnung verwendet worden sein. Über all dieses liesse sich indessen hinwegkommen, wenn wir nur bei B. wirklich ein streng disponirtes und wohl zusammenhängendes Buch erhielten. Aber wir bekommen im B.'schen Q dieselben klaffenden Lücken, die wir im MT finden" (5). Dieser Versuch von BICKEL hat verständlicherweise keine Nachfolger gefunden und gehört in das Raritätenkabinett der exegetischen Wissenschaft.

SIEGFRIED selber geht von der Erkenntnis aus, daß sich in den ersten drei Kapiteln des Buches sehr wohl ein Gedankengang finden lasse: „Der Umstand, dass in den ersten 3 Kapiteln nur wenige Stellen sich finden, die den allgemeinen Anschauungen des Redenden widersprechen und dass wir im Übrigen in denselben einen durchaus geschlossenen Gedankenzusammenhang haben, spricht dafür, dass wir hier die eigentliche Grundschrift des Buchs Qoheleth haben, von der in den späteren Teilen des Buchs nur Fragmente erhalten sind. Es tritt uns darin ein pessimistischer Philosoph entgegen, der ähnlich wie Hiob den Lehren der jüdischen Religion den Beweis der Thatsachen entgegenstellt" (5f.). „Auf Grund des Vorhandenen und zwar besonders der hierher gehörenden Stücke in c. 1–3 lässt sich sehr wohl ein literarisches Charakterbild von Q^1 gewinnen. – Lassen wir diese Stellen unbefangen auf uns wirken, so werden wir in Q^1 einen Juden erkennen, der an seinem Glauben Schiffbruch gelitten hat und als ein Denker von eherner Konsequenz und Klarheit sich nicht scheut, die Dinge in dem kalten und harten Lichte der Wirklichkeit zu zeigen, in dem er sie geschaut hat. Er war zu der Überzeugung gekommen, dass die letztere nichts von dem lehre, was die jüdische Religion ihm bisher als Glaubenswahrheit geboten hatte. Naturgesetze beherrschen das All, nicht sittliche Gesetze. Göttliche Weltregierung gibt es nicht, der Lauf der Welt beweist das" (7).

Dieses „Buch des pessimistischen Philosophen", den SIEGFRIED Q^1 nennt, wurde trotz seines Inhalts nicht vernichtet, weil der Name Salomos an seiner Spitze stand. „Aber es verfiel statt dessen dem Geschick, von den anderen Richtungen innerhalb des damaligen Judentums corrigirt, glossirt, ihrem Standpunkt anbequemt zu werden." So findet SIEGFRIED in dem jetzt vorliegenden Text schließlich folgende Hände:

1. Q^1, der pessimistische Philosoph,
2. Q^2, ein epikuräischer Glossator aus sadduzäischen Kreisen,
3. Q^3, ein glossirender Chakam aus der Gemeinde der Weisen,
4. Q^4, ein glossirender Chasid,
5. Q^5, eine zusammenfassende Bezeichnung für Zusätze anderer Glossatoren, die sich vor allem auf dem Gebiet der allgemeinen Spruchweisheit bewegen,
6. R^1, ein Redaktor, der den Text von 1,2 – 12,7 zusammengestellt hat,
7. R^2, Verfasser von 12,13.14,
8. Verfasser des Epilogs 1: 12,9.10,
9. Verfasser des Epilogs 2: 12,11.12 (SIEGFRIED, 10–12).

Große Zustimmung hat SIEGFRIED mit seiner literarkritischen Analyse nicht finden können, außer KAUTZSCH (1914) wüßte ich niemanden zu nennen. Die Vorstellung, aus allen Richtungen des zeitgenössischen Judentums hätten sich Bearbeiter gefunden, die dann schließlich in schöner Eintracht ihre oft gegenteiligen Stellungnahmen dem Buche angefügt hätten, ist zu unwahrscheinlich.

Forschungsgeschichtlich wird man sogar urteilen müssen, daß SIEGFRIEDS Versuch der literarischen Analyse durch seine Unwahrscheinlichkeit eine sachgemäße Lösung der von ihm richtig gesehenen Probleme eher verhindert hat. Richtig dürfte nämlich sein, daß sich in Kap. 1–3 ein fortschreitender Gedankengang findet, der in gleicher Weise ab Kap. 4 nicht mehr nachweisbar ist (Diese Erkenntnis hatte CHEYNE zu der eigenartigen These geführt, Qohelet habe nur Kap. 1 und 2 ausgearbeitet, das Übrige seien adversaria, Notizenzettel und dergleichen [1887, 204]). Richtig dürfte weiterhin sein, daß sich aus Kap. 1–3 die Grundposition Qohelets bestimmen läßt, zu der etliche Texte aus den späteren Kapiteln in Widerspruch stehen. Die Frage ist eben nur, ob es nicht bessere Erklärungsmöglichkeiten für diese Probleme gibt. Die unwahrscheinliche Lösung von SIEGFRIED beseitigt diese Probleme jedenfalls nicht.

Ähnlich wie SIEGFRIED rechnet auch HAUPT (1905) mit zahlreichen Zusätzen zu dem hebräischen Text, „die theils aus erklärenden Glossen und erläuternden Citaten, zum grössten Theil aber aus abschwächenden und corrigirenden orthodoxen Einschüben bestehen“, außerdem gibt es noch „tertiäre Zusätze“ (VI). Da HAUPT die Ausscheidungen nicht begründet, ist eine Auseinandersetzung auch nicht möglich. Er schreibt: „Wer sich nach flüchtigem Durchlesen meiner Übersetzung zu einem abschliessenden Urtheil über meine Arbeit befugt erachtet, muss sich entweder sehr viel eingehender mit diesem merkwürdigen Buche beschäftigt haben und sehr viel mehr Hebräisch können als ich oder – sehr viel weniger. Mit Redensarten wie ‚willkürliche Umstellungen‘ und ‚subjective Anschauungen‘ wird der Sache wenig gedient. Ich halte an dem Grundsatz fest, dass das wahrscheinlich Richtige besser ist als das sicher Falsche. So, wie das Buch Kohéleth überliefert ist, kann es nicht aus der Hand des ursprünglichen Verfasser hervorgegangen sein; so, wie ich es hergestellt habe, könnte es ursprünglich gelautet haben und dann verbessert worden sein. Wie die gegenwärtige Form und Reihenfolge in allen Einzelheiten zu Stande gekommen ist, ist eine andere Frage, die zum Theil leicht beantwortet werden kann, zum Theil nie gelöst werden wird. Ich habe die Schicksale des Buches nicht miterlebt, kann sie daher nur nachempfinden“ (VII). – Schade nur, daß HAUPT nicht wenigstens das mitteilt, was sich nach seinen Worten leicht beantworten läßt – der Hinweis auf Hebräischkenntnisse oder das Nachempfinden der Schicksale des Buches läßt den kritischen Leser ratlos stehen. So ist es nicht verwunderlich, daß anscheinend niemand (jedenfalls nicht literarisch greifbar) die Schicksale des Buches ebenso „nachempfunden“ hat wie HAUPT.

Wie SIEGFRIED sehen MCNEILE und BARTON widersprüchliche Aussagen im Buche Qohelet, und wie er versuchen sie, diese durch die Annahme von späteren Glossierungen zu erklären. Aber beide Exegeten sind sehr viel zurückhaltender als SIEGFRIED. MCNEILE rechnet nur mit zwei Glossatoren und einem Herausgeber; von einem “Chasid glossator” stammen 2,26 (ohne den letzten Satz); 3,14.17; 4,17; 5,1–6; 7,18b.26b.29; 8,2b.3a.5.6a.11–13; 11,9b; 12,1a.13.14; von einem “Hokma glossator” stammen 4,5.9–12; 6,7.9; 7,1a.4–6a. 7–12.19; 8,1; 9,17.18; 10,1–3.8–14a.15.18.19; 12,11.12; dem Herausgeber werden zugeschrieben 1,1.2; 2,26 (letzter Satz); 7,6b; 12,8–10.

BARTON stimmt MCNEILE weitgehend zu: “While reasons will be given below for dissenting from this analysis in a few points, the present writer has again and again found himself in agreement with McNeile” (30). BARTONS Aufteilung: Chasid: 2,26; 3,17; 7,18b. 26b.29; 8,2b.3a.5.6a.11–13; 11,9b; 12,1a.13.14; Hokma: 4,5; 5,3.7a; 7,1a.3.5.6–9.11.12.19; 8,1; 9,17.18; 10,1–3.8–14a. 15.18. 19; editor: 1,1.2; 7,27; 12,8.9.10 (BARTON, 44–46).

Auch bei den vorsichtigeren Versuchen von MCNEILE und BARTON bleibt dieselbe kritische Frage wie bei SIEGFRIED, ob nämlich zur Erklärung der widersprüchlichen Aussagen nicht andere und einleuchtendere Erklärungen möglich sind.

Eine ganz ähnliche literarkritische Analyse findet sich bei PODECHARD: Herausgeber: 1,2; 7,27f.; 12,8–12; *ḥasid*: 2,26a; 3,17; 7,26b; 8,5–8.11–13; 11,9c; 12,13; *ḥakham*: 4,5.9–12; 5,2.6a; 6,7; 7,1–12.18–22; 8,1–2a.3–4; 9,17 – 10,4.10–14a.15–20; 11,1–4.6. Außerdem stammt 4,17 – 5,6 aus dem Werk eines Weisen, der mehr als seinesgleichen für den Gottesdienst eingenommen war, von ihm vielleicht auch noch 7,18.21f. Die übrigbleibende Grundschrift ist ein einheitliches Werk.

Der große und sorgfältige Kommentar von PODECHARD 1912 bildet den Höhepunkt und zugleich das Ende dieser literarkritischen Lösungsversuche. Als Spätling folgt dann nur noch T.R.P.D. BUZY im Jahre 1946, der im wesentlichen der gemäßigten Linie von MCNEILE, BARTON und PODECHARD folgt: «Au total, et toute réflexion faite, nous maintenons la distinction des quatre personnages: Qohéleth, épilogiste, ḥasid et ḥakham» (196).

Der Versuch, mit Hilfe der Literarkritik die Schwierigkeiten des Buches Qohelet zu lösen, hat sich totgelaufen – er wird heute von keinem maßgeblichen Exegeten mehr vertreten. Forschungsgeschichtlich aber sind hier wichtige Erkenntnisse gewonnen, hinter die wir heute nicht mehr zurückgehen sollten: durch die Aufteilung in eine (philosophische) Grundschrift (= Qohelet), Texte mit weisheitlichem Charakter (= *ḥakam*) und Texte mit orthodox-frommem Charakter (= *ḥasid*) sind die inhaltlichen Spannungen im Buche schärfer herausgearbeitet und besser charakterisiert worden, als dies vorher der Fall war. Dies ist m. E. gegenüber der Sentenzen-Topoi-Theorie auf jeden Fall festzuhalten. Die Frage ist heute, ob diese Spannungen mit einer anderen als der literarkritischen Methode besser erklärt werden können.

c) Versuche, im Buche Qohelet eine vom Verfasser geplante Disposition aufzuweisen

Kann man sich Bedingungen vorstellen, unter denen ein Schriftsteller, der weiß, was er schreibt, so differierende Aussagen, wie sie bei den Literarkritikern zur Aufteilung auf verschiedene Hände führten, als einheitliches Werk verfaßt? Das ist im Grund die Frage, die hinter allen Bemühungen steht, im Buche Qohelet einen beabsichtigten Gedankengang nachzuweisen.

Wie alt dieses Problem ist, mag man daraus ersehen, daß 1771 MOSES MENDELSSOHN in seinem Buch ›Der Prediger Salomo‹ schon auf eine „bekannte Regel" hinweisen konnte: „Ehe ich aber auf die Erklärung komme, will ich die bekannte Regel die Zweifel in diesem Buche aufzulößen voran setzen, daß nicht alles, was darinnen steht, die Meinung des Königs Salomo sey, sondern manchmal redet er, wie einer, der über eine Sache disputirt. Er fragt und antwortet, wie die so den Beweiß einer Sache suchen, und eine Wahrheit durch Nachsinnen erforschen wollen, es zu machen pflegen. Diese erreichen das Gesuchte nicht, wenn sie nicht auch die widersprechende Einwendung hören, alles was einen Zweifel machen kan, vergleichen, und Saz und Gegensaz gegeneinander richtig abwägen; da sie alsdenn die verschiedene Meinungen iede einzeln vornehmen, biß sie was wahr und falsch, was gewiß und ungewiß ist, voneinander unterscheiden. Da wir nun sehen, daß der Verfasser dieses Buchs Untersuchungs-Weise von der Sache schreibt, und darüber disputirt, ist billig, daß ihme nichts beygelegt werde, als derienige Ausspruch, den er zu Anfang seines Buches gethan, ehe die Zweifel und wiedersprechende Einwendungen gemacht werden, und der Schluß, den er nach seiner Dispute und Untersuchung heraus gebracht" (ohne Seitenzahl).

Mit seinem Hinweis auf die Aussprüche am Anfang und Ende des Buches greift MENDELSSOHN die talmudische Diskussion auf, nach der das Buch Qohelet trotz seiner Widersprüche nicht dem allgemeinen Gebrauch zu entziehen sei, weil in 1,3 und 12,12, also am Anfang und Ende des Buches, „Worte der Thora" stünden.[3]

Zwar herrscht heute weitgehend unter den Exegeten Übereinstimmung darüber, daß 12,12 einen Nachtrag bildet und darum gerade nicht als von Qohelet selber gewollte Quintessenz seines Buches angesehen werden kann; außerdem ist für uns heute der Hinweis auf die Wichtigkeit des Thorastudiums, den die Rabbinen versteckt in 1,3 fanden, nicht mehr nachvollziehbar – dennoch aber

[3] Vgl. z.B. SCHIFFER (1884): „Weshalb aber – fragt der Talmud – wurde Kohelet dennoch nicht dem allgemeinen Gebrauche entzogen?

ומפני מה לא גנזוהו

Weil Anfang und Schluss des Buches göttliche Wahrheiten enthalten.

מפני שתחילתו דברי תורה וסופו דברי תורה

Der Anfang in dem Satze, K. 1.3

מה יתרון לאדם בכל עמלו שיעמל תחת השמש

welche Worte in dem Lehrhause des Palästinensers Jannai, eines älteren Zeitgenossen Rab's, dahin gedeutet wurden, daß der Mensch von seiner Mühe mit dem, was ‚תחת השמש' was *unter der Sonne* ist, d.h. was der Erde angehört – keinen bleibenden, über das zeitliche Leben hinausreichenden Vortheil habe; wohl aber von seiner Beschäftigung mit jenem geistigen Gute, das *über der Sonne* und dessen Schöpfung der der Sonne vorangegangen ist, d.i. die Thora, die göttliche Weisheit überhaupt. ... Wie aber der Beginn, nach der Deutung der Weisen, in der Verurtheilung der rein irdischen Bestrebungen gleichzeitig eine Anpreisung der idealen, unvergänglichen Güter des Lebens in sich birgt, so enthält auch der Schluss des Buches eine ähnliche, mit dem Geiste der Thora im vollsten Einklange stehende Lehre.

סוף דבר הכל נשמע,את האלהים ירא ואת מצותיו שמור כי זה כל האדם

‚Auf das Ende der Sache, ja auf das Ganze lasset uns hören: Gott fürchte und seine Gebote befolge, denn dies ist der ganze Mensch'. 12,12. In diesen beiden, den Beginn und das Ende von Kohelet bildenden Sätzen haben die Weisen des Talmud offenbar das ‚Motto' des ganzen Buches, das Resultat alles dessen erblickt, was in stürmischer Gedankenfluth in Kohelet dahinwogt. Anfang und Schluß sind ihnen gleichsam als die beiden Pole erschienen, in welchen das aus scheinbar heterogenen, einander vielfach umstossenden Problemen und Erörterungen zusammengesetzte Buch Kohelet sich bewegt" (5f.).

sind die methodischen Überlegungen MENDELSSOHNS heute ebenso gültig und wichtig wie 1771:

1. Es ist damit zu rechnen, daß Qohelet im Vollzug seiner Erörterungen auch fremde, ihm widersprechende Meinungen zitiert, um sie zu bedenken und zu widerlegen.
2. Es muß deshalb versucht werden, herauszuarbeiten, wo Qohelet seine eigene Meinung äußert und wo er fremde Meinungen zitiert. Der Versuch, die Quintessenz der Meinung Qohelets in 1,3 und 12,12 zu sehen, ist zwar inhaltlich nicht haltbar – deshalb aber ist die Aufgabenstellung keineswegs überholt.

Die Art freilich, wie etwa HITZIG 1847 versuchte, auf diesem Weg voranzuschreiten, war kaum geeignet, ihn als gangbar zu empfehlen: Nach ihm ist der Verfasser des Buches „im Suchen begriffen. Von Dem was ist und darüber, wie es in der Welt zugeht, hat er sich allerdings eine feste Ansicht gebildet, bevor er an das Schreiben gieng. Was aber zu thun sey, damit war er keineswegs im Reinen, keineswegs schon ausgerüstet mit einer fertigen Wahrheit, die er nur zu entwickeln gehabt hätte; vielmehr findet er dieselbe erst am Schlusse, nachdem er sich durchgekämpft hat. Hieraus steht es denn auch zu erklären, wenn er zu wiederholten Malen scheinbar in Widerspruch mit sich selbst geräth ... Es wäre ein arger Missgriff, wollte man dem Vf. alle Aussagen des Buches als seine eigene und definitive Ansicht aufbürden ... Es erhellt, dass Vielem, was der Vf. sagt, nur augenblickliche Geltung zukommt als einem Ring in der Kette der Deduktionen. Es thut seine Dienste und wird überwunden; die spätere Behauptung hebt die frühere auf; und definitiv lehrt Kohelet nur Dasjenige, was am Ende unwidersprochen stehen bleibt" (124f.). Am Ende kommt dann z.B. folgendes heraus: Der Verfasser ist „mit der Zwecksetzung des orientalischen Geistes und einem Volksglauben, der nicht auf Jenseits vertröstet, der uns nicht bis nach dem Tode warten heisst, an das Buch gegangen (C. 9,3–6.10. 3,19–21) ... Um so mehr macht es einen wohlthuenden Eindruck, dass Kohelet, während er keine Hoffnung am Grabe aufpflanzt, dennoch den Glauben an ein Gericht und eine endliche Vergeltung Gottes nicht verliert (C. 11,9. 12,14): ein erhebendes Zeugniss dafür, dass im Conflikte mit der Idee unsere theilweise Erfahrung, einst vollständiger vorliegend, ihrerseits Unrecht behalten wird" (127). Ein solcher Versuch, die sich widersprechenden Aussagen des Buches zu erklären, konnte nicht befriedigen – schließlich zeigt doch ein etwas genauerer Blick auf 3,19–21 und 9,3–6.10, daß Qohelet dort nicht einen mitgebrachten Volksglauben unkritisch referiert, sondern gegen die Erwartung einer Vergeltung nach dem Tode polemisiert, während es aus dem Gang der Erörterung überhaupt nicht einsichtig wird, wie Qohelet zu den Aussagen von 11,9 und 12,14 gekommen ist – und das müßte es doch wohl, wenn wirklich eine „Kette von Deduktionen“ vorläge. Es ist schon verständlich, wenn angesichts solcher Aporien der Gang der Forschung zunächst einmal auf dieses Denkmodell verzichtete und versuchte, die widersprüchlichen Aussagen mittels der Sentenzentheorie oder literarkritisch zu lösen.

Ehe wir darstellen, wie nach fast achtzig Jahren der hier verlorengegangene Faden wiederaufgenommen wird, wollen wir kurz noch ein anderes Denkmodell betrachten, das ebenfalls aus der von MENDELSSOHN grundsätzlich skizzierten Position ableitbar ist: die widersprüchlichen Meinungen werden nicht als Zitate fremder Meinungen erklärt, sondern gewissermaßen in den Geist des Autors verlegt, der ein Zwiegespräch mit sich selber hält. Kein Geringerer als HERDER hat auf diese Erklärungsmöglichkeit hingewiesen: „Man hat sich viel über den Plan dieses Buches bekümmert; am besten ist wohl, daß man ihn so frey annehme, als man kann, und dafür das Einzelne nutze. Daß Einheit im Ganzen sey, zeigt Anfang und Ende; da aber den Morgenländern eigentliche Deductionen einer philosophischen Materie fremd sind, und weder dem Könige Salomo, noch seiner Akademie an einer Disputation de vanitate rerum gelegen seyn konnte: so bestehet das meiste aus einzelnen Bemerkungen des Weltlaufs und der Erfahrungen seines Lebens. Diese sind zusammengeschoben und mit den Allgemeinsätzen, was endlich das simpelste Resultat von Allem sey, leicht umfaßt und gebunden. – Mich dünkt, ein künstlicheres Gewebe darf man nicht suchen“ (1790, 179f.). Bis hierher hätten wir eigentlich die unter a) besprochene Position, nach der in dem Buche zwar kein Plan zu finden sei und es gemäß altorientalischer Eigenart aus einer Sammlung von Einzelsprüchen bestehe, daß aber dennoch eine im Inhaltlichen liegende Einheit vorhanden sei. Dann aber fährt HERDER fort: „Wäre man indeß hierauf begierig: so wundert michs, da man die zwiefache Stimme im Buch nicht bemerkt hat, da Ein Grübler Wahrheit sucht, und in dem Ton seines Ichs meistens damit, ‚daß alles eitel sey‘, endet; Eine andre Stimme aber, im Ton des Du, ihn oft unterbricht, ihm das Verwegne seiner Untersuchungen vorhält und meistens damit endet, ‚was zuletzt das Resultat des ganzen Lebens bleibe?‘ Es ist nicht völlig Frag' und Antwort, Zweifel und Auflösung, aber doch aus Einem und demselben Munde etwas, das beyden gleichet, und sich durch Abbrüche und Fortsetzungen unterscheidet. Man kann das Buch also gleichsam in zwo Kolumnen theilen, davon die Eine dem ermatteten Sucher, die zweyte dem warnenden Lehrer gehöret; hier ist eine Probe:

1. Der Forscher	2. Der Lehrer
Kap. 1,1–11	
12–18	
2,1–11	
12–26	
3,1–15	
16–22	
4,1–16	Kap. 4,17
	Kap. 5,1–8
5,9–19	
6,1–11	
Kap. 7,1	Kap. 7,2–15
7,16	Kap. 7,17–23
7,24–30	
8,1	Kap. 8,2–13
8,14–17	
9,1–3	Kap. 9,4–10
9,11–18	
10,1–3	Kap. 10,4
10,5–7	Kap. 10,8–19
	Kap. 10,20
	Kap. 11.12 bis V.7

Worauf das Thema wiederholt wird, und der Schluß folget. Nochmals gesagt, ich gebe die Eintheilung nicht für einen Dialog zwischen Ich und Du aus; indeßen ist der Unterschied doch merkwürdig und läßt vielleicht eine Zusammensetzung aus mehreren einzelnen Stücken vermuthen“ (1790, 180–182). HERDER selbst ist also gegenüber der von ihm aufgezeigten Möglichkeit kritisch und tendiert eher zu einer Lösung, die dann später mittels der Literarkritik versucht wurde. Dennoch aber hat auch dieses Denkmodell seine Verfechter gefunden:

«... il est vraiment possible d'attribuer à un seul esprit les trois voix, du hakam, du ḥasid, et de Qohélet, dès que l'on accept de prendre l'ensemble comme une discussion d'un penseur avec lui même» (PAUTREL, 11).

«Loin de voir, dans les maximes pieuses de Qohèlèt, des glosses tardives, n'etait-il pas tenant d'y reconnaître la matière des réflexions de l'auteur, les antiques adages sur lesquels il exercait son incisive critique? A moins que de temps il ne s'agisse des contradictions, consciemment voulues ou negligemment acceptées, d'un esprit qui refusait absolutement de s'enfermer dans la geôle d'une logique rigoureuse. Le premier des droits de l'homme est celui de se contredire, surtout s'il tente de se mesurer avec des mystères» (STEINMANN, 18f.).

Doch bleiben solche Versuche die Ausnahme. Es mag stimmen, daß es das vornehmste der menschlichen Rechte ist, sich selbst zu widersprechen, zumal wenn der Mensch versucht, sich mit den Mysterien zu beschäftigen – aber will Qohelet denn dies wirklich? Will er nicht vielmehr einsichtig und logisch argumentieren?

Die Kritik an solchen Versuchen ist bereits 1923 von THILO vorgetragen worden: „Entweder ist das uns vorliegende Buch das Werk *eines* Verfassers, dann muß ein klarer Gedankenzusammenhang aufzuweisen sein, oder wenn das nicht möglich ist, dann muß die vermeintliche Unordnung anders zu erklären sein. Nicht gut möglich aber ist es, ohne weiteres die ganze vermeintliche Unordnung in den Geist Kohelets zu verlegen" (2). THILO nimmt damit angesichts der ihm vorliegenden literarkritischen Versuche von BICKEL, SIEGFRIED und HAUPT sowie der von ZAPLETAL vertretenen Sentenzentheorie (ZAPLETAL selber sprach von „Reflexionen") die Frage wieder auf, unter welchen Bedingungen es vorstellbar sei, daß die im Buche aufweisbaren Widersprüche doch von einem Verfasser stammen könnten. Sein eigener Lösungsversuch war: Im nicht von Qohelet stammenden Epilog 12,8–14 wird berichtet, daß er „auch als Lehrer und Prediger des Volkes auftrat und sich auf die Kunst verstand, seine Erkenntnisse in allgemein verständlicher und behältlicher Form vorzutragen. Wir haben daher anzunehmen, K. habe volkstümlich schreiben wollen, sei aber dabei ebenso verfahren wie heute ein durchgebildeter Theologe, der eine Predigt nicht abfaßt, ohne vorher einen logisch geordneten Gedankengang zu entwerfen, um diesen dann hernach, anders als in einer wissenschaftlichen Abhandlung, in den Hintergrund treten zu lassen. Wenn es in unserem Falle einer besonderen Anstrengung bedarf, die dem Ganzen zugrunde liegende Anordnung herauszustellen, so hat das offenbar darin seinen Grund, daß K. viele Sentenzen in seine Ausführungen aufnehmen wollte, die er während seiner Lehrtätigkeit gelegentlich seiner mannigfachen Predigten formulierte. In seinem Buche nun, das den Ertrag seiner Lebensarbeit darstellen sollte, nicht ohne sehr häufig die Form eines Selbstbekenntnisses anzunehmen, wollte er die Form der sentenzenartigen Aussprüche nicht antasten. Das hatte den Nachteil, daß sie in seinem Buche inkonzinn wirkten. Ein gleiches wird von solchen Stücken gelten, die in seinen früheren Reden mehr oder weniger stereotyp geworden waren. Daraus erklärt sich, daß der Leser des Buches leicht den Faden verliert, der im Anfang ganz deutlich erkennbar ist, und auch bis zu Ende weitergesponnen sein muß, es müßte denn ganz sonderbar zugegangen sein" (46f.).

Überzeugend war das nicht, und es hat auch niemanden überzeugt – man kann das Buch Qohelet sicherlich nicht als gewollte Einheit verstehen, indem man in ihm die Stilmerkmale einer schlechten Predigt annimmt! Außerdem aber bleibt bei THILO nicht genügend bedacht, was der von ihm postulierte „klare Gedankengang" eigentlich bedeute.

Genau an diesem Punkt hat die weitere Forschung eingesetzt, und sie hat dabei – wissentlich oder unwissentlich (wahrscheinlich meist letzteres!) – an Erkenntnisse angeknüpft, die wir bereits bei MENDELSSOHN und HITZIG kennengelernt haben. Zwei Tendenzen sind dabei erkennbar, die hier um der leichteren Darstellbarkeit willen getrennt behandelt werden, wenn sie auch natürlich kombinierbar sind und bei einzelnen Forschern auch kombiniert werden. Zum einen: der vorliegende „Gedankengang" wirkt dadurch unklar und manchmal widersprüchlich, weil Qohelet an etlichen Stellen fremde Meinungen zitiert und sich mit ihnen auseinandersetzt, ohne daß dies bisher von der Forschung in genügender Weise erkannt worden wäre; zum anderen: es lassen sich im Buche Qohelet Hinweise auf eine von dem Verfasser beabsichtigte Strukturierung seiner Aussagen finden, die den Forschern bisher entgangen sind, weil sie zu wenig nach der Eigengesetzlichkeit dieser antiken Strukturierung gefragt haben.

Zitate bei Qohelet

Neben MENDELSSOHN (1771) und HITZIG (1847) hatten auch schon andere damit gerechnet, daß Qohelet fremde Meinungen zitiert und gegen sie argumentiert, besondere Erwähnung verdient hier LEVY (1912). In ganz hervorragender Weise hat sich aber GORDIS um die systematische Klärung des Problems der Zitate bei Qohelet verdient gemacht. 1939/40 veröffentlichte er einen Aufsatz, in dem er ganz allgemein das Problem der Zitate in der Weisheitsliteratur behandelte (›Quotations in Wisdom Literature‹); 1949 erörterte er dann das Problem auf noch breiterer Basis (›Quotations as a Literary Usage in Biblical, Rabbinic and Oriental Literature‹) und machte schließlich dann die Ergebnisse seiner Untersuchungen in seinem großen Qohelet-Kommentar fruchtbar.

Weshalb bisher die Zitate nicht immer erkannt worden sind, wird schon aus seinem ersten Aufsatz klar: "Such quotations can be recognized only by internal evidence and a sympathetic understanding of the writer's personality" (1939/40, 129). In seinem Kommentar (1951; ^{3}1962) gibt er dann zwei Gründe zur Erklärung von Aussagen, die etwa die Literarkritiker als widersprüchlich angesehen und verschiedenen Händen zugewiesen hatten: Qohelets Verwurzelung in der religiösen Sprache seiner Tradition und sein Gebrauch von Zitaten: "As for the so-called pious sentiments which critics have attributed to the Hasid glossator, these need to be understood in terms of Koheleth's style. Reared in the bosom of Jewish tradition, and seeking to express in Hebrew a unique philosophic worldview possessing strong overtones of scepticism, Koheleth falls back upon the only abstract vocabulary he knows, that of traditional religion, which he uses in his own special manner. Moreover, in many instances, both the proverbs and the apparently pious sentiments to be encountered in the book are to be recognized as quotations by Koheleth, cited for the purpose of discussion" (1962, 74). Über Qohelets Beziehung zur religiösen Tradition werden wir an anderem Ort handeln (vgl. S. 66ff.); hier interessiert uns seine Verwendung von Zitaten. Meines Erachtens hat Gordis recht, wenn er die Verwendung von Zitaten eine Stileigentümlichkeit Qohelets nennt, "which has not been adequately noted in the past, with disastrous results for our understanding of the book ..." (1962, 95). Was er bereits 1939/40 über die Schwierigkeiten beim Erkennen von Zitaten ausführte, legt er in seinem Kommentar ausführlicher dar: "These quotations have been generally overlooked or misunderstood because they are cited without any introductory formula indicating their true relationship to the literary document in which they are imbedded ... That any given passage is indeed a quotation must be understood by the reader ..." (1962, 95). Eine Überprüfung der Zitate ergibt nach Gordis, daß Qohelet vier verschiedene Verwendungsweisen kennt:

1. "The straightforward use of proverbial quotations, cited to buttress an argument and therefore requiring no expansion or comment, because the writer accepts them as true" (1962, 99). Beispiele: 10,18; 11,1; 7,3 etc.
2. Eigentlich nur eine Variante dieser Verwendungsweise bildet der folgende Fall: "At times, Koheleth appeares to buttress his argu-

ment with a proverb, part of which is apposite, while the rest of the saying, though irrelevant, is quoted for the sake of completeness ..." (1962, 101). Beispiele: 5,1–2; 11,3–4.

3. Ganz wichtig und von GORDIS "particularly characteristic of Koheleth" genannt ist "the use of proverbial quotations as a text, on which he comments from his own viewpoint" (1962, 103). Beispiele für diese Verwendungsweise sieht er in 7,1–14; 4,9–12; 5,9f.; 8,2–4; 8,5f.; 8,11–14; 9,4–6.
4. "Contrasting proverbs offer another way of contravening accepted doctrines" (1962, 107). Beispiele: 4,5–6; 9,16.18.

Auch wenn m.E. die von GORDIS vorgeschlagene Klassifizierung und vor allem das Verständnis der von ihm genannten Texte im einzelnen noch der Diskussion bedürfen, so ist doch evident, daß hier ein weiteres Modell zur Erklärung der Widersprüche bei Qohelet vorliegt, das jedenfalls einleuchtender als das literarkritische und vielleicht auch sachgemäßer als die Sentenzen/Topoi-Theorie ist. Wenn es wirklich gelingen sollte, vor allem die dritte der von GORDIS angeführten Verwendungsweisen von Zitaten weiter zu klären, müßten wir den Qohelet der Sentenzen-Theorie, der entsprechend seinen wechselnden Stimmungen oder Einsichten mal dies, mal dessen Gegenteil notiert, aufgeben – Qohelet könnte dann als Denker verstanden werden, der ohne gravierende Selbstwidersprüche sein Werk geschrieben hat. Die Frage ist dabei nur, woher man Kriterien gewinnen kann für die Feststellung, ein bestimmter Text gebe nicht die Meinung Qohelets wieder, sondern sei Zitat einer fremden Meinung. Die Hinweise von GORDIS auf "internal evidence" und "sympathetic understanding of the writer's personality" (1939/40, 129) bzw. "That any given passage is indeed a quotation must be understood by the reader ..." (1962, 95) können da sicherlich nur ein erster Versuch sein und bedürfen einer Ergänzung. Um diese, d.h. also um die Gewinnung von Kriterien zur genaueren Bestimmung von Zitaten, geht es in den folgenden Arbeiten.

R.F. JOHNSON hat sich in seiner Dissertation ›A Form Critical Analysis of the Sayings in the Book of Ecclesiastes‹ (Diss. Emory University 1973), die leider nicht als Buch, sondern nur im Mikrofilm zugänglich ist, um solche Kriterien bemüht. Er will untersuchen, wie und in welchen Zusammenhängen Weisheitssprüche ("sayings" = *m^{e}šalim*) bei Qohelet vorkommen. Nach ihm muß man unterscheiden zwischen Texten, in denen Qohelet in der ersten Person redet ("first-person reports") und anderen Texten. In den "first-person reports" können Weisheitssprüche eine Einheit einleiten (4,9.13a; 6,7; 10,4; 11,7), abschließen (1,15.18; 4,5–6.12b.17; 5,2.6; 6,9) oder in sie eingebettet sein (2,14a; 3,20b; 8,5; 9,4b). Als Einleitung werden sie ausgelegt (z.B. 10,5–7 Auslegung von 10,4; 11,8 Kommentar zu 11,7); als Abschluß bringen sie in der Regel eine Bestätigung; in der Mitte von Einheiten sind sie Bestandteil der logischen Argumentation und auf keinen Fall spätere Einschübe. – Daneben gibt es auch Serien von "sayings", in denen die Wirklichkeit entsprechend weisheitlicher Übung unter verschiedenen Aspekten mit verschiedenen Aussagen dargestellt wird (5,9–11; 7,1–4.5–7.8–9.10–12.19–21; 8,1a.1b; 9,17.18; 10,1; 10,2–3; 10,8–9; 10,10.11; 10,12–15; 10,16–20; 11,1–2.3–4). Im einzelnen bietet JOHNSON an vielen Stellen ausgezeichnete Beobachtungen – generell aber muß man m.E. sagen, daß er zu sehr im Formalen steckenbleibt. Die Mißachtung des Inhalts von "sayings" führt z.B. bei 7,1–7 zu einer gar nicht einleuchtenden Interpretation, und in seiner Zusammenfassung wird das Fehlen von inhaltlichen Kriterien sehr deutlich: "With these series, Qohelet presents his criticisms of some conventional values and general conclusion. The series also provides him a means of indicating a limited acceptance of such values" (200). Wie wir noch sehen werden, ist es mindestens sehr zweifelhaft, ob Qohelet wirklich Sprüche zusammenstellt, um zu zeigen, daß er die in ihnen dargestellten Werte in begrenzter Weise akzeptiert.

Hatten schon die älteren Kommentare gelegentlich mit dem Vorkommen von Zitaten gerechnet, so nimmt dies nach den Ausführungen von GORDIS zu; fast jeder der in den letzten zwanzig Jahren erschienenen Kommentare wäre hier zu nennen. Außerdem gibt es etliche Untersuchungen über einzelne Texte, die Zitate annehmen (z.B. OSBORN 1970). Doch interessieren uns hier nur Arbeiten, die das Problem des Erkennens von Zitaten grundsätzlich zu behandeln und damit über GORDIS hinauszukommen versuchen. Unter diesem Gesichtspunkt ist vor allem der Kommentar von LOHFINK (1980) zu nennen, der an etlichen Stellen mit Zitaten rechnet und darüber hinaus auch noch die neue Erkenntnis bringt, daß Qohelet gelegentlich sich selbst zitiert: „Kohelet kommt im übrigen jetzt langsam ans Ende des Geplänkels: Er beginnt, auf seine eigenen früheren Ausführungen zu verweisen. Das wird er beim folgenden Zitat ganz offen tun" (zu 7,10ff., 53). Zu 8,6f. schreibt er: „Kohelet reagiert wieder (wie in 7,13) durch Selbstzitate, die auf frühere Ausführungen zurückweisen ..." (61). LOHFINK spricht es zwar selber nicht aus – aber er hat damit ein wichtiges Argument für die Frage der Einheitlichkeit des Buches geliefert. Da die Selbstzitate kurz und ohne Argumentation gebracht werden, setzen sie anscheinend Kenntnis der vorherigen ausführlich begründeten Stellen voraus. Dann aber können sie nicht, wie es die Sentenzentheorie annimmt, unabhängig entstanden und selbständig zu verstehen sein – sie bilden dann im Gegenteil einen Teil eines größeren Zusammenhanges, der vom Verfasser als solcher beabsichtigt ist (so MICHEL 1982, 101).

Grundsätzlich zu klären versucht haben vor allem WHYBRAY (1982) und MICHEL (1982; BZAW) das Problem des Nachweises von Zitaten bei Qohelet.

WHYBRAY (1981, vorgetragen in Wien 1980) beschränkt sich in seinem Kongreßvortrag auf einen Typ von Sprüchen: "the single poetical verse or distich" (1981, 436f.). Er legt für die Identifizierung von Zitaten einen sehr strengen Maßstab an und stellt vier Kriterien auf, die nach ihm erfüllt sein müssen, wenn man einen Weisheitsspruch als Zitat ansehen will: Solche Sprüche müssen sein

"1. sayings which are self-contained: that is, which when considered independently of their contexts express complete thoughts;
2. sayings which in *form* correspond closely to sayings in Proverbs;
3. sayings whose *themes* are characteristic of Proverbs, and at the same time in partial or total disagreement or tension either with their immediate contexts or with Qoheleth's characteristic ideas expressed elsewhere in the book;
4. sayings whose *language* is free from late features such as those of the language of Qoheleth, and is either that of classical Hebrew or more particularly of early wisdom literature" (437).

WHYBRAY selber sagt, nach seinen Untersuchungen gebe es etwa vierzig Weisheitssprüche im Buche Qohelet, die nach den ersten beiden Kriterien als Zitate anzusehen seien; bei Anwendung aller vier Kriterien aber bleiben acht Fälle übrig: 2,14a; 4,5; 4,6; 7,5; 7,6a; 9,17; 10,2; 10,12. In seiner Überprüfung der Verwendung dieser Zitate kommt WHYBRAY zu folgenden Ergebnissen:

1. Die Verwendung von Zitaten bei Qohelet zeigt, daß er sich als Weisheitsschreiber innerhalb der israelitischen Tradition betrachtete.
2. Seine Absicht bei der Zitierung dieser Sprüche war nicht, ihre Falschheit zu erweisen – im Gegenteil: er zitierte sie, weil er ihre Wahrheit akzeptierte.
3. Freilich billigte er sie auf seine eigene Weise: "He saw in the con-

trast which they make between wisdom and folly not the optimistic doctrine that man is free by choosing wisdom to seek and obtain success and happiness but rather the pessimistic one that folly generally prevails over wisdom, so that life is meaningless" (450).

Whybray selber versteht seine Ausführung als einen Versuch, das Problem der Zitate im Blick auf eine ausgewählte Gruppe zu lösen. Offen bleibt nach ihm die Frage, wie Weisheitssprüche zu beurteilen sind, deren Sprache die Merkmale der Zeit Qohelets trägt. "If we are to discover whether these are quotations or the work of Qoheleth himself some examination of their function in their present contexts will be necessary" (451).

Genau das, was Whybray als Aufgabe der weiteren Forschung bestimmt, hat Michel (1982; BZAW) parallel zu Whybray[4] zu leisten versucht. Er geht dabei freilich ganz anders vor als Whybray: Nach seiner Überzeugung liegt in Qoh 1,3 – 3,15 ein bewußt als Einheit konzipierter Traktat vor (ausführlich begründet BZAW, doch vgl. auch schon 1970 und 1975), in dem Qohelet sich mit der traditionellen Weisheit auseinandersetzt und in dem er die Position eines erkenntnistheoretischen Skeptikers einnimmt. Als bewußt konzipierte Einheit kann er den Text deshalb verstehen, weil nach seiner Ansicht das Verb *r'h* wie in 1,14; 2,12 so auch in 2,13; 2,24b nicht „sehen", sondern „betrachten" bedeutet: Qohelet berichtet nicht, was er in der Welt wahrgenommen hat, sondern betrachtet, was es an (fremden!) Meinungen gibt. – Wenn diese Sicht von 1,3 – 3,15 richtig ist, ist damit ein sachliches Kriterium für das Erkennen von Zitaten gewonnen: was mit der dort dargelegten Grundposition nicht übereinstimmt, ist als Anführung fremder Meinungen anzusehen, die Qohelet zitiert, um sich mit ihnen auseinanderzusetzen. Mittels dieser Methode bestimmt Michel (1982, 86f.) 8,2–5 als Zitat eines weisheitlichen Abschnittes, den Qohelet in 8,6–8 von seiner Position aus kritisch kommentiert; verstärkt wird die Argumentation noch dadurch, daß sich zu 8,2–5 ägyptische und aramäische Parallelen finden. Analog sind zu verstehen: 7,11–12 Zitat, 7,13–14 Kommentar Qohelets; 10,8–9 Zitat, 10,10–11 Kommentar; 5,7–8 Zitat, 5,9 Kommentar. (BZAW) werden auf diese Weise wei-

[4] Der Hinweis sei gestattet, daß die ›Qohelet-Probleme‹ zwar 1982 veröffentlicht, aber bereits am 27.11.1980 Herrn Plöger zum 70. Geburtstag überreicht wurden und daß zu diesem Zeitpunkt die BZAW veröffentlichten Analysen weitgehend vorlagen.

tere Texte analysiert: 7,1–6 Zitat, 7,7–10 Kommentar; in dem Abschnitt 9,1–10 ist in 9,1 der Satz „Die Gerechten und die Weisen und ihre Werke sind in der Hand Gottes" Zitat, das Qohelet kritisch kommentiert; in 7,25–29 sind vv. 26.28 als Zitate anzusehen, mit denen Qohelet keineswegs übereinstimmt, sondern die er kritisch beleuchtet; weitere Beispiele a. a. O.

Das Bild, das MICHEL auf diese Weise von Qohelet gewinnt, unterscheidet sich fundamental von dem bisher üblichen: Qohelet ist kein Empiriker, der verschiedenartigste und widersprüchlichste Erfahrungen macht und notiert, sondern ein Denker (genauer: ein erkenntnistheoretischer Skeptiker), der eine genau beschreibbare Grundposition hat, von der aus er ab 3,16 zu verschiedenartigsten Problemen Stellung nimmt, die offenbar in seiner Zeit virulent waren: in 6,1–12 polemisiert er gegen eine Armenfrömmigkeit, die in dieser Welt keine Erfüllung ihrer „Sehnsucht" findet und sich auf das Jenseits richtet; in 7,1–10 polemisiert er gegen eine Haltung, die in der Welt eine zunehmende Entwicklung zum Schlimmen sieht und deshalb Kummer und Leiden an der Welt für die Haltung erklärt, die einem Weisen angemessen sei (eine Frühform der Apokalyptik?); in 9,1–8 polemisiert er gegen die Meinung, die Taten der Gerechten seien bei Gott für eine künftige Belohnung (nach dem Tode!) aufbewahrt. Die weitere Diskussion wird zeigen müssen, ob MICHEL mit diesem Verständnis von Qohelet Zustimmung finden kann. Jedenfalls gelingt es ihm, Qohelet als Denker mit einer widerspruchslosen Weltdeutung zu verstehen und sein Buch als Darlegung dieser Weltdeutung (vgl. weiter unten S. 127 ff.).

Versuche, eine Struktur im Buch Qohelet aufzuweisen

Wenn das Buch nur aus den ersten drei Kapiteln bestünde, gäbe es hier gar kein Problem; wie schon erwähnt, findet z. B. SIEGFRIED in cap. 1–3 weitgehend eine einheitliche Schrift, die er seinem Q1 zuweist (vgl. oben S. 17 f.). CHEYNE (1887) meinte, Qohelet habe die ersten beiden Kapitel ausgearbeitet, während der Rest aus losen Notizzetteln bestehe,[5] SALTERS (1974/75, 340) rechnet sogar mit fol-

[5] "It seems to me that the 'labour of the file' has brought the first two chapters to a considerable degree of perfection; but the rest of the book, upon the whole, is so rough and so disjointed, that I can only suppose it to be based on certain loose notes or *adversaria*, written solely with the object of dispersing his doubt and mitigating his pains by giving them expression" (204).

gender Möglichkeit: "Since the first part of the book has an order and progression lacking in the latter part, it may well be that Qoheleth died while attempting to write the book and that his notes were collected and edited by the Wisdom School of which he was a teacher." Wenn das der Fall wäre, wäre natürlich alles Fragen nach einer Struktur über cap. 3 hinaus vergebliche Mühe. Verständlicherweise haben sich aber zahlreiche Forscher mit solchen Ansichten nicht zufriedengegeben und mehr herauszufinden versucht.

H. L. GINSBERG hat sich in mehreren Veröffentlichungen (1950; 1952; besonders 1955 und 1963) darum bemüht, in dem Buch eine Struktur nachzuweisen. Nach ihm gibt es vier "main divisions":

(1) A 1,2 – 2,26
(2) B 3,1 – 4,3
(3) A' 4,4 – 6,9 (with 4,9 – 5,8 constituting a block of associative disgressions)
(4) B' 6,10 – 12,8 with 9,17 – 10,14 a. 15–19 constituting a block of associative disgressions).

Nach ihm entsprechen sich A und A' sowie B und B'. Der Inhalt von A und A' soll sein: Alles ist nutzlos; das gilt auch für die Weisheit und mehr noch für "empty merrymaking". Der einzige Nutzen, den man erlangen kann, besteht darin, die weltlichen Güter für die Freude auszunützen. Ob man die Mittel und die Veranlagung dazu hat, beruht auf Gottes Laune.

Der Inhalt von B und B' soll sein: Menschliche Gegebenheiten, Aktivitäten, Gefühle etc. werden endlos bis zum Ende der Zeit immer neu wiederholt. Wann die einzelnen Zeiten erscheinen, ist von Gott determiniert. Der Mensch hat zwar den unwiderstehlichen Drang, das herauszufinden, kann es aber nicht. Die Moral ist, daß der einzige Wert ("value"), den ein Mensch erlangen kann, im Ausnützen der weltlichen Güter für seine „Erfreuung" ("enjoyment") besteht (1963, 47). – Abgesehen davon, daß der Inhalt von B und B' durch GINSBERG kaum zutreffend wiedergegeben sein dürfte, spricht auch gegen seine Aufteilung, daß er die Dopplung der Teile nicht recht erklären kann. Dieser Versuch hat sich aus verständlichen Gründen nicht durchsetzen können.

Nach CASTELLINO (1968) besteht das Buch Qohelet aus zwei Teilen: 1,1 – 4,16 und 4,17 – 11,12. Er kommt zu dieser Einteilung durch eine Stilbeobachtung: Im ersten Teil haben wir, wie die Verbformen der ersten Person zeigen, Berichte von persönlichen Erfahrungen, die durch Erforschung der Welt gewonnen wurden. Im zweiten Teil haben wir einen Wechsel zu Aufforderungen, Umschlagpunkt sind die Imperative von 4,17. Gestützt wird nach Castellino diese grammatische Verschiedenheit noch durch das Vorherrschen verschiedener Themawörter in den beiden Teilen: Im ersten Teil finden sich vor allem *häbäl* („Eitelkeit, Nichtigkeit"), *r^{e}ʿut ru^{a}ḥ* („Haschen nach Wind") und *ʿamal* („Mühsal"), die im zweiten Teil signifikant seltener sind. Dafür herrscht im zweiten Teil der Wortstamm *raʿ-raʿah* („böse, schlimm") vor. Diesem Stilunterschied entspricht ein inhaltlicher: Im ersten Teil bietet Qohelet eine kritische und negative Sicht des Menschen und seiner Aktivitäten, im zweiten dagegen wird dieser negative Eindruck bald gemildert oder gar aufgehoben durch die positivere und orthodoxere Sprache, die eine stärkere Übereinstimmung zu den anderen Weisheitsschriften aufweist. "The function of Part I is to bring forward clearly and forcibly the 'case for the prosecution'. But, as in every trial the advocate for the prosecution is answered by the defense, Part II will receive full meaning, we think, when read as 'the brief for the defense'" (1968, 22). Als Ergebnis bietet Castellino an: "Human experience contributes the negative element that could drive man to agnosticism and scepticism. Wisdom and religion contribute the background and framework of God's presence and justice that help man to accept the facts, transferring them onto a higher plane where a solution is believed to exist, although not clearly perceived by man. God, surely, will never forget the orderly life of the sage and he will deal with him at the proper time with all due consideration" (5,17–19; 8,12–13) (1968, 28). Auf diese Weise wird ein domestizierter Qohelet also schließlich wieder heimgeholt in die alttestamentliche Frömmigkeit – nur freilich: die Texte lassen sich kaum so verstehen. Meines Erachtens hat Barucq (1977) in seinem Urteil über Castellino vollkommen recht: «... il nous paraît difficile à la lecture du livre de saisir le mouvement piétiste et moralisant que Castellino nous propose d'y déceler» (1977, 658).

Wright hat sich in zwei Aufsätzen (1968; 1980) mit der Struktur des Buches Qohelet befaßt. Seiner Überzeugung nach muß man dabei zwischen einer "subjective method" und einer "objective method" unterscheiden (1968, 318); subjektiv sind für ihn alle Versuche, eine Gliederung durch Analyse des Gedankeninhalts herauszufinden. Für die objektive Methode ist es dagegen typisch, "to put attention, first of all, not on the thought but on the form. The critic looks for repetitions of vocabulary and of grammatical forms and thus seeks to uncover whatever literary devices involving repetition the author may have used, such as inclusions, *mots crochets*, anaphora, chiasm, symmetry, refrains, announcements of topic and subsequent resumption, recapitulation etc. In this way too he discovers indeliberate repetitions that might provide a key to the thought and its emphases, and he becomes aware of clusters of vocabulary which may indicate blocks of material … The critic then brings whatever patterns there are to the thought and evaluates as significant those patterns that coincide with breaks in the thought and with conceptual units, and in that way gradually develops an outline" (1980, 318f.). Das Ergebnis einer mit dieser strukturalistischen Methode durchgeführten Analyse sieht bei WRIGHT folgendermaßen aus: Das Buch Qohelet zerfällt in zwei Teile; für den ersten ist die Schlußformel „*häbäl* (und Haschen nach Wind)" charakteristisch, für den zweiten die beiden Formeln a) „nicht finden" bzw. „wer kann finden" und „weiß nicht" bzw. „kein Wissen". Der Einschnitt liegt bei 6,9. Er kommt zu folgender Gliederung (1968, 325f.):

Title (1,1)	
Poem on Toil (1,2–11)	
I. *Qoheleth's Investigation of Life (1,12 – 6,9)*	
Double introduction	(1,12–15)*
	(1,16–18)*
Study of Pleasure-Seeking	(2,1–11)*
Study of Wisdom and Folly	(2,12–17)*
Study of the Fruits of Toil	
one has to leave them to another	(2,18–26)*
one cannot hit the right time to act	(2,1 – 4,6)**
the problem of a "second one"	(4,7–16)*
one can lose all that one accumulates	(4,17 – 6,9)*
II. *Qoheleth's Conclusions (6,10 – 11,6)*	
Introduction (6,10–12): man does not know what God has done, for man cannot find out what is good to do and he cannot find out what comes after.	
A. *Man cannot find out what is good for him to do*	
Critique of Traditional Wisdom	
On the Day of Prosperity and Adversity	(7,1–14)*
On Justice and Wickedness	(7,15–24)*
On Women and Folly	(7,25–29)**
On the Wise Man and the King	(8,1–17)***
B. *Man does not know what will come after him*	
He Knows he Will Die; the Dead Know Nothing	(9,1–6)*
There is no Knowledge in Sheol	(9,7–10)*
Man Does not Know his Time	(9,11–12)*

Man Does not Know what Will Be (9,13 – 10,15)***
He Does not Know what Evil Will Come (10,16 – 11,2)*
He Does not Know what Good will Come (11,3–6)***
Poem on Youth and Old Age (11,7 – 12,8)
Epiloque (12,9–14)
(Die Sternchen stehen für die gliedernden typischen Schlußformeln.)

"If the above analysis is correct, the book speaks more clearly, but at the same time says much less, than we previously thought. The idea of the impossibility of understanding what God has done (which was always seen as *a* theme) is in reality *the* theme, and it is built on the vanity motif prominent in the first part of the book. The only advice offered is to find enjoyment in life and in the fruit of one's toil while one can ..." (1968, 334). Beim ersten Lesen von WRIGHT (1968) ist man verblüfft, wie sich alle Schwierigkeiten des Buches zu lösen scheinen – aber m. E. hält das Ergebnis einer näheren Überprüfung nicht stand. So ist z. B., um das Augenfälligste zu nennen, der Abschnitt 4,17 – 6,9 sicherlich nicht einheitlich und steht auch nicht unter dem von WRIGHT angegebenen Thema. Wenn WRIGHT mittels seiner Methode hier nicht weiter differenzieren kann, dann ist eben seine Methode unzureichend! Ähnliches gilt für 4,7–16, wo m. E. der Maschal in 4,12 b deutlich gliedernde Funktion hat; in 7,1–14 dürfte v. 11 ein Neueinsatz sein; in 8,1–17 ist 8,10 ebenfalls ein Neueinsatz und 8,10 ff. haben mit dem weisen König nichts mehr zu tun etc. Vor allem aber ist gegen WRIGHT dasselbe einzuwenden wie gegen CASTELLINO: Eine Exegese der Texte zeigt, daß die angegebenen Themen häufig nicht dem Text gerecht werden, und vor allem: Qohelet bietet in seinem Buch erheblich mehr als die doch etwas dürftige Idee, es sei unmöglich, Gott zu erkennen. Dieser Versuch einer vorherrschend strukturalistischen Lösung des Problems hat sich also m. E. nicht bewährt. Auf der anderen Seite aber hat WRIGHT doch gezeigt, daß in verschiedenen Abschnitten des Buches verschiedene Themawörter vorherrschend sind. Es ist nur die Frage, ob dieser Befund nicht anders und besser gedeutet werden kann.

In einem weiteren Aufsatz (1980) hat WRIGHT versucht, im Buche Qohelet Zahlenmuster ("numerical patterns") nachzuweisen, die, wenn sie stimmen sollten, nur den Schluß zulassen, daß hier eine durchdachte Komposition vorliegt.

1. Das ganze Buch 1,1 – 12,14 besteht aus 222 Versen. Der Einschnitt zwischen 6,9 und 6,10 teilt das Buch in zwei Hälften zu je 111 Versen.

2. Die „Inklusion“ *hbl hbljm hkl hbl* (1,2; 12,8) hat den Zahlenwert 216 – und die Zahl der Verse von 1,2 – 12,8 (also ohne den Epilog!) ist ebenfalls 216!
3. In der erweiterten Formel 1,2 *(hbl hbljm hbl hbljm hkl hbl)* kommt der Singular *hbl* dreimal vor. *hbl* hat den Zahlenwert 37; 3 × 37 ist 111 = die Hälfte des Buches.
4. Formen von *hbl* kommen 38mal im Buche Qohelet vor; von ihnen ist wohl das zweite Vorkommen in 9,9 als Dittographie (Doppelschreibung) zu streichen. Dann aber bleiben 37 Belege – und 37 ist der Zahlenwert von *hbl*!
5. Das Nachwort 12,9–14 hat 6 Verse. Offensichtlich kannte der Epilogist den Wert der Zahlen 111 und 216 und hat durch die Anfügung von 6 Versen das Buch in eine “perfect balance” von 111/111 gebracht. Der Epilog wird durch *w^{e}joter* eingeleitet; w hat den Zahlenwert 6. Vielleicht ist dies beabsichtigt: es folgen 6 zusätzliche Verse.
6. Im Titel hat *dbrj* den Zahlenwert 216. Die Art, wie *dbrj* in 12,10–11 als Synonym für das ganze Buch gebraucht wird, läßt die Vermutung zu, daß der Epilogist den Zahlenwert des Wortes als Titel für ein Buch von 216 Versen anerkannte (appreciated).
7. Die 1. Hälfte 1,1 – 6,9 hat 111 Verse, die zweite 6,10 – 12,8 hat 105 Verse. Es gibt keine Entsprechung von 105 im ersten Teil des Buches. Wenn man aber Titel (1,1), Inklusion (1,2), Gedicht (1,3–11) und Einleitung (1,12–18) vom ersten Teil und Schlußgedicht (11,7 – 12,7) sowie Inklusion (12,8) vom zweiten Teil entfernt, bleiben 186 Verse, die durch 6,9/6,10 in zwei Hälften von je 93 Versen geteilt werden.
   Auch die Zahl 186 ist schon in 1,2 verborgen! Fünfmal kommt dort die Wurzel *hbl* vor, die einen Zahlenwert von 37 hat. 5 × 37 = 185; 185 ist die Basiszahl zu 186. Durch den Einschnitt 6,9/6,10 wird also das Buch in zwei Teile zu je 2 ½ *häbäl* geteilt; da ein halber *häbäl* mit ganzer Zahl (= 19) gerechnet wurde, ergibt sich als Gesamtzahl 186!

Fazit: Das ganze Buch ist nach “*häbäl*-patterns” aufgebaut!

Der Leser starrt auf die Ergebnisse von WRIGHT wie ein ungläubiger Zuschauer auf das Kaninchen, das ein Zauberer gerade aus seinem Zylinder geholt hat – und erst einige Zeit später, wenn die erste Verblüffung sich gelegt hat, fällt ihm ein, daß in den Texten von Qumran jedenfalls noch gar keine Verseinteilung in biblischen Texten erkennbar ist. Und nach allem, was wir über die Verszählung wissen, dürfte immer noch gelten: „Die Zählung der Verse im Rahmen der Kapiteleinteilung ist 1563 zuerst für eine Psalterausgabe durchgeführt und 1571 zum ersten Mal für das ganze AT.“[6] Und wenn auch die Akzentsysteme, die so etwas wie eine Einteilung

[6] O. EISSFELDT, Einleitung in das Alte Testament, ^{3}1964, 940.

in Verse kennen, erheblich älter sind – in Qumran ist jedenfalls von ihnen nichts erkennbar. So dürfte es höchst fraglich sein, daß die Ergebnisse von WRIGHT, wenn sie stimmen sollten, wirklich eine *von Qohelet selbst* beabsichtigte Gliederung zutage gefördert haben. Damit erübrigt sich eine weitere Diskussion seiner Ergebnisse.

LYS (1973 = 1977; kurz zusammengefaßt 1979) folgt darin GINSBERG, daß er dessen Vierteilung übernimmt; inhaltlich geht er allerdings eigene Wege. Nach einer Einleitung (1,1 Titel, 1,2 These, 1,3 Problem) folgt in 1,4 – 4,3 der erste Hauptteil (Vue de la condition humaine), der folgendermaßen untergliedert wird:

A. Bilan: 1,4 – 2,26		
1,4–11	(I) Exposé objectif:	
	a. 4–7:	nature
	b. 8–11:	histoire
1,12 – 2,11	(II) Exposé subjectif:	
	12:	introduction
	a. 13–18:	philosophie
	b. 2,1–2:	jouissance
	c. 2,3–11 a:	culture
	11 b:	conclusion
2,12–26	(III) Pourquoi exister?	
	a. 12–23:	philosophie, mort et heritage
	12:	introduction
	1) 13–17:	philosophie et mort
	2) 18–21:	philosophie et heritage
	22–23:	conclusion
	b. 24–26:	nécessité de la grâce
B. Destin: 3,1 – 4,3		
3,1–15	(IV) Méditation sur le temps	
	a. 1–8:	saison et occasion
	b. 9–15:	totalisation et temps total
3,16 – 4,3	(V) La justice de Dieu	

Dem zweiten Teil (4,4 – 12,7) gibt LYS die Überschrift «Revue de la condition humaine» und gliedert ihn in A. Paradoxes (4,4 – 6,9) und B. Éthique (6,10 – 12,7). A wird weiter untergliedert in 4,4–12 Du travail, 4,13–16 De la popularité, 4,17 – 5,6 Du culte, 5,7–8 De l'administration, 5,9–16 De l'argent, 5,17 – 6,9 De la grâce. B wird untergliedert in 6,10–12 Éthique relative, 7,1–24 Exemples, 7,25–29 La femme, 8,1–8 La philosophie, 8,9 – 9,10 L'injustice, 9,11 – 11,6 Le succès, 11,7 – 12,7 Vieillir. Den Abschluß bilden 12,8 Conclusion und 12,9–14 Épilogue.

LYS selber sagt über den Aufbau des Buches: «En gros, *I* constitue une sorte de démonstration logique qui se suffit à elle-même; *II* est beaucoup plus pragmatique et, en apparence, incohérent ...» (1973, 52 = 1977, 64). In seinem Buch legt er den Text nur bis 4,3 aus; damit entfällt jede Möglichkeit, seine Aufgliederung des Textes, den er selber ab 4,4 obendrein «incohérent» nennt, nachzuprüfen. Die bloßen Titelangaben scheinen mir dem Inhalt nicht gerecht zu werden. – Seine Analyse von 1,4 – 4,3 bringt zwar manche beachtenswerten Gedanken, ist aber – aufs Ganze gesehen – m.E. nicht textgemäß.

Eine eigenartige Theorie, die etwas an die alten Literarkritiker erinnert, ist von Coppens (1979) vorgetragen worden. Die Grundthese „Alles ist eitel" soll zunächst in einer Art Grundschrift («un livret fondamental») dargelegt worden sein, die aus 1,12–18; 2,1–26; 3,9–22; 4,1–8.15–16; 5,12–19; 6,1–12; 7,15.23–29; 8,9–15.16–17; 9,1–3a.13–16; 10,5–7 bestanden haben soll. In einer Redaktion, die aber durchaus von Qohelet selber stammen kann, wurde diese Grundschrift dann um die Texte 1,4–11; 3,1–8; 11,7–10; 12,1–7 erweitert, und in diese erweiterte Grundschrift wurden dann Sprüche weisheitlichen Ursprungs eingeschoben, möglicherweise ebenfalls von Qohelet, wobei man allerdings den Anlaß für diese Einschübe meistens nicht mehr feststellen kann. Man kann schließen, daß das Büchlein über die menschliche Eitelkeit lediglich eine «exercise de réflexion personelle» sein wollte, um die Grenzen menschlichen Denkens aufzuzeigen und die Paradoxien, zu denen man ohne die göttliche Offenbarung kommt. «Qoheleth deviendrait ainsi presque un plaidoyer pour la nécessité de recourir à la Torah pour une valable règle de vie» (1979, 292). Von den alten Literarkritikern unterscheidet sich Coppens vor allem dadurch, daß er mit der Möglichkeit rechnet, Qohelet selber habe die späteren Ergänzungen zu seiner Grundschrift gemacht. Daß er keine einleuchtenden Gründe dafür aufzeigen kann, macht diese Theorie nicht unbedingt überzeugend – man möchte fast vermuten, sie habe ihren Ursprung darin, daß in Qohelet «un plaidoyer pour la nécessité de recourir à la Torah pour une valable règle de vie» gefunden werden soll. Auf diesem Weg kann man das m.E. nicht schaffen.

Lohfink (1979; 1980) gliedert das Buch folgendermaßen:

1,2f.	Rahmen
1,4–11	I. Kosmologie
1,12–3,15	II. Anthropologie
3,16–4,16	III. Gesellschaftskritik, erster Teil
4,17–5,6	IV. Ethik des religiösen Verhaltens

5,7–6,10 V. Gesellschaftskritik, zweiter Teil
6,11–9,6 VI. Ideologiekritik
9,7–12,7 VII. Ethik
12,8 Rahmen

Er kommt zu seiner Aufgliederung durch eine Kombination von inhaltlichen und formalen Argumenten. Nach der in Form eines Gedichtes vorgetragenen Kosmologie folgt „als zweiter, grundlegendster Teil des Buchs eine Art ‚Anthropologie', die aber am Ende durchaus auch in die ‚Theologie' ausgreift. Sie ist als durchlaufender Ich-Bericht eines Verfassers ... über die Wege und Ergebnisse seines Denkens stilisiert (1,12 – 3,15)" (1979, 267). Formal ist 1,12 als Neueinsatz erkennbar. Es folgen in 1,13–15; 1,16–18 und 2,1–2 „drei jeweils durch einen Spruch schnell und vorläufig beantwortete Problemangaben, die in chiastischer Ordnung mithilfe von Stichworten auf Hauptabschnitte der dann folgenden Ausführungen hindeuten" (1979, 267, Anm. 35). Weitere Untergliederungen: 2,3–11 (Der Mensch kann durch Weltgestaltung zu Glück kommen), 2,12–23 (Bildung und Reichtum werden durch die Tatsache des Todes als vergänglich erwiesen) und 2,24 – 3,15 (Gott als der eigentlich Verfügende, vom Menschen aber nicht zu Fassende) (1979, 267, Anm. 35). Wenn man sich fragt, weshalb dieser Teil „Anthropologie" genannt wird, erhält man die Antwort: „In diesem ganzen Teil wird von den höchsten Möglichkeiten des Menschen und ihrer Verwirklichung ausgegangen, und gerade von hier aus werden die negativen Resultate gewonnen" (1979, 267f., Anm. 35). – Der Beginn der „Gesellschaftskritik" (3,16 – 4,16; 5,7 – 6,10) wird in 3,16 durch eine Selbstberichtsformel gekennzeichnet, die sich durch *ʿôd* „noch, weiterhin" von den vorher verwendeten unterscheidet; inhaltlich wird ab jetzt der Blick auf die Übel der Gesellschaft gerichtet. Untergliederung: „3,16–22 (Unrecht bei Gericht), 4,1–6 (Ausbeutung und Konkurrenzkampf), 4,7–12 (Der alleinstehende Mensch), 4,13–16 (Wankelmütige Volksgunst), 5,7f. (Beamtenkorruption), 5,9–11 (Nutzlosigkeit des Reichtums), 5,12–16 (Reichtum, der verlorengeht), 5,17 – 6,2 (Reichtum, der doch keine Freude bringt), 6,3–5 (Langes Leben und Reichtum ohne Freude), 6,6–10 (Langes Leben in Armut und ohne Freude)." Lohfink sieht hier „Fallstudien aus dem gesellschaftlichen Raum, die dann immer wieder beim gleichen Fazit ankommen" (1979, 268, Anm. 37). „Mitten in diesen Teil sind Weisungen über das religiöse Verhalten eingefügt, die sich auch durch ihre ermahnende und poetische Form vom Kontext abheben (4,17 – 5,6). Der Sache nach gehören sie eigentlich zum ethischen

Schlußteil des Buches. Sie dürften hierhin gezogen worden sein, um die Mitte des Buches zu bilden. Sie teilen die Gesellschaftskritik in zwei Teile, und im ganzen entsteht so ein siebenteiliger Buchaufbau" (1979, 268). – Formal wie inhaltlich nicht eindeutig ist der Beginn des letzten Teils, der „Ethik" (9,7 – 12,7). LOHFINK rechnet auch mit der Möglichkeit, daß 9,7–9 den Abschluß von 8,16–9,6 bilden, vielleicht sogar Abschluß und Beginn des Neuen in einem darstellen. Nicht auszuschließen ist ferner, daß der Schlußteil bereits mit 8,16 beginnt (1979, 269, Anm. 42). Der Schlußteil schließt mit einem Gedicht, das ein Pendant zu dem Gedicht am Anfang des Buches bildet; inhaltlich ist er kaum zu gliedern: „Die Masse seines Textes besteht aus meist assoziativ aneinander gereihten Sprüchen ... Offenbar soll der Leser am Anfang von Kap. 9 langsam in einen neuen Buchbereich hineingeführt werden, ohne sofort zu überschauen, wohin er jetzt, wenn sich offenbar das Ende nähert, noch genau gelangen wird" (1980, 68). Inhaltlich begegnen wir „auch völlig vorethischen Beschreibungen beachtenswerter Sachverhalte, etwa in 9,11–16; 10,2f. 5–11. 15; 11,3. Sie erinnern zum Teil geradezu an die populär-gnomischen Frühformen der alten Weisheit. An ihnen wird deutlich, daß das Wort ‚Ethik' die Intention dieses Schlußteils doch nicht ganz richtig charakterisiert. Besser sagt man vielleicht, nach der Destruktion des bisherigen Weltwissens wolle das Buch doch mindestens noch ansatzweise ein neues gesellschaftstragendes ‚Wissen' aufbauen ... Rechnet man mit solcher Intention, dann erscheint dieser Teil des Buchs allerdings sehr kurz und die Auswahl sehr zufällig. Es muß noch ein Auswahlprinzip und eine selektive Leitidee gegeben haben. Bestimmte Bereiche, z. B. das Familienleben oder das gutnachbarliche Verhalten fallen völlig aus. Vielleicht trugen in solchen Bereichen noch die alten Lehren. Die Schüler, die Kohelets Buch hier anspricht, hatten vielleicht schon eine Ausbildung im Stil der alten Weisheit hinter sich. Kohelet wäre dann nur daran interessiert, sie für das spezifisch Neue auszurüsten, das wirtschaftlich, politisch und gesellschaftlich empordrängt und demgegenüber die konkrete Weisung der Tradition blind ist" (1980, 68f.).

LOHFINK bietet wohl den am besten begründeten Versuch einer Gliederung des Buches Qohelet; er kombiniert strukturelle mit inhaltlichen Argumenten. Wenn er recht hat, bietet das Buch eine bewußt konzipierte systematische Einheit. Es ist aber zu fragen, ob er das Buch nicht zu sehr in Analogie zu modernen systematischen Abhandlungen versteht; zu 9,7 – 12,7 z. B. wird aus seinen Ausführungen selbst deutlich, daß „Ethik" kaum eine angemessene Zusammenfassung dieses Abschnitts ist. Vermutlich betont Lohfink in seiner Antithese gegen die Sentenzentheorie die *systematische* Einheit im modernen Sinn der systematischen Theologie zu stark. Daß die einzelnen Abschnitte doch wohl nicht gleichartig und gleichgewichtig nebeneinanderstehen und gleichberechtigte Teile eines Ganzen bilden, kann man m. E. Lohfinks Darlegungen durchaus entnehmen, wenn er z. B. 1, 12 – 3, 15 den „grundlegendsten Teil" des Buches nennt oder feststellt, daß in späteren Texten Qohelet in Selbstzitaten auf frühere Darlegungen zurückgreift (vgl. oben S. 30 f.). Vielleicht kann ein erneutes Durchdenken dieser Hinweise Lohfinks zu neuen Ergebnissen über den Aufbau des Buches führen.

Rousseau (1981) will eine Struktur im Buche Qohelet nachweisen mittels einer Methode, die «se réfère à la composition propre au style oral et fait appel à sa technique qui nous apparaît fondamentale, celle du parallélisme ou du jumelage» (1981, 200). Anfang und Schluß des Buches sind nach dem Schema ABC … C'B'A' strukturiert: A = Titel (1, 1), B = Thema (1, 2–3), C = Prolog (1, 4–11) … C' = Epilog (12, 1–7), B' = Thema (12, 8), A' = Anmerkung des Herausgebers (12, 9–14). «Le prologue et l'épilogue décrivent la faiblesse de l'homme face au monde (C) et face à la mort (C')» (1981, 213). Der Rest gliedert sich in sieben Zyklen, die ein jeder durch «le grand refrain» abgeschlossen werden (1981, 213):

A I Confession du roi Salomon (1, 12 – 2, 26)
B { II Le sage ignore le dessein de Dieu en général (3, 1–13)
III Le sage ignore ce qui arrivera après la mort (3, 14–22)
C { IV Déceptions diverses et exhortations (4, 1 – 5, 19)
V Déceptions diverses et exhortations (6, 1 – 8, 15)
B' VI La faiblesse du sage (8, 16 – 9, 10)
C' VII Déceptions et exhortations (9, 11 – 11, 10).

Im einzelnen will Rousseau noch weitere Strukturierungen entdecken, z. B. seien IV und V parallel aufgebaut: Déceptions (4, 1–16; 6, 1–12), bloc exhortatoire (4, 17 – 5, 6; 7, 1–22), déceptions (5, 7–16; 7, 23 – 8, 14), refrain (5, 17–19; 8, 15); eine Analogie dazu liege in VII vor: exhortation (9, 11); déceptions (9, 12–17), bloc exhortatoire (9, 18 – 11, 6), refrain (11, 7–10). – Wegen weiterer Einzelheiten sei ein eventuell interessierter Leser auf den Aufsatz verwiesen. Das Ergebnis von Rousseau dürfte kaum als Empfehlung für die von ihm angewandte Methode dienen können: eine Analyse der Texte zeigt z. B., daß 7, 1–22 und 9, 18 – 11, 6 kaum als «bloc adhortatoire» zusammengefaßt werden können, daß «déceptions» keine angemessene Beschreibung des Inhalts von 7,23 – 8,14 ist etc. Eine vorwiegend strukturelle Aufgliederung des Textes ohne inhaltliche Analysen reicht eben nicht aus.

Mulder (1982) ist, soweit ich sehe, der einzige, der Wrights Art der Analyse prinzipiell akzeptiert hat, lediglich in Einzelheiten will er ihn verbessern. Sein Ergebnis (1982, 153f.):

Title	1,1
Poem on Toil	1,2–11
I. Qoheleth's Investigation of Life	1,12 – 6,9
Introductions	1,12–15 + 16–18
Study of Pleasure-seeking	2,1–11
Study of Wisdom and Folly	2,12–17
Study of Fruits of Toil	
Leave them to another	2,18–26
Not hitting right time	3,1 – 4,6
The "second one"	4,7–16
One can loose all	4,17 – 6,9
II. Qoheleth's Conclusions	6,10 – 11,6
Introduction	6,10–12
A. Man does not find out	
God: man does not find out	7,1–14
God: life is simple; man made it complicated	7,15–29
Even wise men cannot have insight on God	8,1–17
B. Man does not know	
Nobody knows his own time	9,1–12
Nobody knows what will be	9,13 – 10,15
Do your job. You do not know what God does	10,16 – 11,6
Poem on Youth and Old Age	11,7 – 12,8
Epilogue	12,9–14

In mehreren Aufsätzen (1977; 1979; 1980; 1982; 1983; 1984) hat sich Ogden auch mit Fragen des Aufbaus des Buches Qohelet, besonders der Kapitel 9 – 12, beschäftigt. Nach ihm ist die beherrschende Frage bei Qohelet *mah jitron* ... „was für einen Gewinn hat der Mensch ..." (1,3; 2,22; 3,9; 5,10; 5,15; 6,8a; 6,8b; 6,11); eine Antwort wird darauf durch die (Varianten der) *'en tob*-Formel „es gibt nichts Gutes, außer sich zu freuen, zu essen, zu trinken" (2,24; 3,12; 3,22; 8,15) gegeben (1979, 340; 343). "... in his own personal experience (1,12 – 2,21) as well as in his observation of life in more general terms (3,1–21) Qoheleth doggedly pursues this programmatic question. The quest for יתרון provides the unifying theme, the framework, for chapters 1–3" (1979, 346). Danach folgen Teile des

Buches, "where cohesion about a given theme and the parameters of major thought units and subdivisions are less obvious" (1979, 346). Die Frage läßt sich aber auch noch in den folgenden Kapiteln feststellen, und letztlich auch in Kap. 7–8, in denen es um das Problem "man's inability to discover what is 'good'" (1979, 348) geht. "... with minor variations in expression, the question (מה יתרון) and its response (אין טוב) are integrally related and provide the literary framework around which these portions of the book are built" (1979, 350). Das wird anders ab Kap. 9. Ab hier greift zwar Qohelet immer wieder auf seine früheren Ausführungen zurück, bringt aber neue, weiterführende Überlegungen: "His purpose is to begin a discussion in greater depth of wisdom's value in the light of the problems isolated, inevitable Death and man's inability fully to comprehend God's ways ... This conclusion means that ch. ix represents a major change in Qoheleth's work, for with ch. ix there commences a discourse on the value and contribution of wisdom to life under the threat of death" (1982, 169; 1984, 36 f.). Im einzelnen gliedert er den Text ab Kap. 9 in die Abschnitte 9,1–16 (1982), 9,17 – 10,20 (1980), 11,1–6 (1983) und 11,7 – 12,8 (1984), die alle einem analogen Strukturschema folgen sollen: einleitend wird die These genannt, die dann im folgenden ausgeführt wird.

Durch ein Versehen ist die Darstellung von J. A. Loader, Polar Structures in the Book of Qohelet, Berlin 1979 (BZAW 152) unterblieben. Bei dem in diesem Nachtrag zur Verfügung stehenden Raum kann das Werk nicht mehr angemessen dargestellt und gewürdigt werden. Es sei deshalb auf die Besprechung N. Lohfinks in BZ NF 25 (1981) 112–113 hingewiesen, der ich weitestgehend zustimmen kann. Hier nur dies: Loader meint: "Excepting the epilogue, not a single palpable contradiction can be found in the book. The 'contradictions' that caused the rabbis so much brain-racking and that can be eliminated so skilfully by critics are nothing other than intended polar structures" (133).

3. ZUR SPRACHE DES BUCHES QOHELET

a) Die Eigenart des von Qohelet geschriebenen Hebräisch

Vielleicht ist es etwas übertrieben, wenn DAHOOD feststellt: "Linguistically, the Book of Ecclesiastes, Hebrew Qoheleth, has always been an enigma" (1952, 30) – eigenartig aber erscheint demjenigen, der mit dem Hebräisch des sonstigen Alten Testaments vertraut ist, die Sprache des Buches Qohelet sicherlich. Neben zwei persischen Lehnwörtern (*pardes* Baumgarten 2,5, vgl. unser Paradies!; *pitgam* Botschaft, Urteil 8,11) finden sich zahlreiche Vokabeln und grammatische Formen, die Einfluß des Aramäischen verraten; eine Zusammenstellung ist von DELITZSCH (1875, 197–208) und vor allem DELSMAN (1979) vorgelegt worden. So groß die Unterschiede in Wortschatz und grammatischen Formen zum sonstigen Alten Testament sind, so nah sind die Verwandtschaften zum späteren Mischnahebräisch.

Die überwiegende Mehrheit der Forscher zieht aus den sprachlichen Besonderheiten des Buches Qohelet den Schluß, den bereits DELITZSCH am Ende seiner Untersuchung feststellt: „Diese Übersicht über das dem B. Koheleth Eigenthümliche und nur aus den jüngsten alttest. Büchern, theilweise nur aus den chaldäischen Stücken dieser und überhaupt aus dem Aramäischen Belegbare im Wortgebrauch setzt es außer allen Zweifel, daß wir darin ein Produkt der nachexilischen Zeit und frühestens der ezra-nehemianischen vor uns haben" (1875, 206). „Wenn das B. Koheleth altsalomonisch wäre, so gäbe es keine Geschichte der hebräischen Sprache" (1875, 197). – PIOTTI hat versucht, hier noch Genaueres zu ermitteln (1973; 1977). Er meint, wahrscheinlich machen zu können, daß sich gegen Ende der persischen Herrschaft in der Gegend von Asdod ein umgangssprachliches Hebräisch entwickelt hat, das stark von phönizischen (nordwestsemitischen) Eigentümlichkeiten beeinflußt worden ist. „Gegen Ende der persischen Epoche hat sich Qohelet dieser vorwiegend gesprochenen Volkssprache bedient, um sein Buch zu schreiben."[1] „Um es zusammenzufassen: es scheint mir,

[1] «Alla fine dell'epoca persiana, Qoh. si servì di questa lingua popolare prevalentemente parlata, per scrivere il suo libro ...» (1973, 195).

daß die Sprache Qohelets angesehen werden muß als ein Zeugnis für ein volkstümliches Hebräisch eher denn als Ergebnis einer Übersetzung aus dem Aramäischen oder eines phönizischen Ursprungs des Buches – als Zeugnis für ein volkstümliches Hebräisch, das lebte und sich selbständig neben dem literarischen Hebräisch und dem gesprochenen Judäisch entwickelt hat und das sich in der Periode der Abwesenheit der exilierten Judäer in reichlichem Maße Elemente des Nordwestsemitischen assimiliert hat."[2] PIOTTI hat mit seiner Theorie versucht, eine These von DAHOOD (1952) zu modifizieren, der meinte, Qohelet habe zwar sein Werk in Hebräisch geschrieben, aber seine Orthographie und andere grammatische Besonderheiten verrieten phönizischen Einfluß. DAHOOD will aus diesen Besonderheiten schließen, Qohelet sei der Bewohner einer phönizischen Stadt gewesen: "... it will be shown with some degree of plausibility that a number of the historical and social allusions in Ecclesiastes are best understandable on the supposition that Qoheleth was a resident of a Phoenician city" (1952, 34). Eine besondere Rolle bei seiner Argumentation spielt dabei die Feststellung: "The distinctly commercial character of so many of the key words and phrases is thoroughly consonant with what is known about the commercializing Phoenician culture" (1952, 220). Durchsetzen können hat sich DAHOOD mit dieser Theorie nicht, vor allem wohl deshalb, weil GORDIS (1955) eine ausführliche und überzeugende Kritik vorgelegt hat, nach der die Theorie eines phönizischen Einflusses überflüssig ist, weil alle hierfür in Anspruch genommenen Belege durch biblischen, protomischnaischen oder aramäischen Einfluß erklärbar seien. "In conclusion, the theory of Phoenician influence in *Koheleth*, like the hypothesis of an Aramaic original, has the undoubted appeal of novelty. The theory cannot, however, be demonstrated before the bar of truth" (1955, 114).

LOHFINK vermutet, daß bei dem Übergang vom klassischen Hebräisch zu dem der Mischna aramäische und vor allem griechische Sprachmuster in das Hebräische eingedrungen sind, und zwar auch schon bei Qohelet! „Hier hat jemand dem Volk, das aramäisch

[2] «In conclusione, mi sembra che la lingua dell'Ecclesiaste, più che frutto di tradizioni dall'aramaico o di un'origine fenica del libro, debba considerarsi testimonianza di quell'ebraico popolare che visse e si sviluppò automamente accanto all'ebraico letterario e al giudaico parlato e che, nel periodo di assenza dei Giudei esiliati, assimiliò in abbondanza elementi di provenienza nord-occidentale» (1977, 56).

spricht, aufs Maul geschaut. Philosophische Begriffe hat er von der Kaufmannssprache her entwickelt. Griechische Syntax und Stereotypen der griechischen Bildungssprache schlagen im Hebräischen durch wie heute bei uns Elemente des Englischen im Bildungsjargon vieler Intellektueller. Aber dadurch hat die Sprache wieder Wirklichkeitsbezug, und mit diesem Medium lassen sich dann auch neue literarische Formen entwickeln. Basis ist das aus semitischen Wurzeln stammende, aber dann von dem Kyniker Menippos von Gadara entwickelte ποικιλόμετρον, die Mischung von Prosa mit Versen verschiedenster Metra. Da gibt es vor allem eine bisher in Israel unbekannte philosophische Prosa: Beobachtungen aneinanderreihend, Gedankengänge Schritt für Schritt entwickelnd, Motive liegenlassend und wieder aufgreifend, alt-heilige Sprachmünzen kommentierend, neu-glänzende prägend, und zwar so, daß sie den alten ähneln und sich doch als neu erweisen ... Das ganze Buch durchzieht eine Leitworttechnik, die ihresgleichen im alten Orient sucht. Sie bewirkt, daß alles mit einem geheimnisvollen Netz verknüpft ist und alle Ausleger, die einen einlinigen Gedankenfortschritt suchen, sich in dieser subtileren Sprachwelt rettungslos verheddern" (9f.). Zweifellos hat LOHFINK darin recht, daß wir bei Qohelet „eine bisher in Israel unbekannte philosophische Prosa" finden; nicht ganz so eindeutig scheint mir zu sein, wieweit hier „griechische Syntax und Stereotypen der griechischen Bildungssprache" wirksam sind.

b) Übersetzung aus dem Aramäischen?

Eine grundsätzlich andere Möglichkeit, die Eigentümlichkeiten des im Buche Qohelet sich findenden Hebräisch zu erklären, besteht in der Annahme, daß sie Produkte einer Übersetzung sind. MARGOLIOUTH hatte bereits 1903 mit dieser Möglichkeit gerechnet: "... hence there seems to be a possibility that the book is an adaptation of a work in some other language ... it is probable that the language of the model was Indo-Germanic" (JE V, 33). Mit seiner Vermutung eines indogermanischen Originals von Qohelet hat MARGOLIOUTH keine Nachfolger gefunden. BURKITT (1922) aber hat die Übersetzungstheorie durch den Hinweis auf die Möglichkeit einer Übersetzung aus dem Aramäischen wahrscheinlicher gemacht: "... the matter is not clear to my mind; but I have had for some time a feeling that the style of Ecclesiastes is in certain respects unsatisfactory and disconcerting, and the answer which to me raises the least difficulty and satisfies most of the data is that what we have is not an original but a translation. I cannot offer a demonstration of this, but I venture to hope that my remarks will not be out of place as a suggestion. ... If it be a translation, it is naturally from the Aramaic" (1922, 22f.).

Was BURKITT vermutete, hat ZIMMERMANN (1945/46) zu beweisen versucht. Folgendes sind seine „Beweise“:

1. Das Vorhandensein von zahlreichen aramäischen Wörtern,
2. Unregelmäßigkeiten im Gebrauch des Artikels bei Qohelet sind als Fehlübersetzungen zu erklären,
3. schwierige Stellen lassen sich durch Rückübersetzung ins Aramäische erklären und sind also als Übersetzungsfehler anzusehen,
4. die aramäische Konsonantengruppe *hw'*, die *hu'* (er) oder *hawa'* (er war) vokalisiert werden kann, ist an einigen Stellen verwechselt und falsch übersetzt worden,
5. Verwechslung der Zeitstufen beim Verb,
6. dem hebräischen Verb *qhl* entspricht im Aramäischen *kns* (versammeln); das feminine aramäische Partizip *knsh*, das als Äquivalent zu Qohelet vorauszusetzen ist, hat denselben Zahlenwert wie *šlmh* (Salomo) und soll ein Hinweis auf die Salomonische Verfasserschaft sein.

Die Theorien ZIMMERMANNS haben eine heftige wissenschaftliche Auseinandersetzung hervorgerufen. GORDIS (1946/47) hat sie postwendend einer Kritik unterzogen. Das Fazit seiner Darlegungen: Die Argumente ZIMMERMANNS halten einer Überprüfung nicht stand; vor allem gilt ganz allgemein: ein schwieriger Text spricht eher für ein Original als für eine Übersetzung, da Schwierigkeiten in der Regel beim Übersetzen geglättet werden! Als positiver Ertrag der Theorie ZIMMERMANNS bleibt nach GORDIS lediglich: Die Ungenauigkeiten beim Gebrauch des Artikels zeigen, daß das Buch Qohelet in Hebräisch geschrieben worden ist von einem Autor, der wie alle seine Zeitgenossen Aramäisch kannte und im Alltagsleben anwendete.

Die Diskussion zwischen den beiden ist ohne wesentliche Veränderung der Standpunkte weitergegangen, vgl. ZIMMERMANN (1949/1950) und GORDIS (1952). GINSBERG (1950) hat sich ZIMMERMANN angeschlossen; lediglich dessen Theorie, *qhlt* gehe auf aram. *knsh* zurück, hat er nicht übernommen; er will *qhlt* als Fehlübersetzung eines maskulinen aramäischen Partizips mit Emphaticusendung erklären, das im Hebräischen fälschlicherweise als Femininum wiedergegeben worden sei (vgl. oben S. 3). Auch TORREY (1948) rechnete mit einem aramäischen Original; er meinte, die unorthodoxe religiöse Philosophie Qohelets sei wahrscheinlicher für "popular consumption" in Aramäisch verfaßt worden; ins Hebräische übersetzt worden sei das Buch später, als man es als Beispiel salomonischer Weisheit habe bewahren wollen. Zuletzt hat sich zu diesem Problem WHITLEY (1979) geäußert. Nach einer eingehenden und sorgfältigen Untersuchung kommt er zu folgendem Schluß: "Our examination of the language of Koheleth suggests that there is little to indicate that the book is a translation from an Aramaic original. Equally improbable is the view that the work was originally composed in Phoenician orthography and shows the influence of Phoenician syntax and morphology" (106). Neben einer Kritik der einzelnen Rückübersetzungen ZIMMERMANNS ist für WHITLEY die Grundlage der ZIMMERMANNschen Theorie, daß der Übersetzer an etwa dreißig Stellen das aramäische Original mißverstanden haben soll, unwahrscheinlich. "... it is strange that a translator should undertake such a task if his knowledge of the original was so imperfect" (106). Und für ZIMMERMANNS rekonstruierte aramäische Vorlage gilt nach WHITLEY: "It is, again, questionable if the Aramaic original which Zimmermann claims to discover offers a more acceptable text than the Hebrew" (107). Es bleibt bei der alten Ansicht: "The Aramaisms of the book as a whole may therefore be more naturally regarded as indications of Aramaic influence than as evidence of translation from an Aramaic original" (110). WHITLEY freilich verbindet dieses generelle Urteil mit einer besonderen Theorie über die Eigenart der Sprache Qohelets, die in einer konkreten Datierung mündet. Für die Sprache Qohelets sind nach ihm zwei Charakteristika wesentlich: 1. Etliche Wendungen machen deutlich, daß der Autor mit Sprache und Literatur des Alten Testaments vertraut war (119f.), 2. die Aramaismen des Buches Qohelet haben ihre nächste Parallele in dem aus Masada stammenden Text von Jesus Sirach (120f.). Eine Überprüfung der Parallelen zwischen Qohelet und Jesus Sirach, aus denen meistens geschlossen wird, daß Jesus Sirach von Qohelet abhängig ist, zeigt nach WHITLEY, daß diese Annahme keineswegs zwingend ist (122ff.). Im Gegenteil: linguistisch repräsentiert das Hebräisch von Jesus Sirach eine frühere Sprachstufe als das von Qohelet (127ff.), und inhaltlich ist Jesus Sirach orthodoxer als Qohelet. WHITLEY nimmt deshalb an, daß Qohelet später als Jesus Sirach verfaßt worden ist. Da der Enkel von Jesus Sirach das Werk seines Großvaters 132 v. Chr. ins Griechische übersetzt hat und dieses also etwa gegen 180 v. Chr. abgefaßt worden sein dürfte, muß Qohelet später als 180 zu datieren sein. WHITLEY meint, die Entstehungszeit noch genauer bestimmen zu können. In Qoh 3,21 sieht er ein Echo auf Dan 12,2 und 2 Makk 7,9.14, und da das Buch Daniel ein Produkt der Jahre 167–164 sei, müsse Qohelet später sein (136). Die untere Grenze für die Entstehungszeit von Qohelet muß der Auszug der Qumranleute aus Jerusalem gewesen sein, da sie ja einen Qohelettext mitgenommen haben, und dieser Auszug ist nach WHITLEY vor 142 v. Chr. erfolgt (141 ff.). Ein Vergleich der Sprache Qohelets mit der anderer Texte (z. B. Achtzehnbittengebet, Mischna) führt schließlich zu folgendem Ergebnis: "The syntax, vocabulary and usage of much of the book indicate a time when the Hebrew language was in a state of transition from biblical to Mishnaic Hebrew, and contained, moreover, a considerable admixture of Aramaic. But at no time before the Maccabean-Hasmonean struggles was this true of Hebrew. A date therefore within the period 152–145 B. C. satisfies both the historical and linguistic considerations for the composition of the book" (148).

4. EINFLÜSSE AUS DER UMWELT?

Wenn sich das Buch Qohelet tatsächlich so sehr von den übrigen Schriften des Alten Testaments unterscheidet, liegt die Frage nahe, ob für diese Sonderstellung nicht Einflüsse aus der Umwelt verantwortlich gemacht werden können. Natürlich wurde diese Frage überhaupt erst möglich, als man nicht mehr einen verbalinspirierten Salomo als Verfasser annahm – sie setzt also den Beginn der historisch-kritischen Forschung voraus. Bald nach deren Beginn aber fing 1792 eine Diskussion an, die heute noch andauert und die noch keineswegs endgültig entschieden zu sein scheint: ein Würzburger Kanonikus namens ZIRKEL sammelte systematisch Parallelen zu Qohelet – natürlich aus dem griechischen Raum, anderes kannte man ja damals noch nicht.[1] Im 19. Jahrhundert haben sich dann etliche Forscher für die Annahme eines griechischen Einflusses ausgesprochen, ohne daß freilich sich diese Theorie hat allgemein durchsetzen können. In diesem Jahrhundert ist der Streit weitergegangen, nun aber noch vermehrt um Versuche, aus den inzwischen neuentdeckten ägyptischen, babylonischen und phönizischen Texten einen Einfluß auf Qohelet anzunehmen. Im Augenblick neigt sich das Pendel der Meinungen wieder einmal der Annahme eines griechisch-hellenistischen Einflusses zu (HENGEL, BRAUN, LOHFINK, AMIR).

Ich stelle im folgenden diesen Weg der Forschung nicht historisch dar, sondern hebe das schwierige Problem eines griechisch-hellenistischen Einflusses bis zum Schluß auf – vielleicht können Erkenntnisse, die wir bei der Beurteilung der Probleme eines ägyptischen, babylonischen oder phönizischen Einflusses gewonnen haben, uns dann helfen.

a) Ägyptischer Einfluß?

Als 1924 nachgewiesen wurde, daß die ägyptische Weisheitsschrift des Amenemope für Prv 22,17 – 23,12 als Vorbild (Vorlage?) gedient hat,[2] lag es nahe, auch für das so fremdartige Buch Qohelet

[1] G. ZIRKEL, Untersuchungen über den Prediger, Würzburg 1792.
[2] Vgl. A. ERMAN, Das Weisheitsbuch des Amen-em-ope: OLZ 27 (1924)

nach ägyptischen Vorbildern zu forschen. Dies ist in der Tat 1929 von HUMBERT im Rahmen einer weitergespannten Arbeit versucht worden.[3] Sein Ergebnis: «En résumé, constatons au terme de ce chapitre que si certains indices linguistiques induisent à penser que l'Ecclésiaste a connu la langue égyptienne, d'autres faits nous le montrent très vraisemblablement familier avec la littérature même des Egyptiens, la littérature morale et didactique spécialement, nous le montrent surtout imbu à la fois de ce pessimisme et de cette morale du plaisir qui constituent un grand courant de la pensée égyptienne ...» (124). GALLING folgte bald darauf mit dem Versuch, für einige Texte (8,2f.; 4,13–16; 10,16–17; 8,10; 1,12) ägyptischen Einfluß anzunehmen (1932, 276–299). 1960 schließlich verglich GEMSER Stellen aus Qohelet mit solchen aus dem ägyptischen Weisheitsbuch des Onchscheschonqy und kam nach der Konstatierung vieler Ähnlichkeiten und Entsprechungen zu der vorsichtigen Frage: "These many similarities do let one ask if in Qoheleth an Egyptian background or at least some connection with Egyptian wisdom is not likely" (126).

LORETZ (1964, 57–88) hat die genannten Werke ausführlich besprochen; er kommt zu dem abschließenden Ergebnis: „Nach Überprüfung der für eine Abhängigkeit Qohelets von der ägyptischen Literatur in Frage kommenden Argumente ist festzustellen, daß ein konkreter Bezug Qohelets zu einem ägyptischen Werk nicht nachweisbar ist" (89). Nach LORETZ hat sich noch BRAUN (1973) mit der Frage eines eventuellen ägyptischen Einflusses auf Qohelet beschäftigt; wie dieser kommt auch er zu einem negativen Ergebnis: es gibt weder echte Parallelen noch ist für eine zweifellos vorhandene Überschneidung in thematischer Hinsicht (Topoi) die Annahme einer „direkten oder indirekten Abhängigkeit Qohelets die notwendige oder auch nur wahrscheinliche Annahme; im Gegenteil: von einer solchen kann nach BRAUN „nicht die Rede sein" (8). – Schließlich hat noch MIRJAM LICHTHEIM (1979) auf Parallelen zwischen Qohelet und der Weisheitsschrift des Papyrus Insinger hingewiesen, die vor allem in ähnlichen paradoxen Aussagen bestehen soll. Aber

241–252; DERS., Eine ägyptische Quelle der Sprüche Salomos: SAB, 1924, XV, 86–93; H. GRESSMANN, Die neugefundene Lehre des Amen-em-ope und die vorexilische Spruchdichtung Israels: ZAW 42 (1924) 272–296.

[3] P. HUMBERT, Recherches sur les sources égyptiennes de la littérature sapientale d'Israel (Mémoires de l'Université de Neuchatel, tome septième), Neuchatel 1929; zu Qohelet vgl. 106–124.

auch sie will keine direkte Abhängigkeit annehmen: "Thus, the resemblances between Papyrus Insinger's paradoxes and those of Qohelet and Ben Sira are only partial and suggest little more than that all three late wisdom texts expressed widely shared reflections on injustice and disorder. Their common denominator, I suspect, was the anxiety that pervaded the Hellenistic world" (302). In ihrem 1983 erschienenen Buch[4] wird diese Sicht der „Beziehungen" noch untermauert.

Fazit: Bis jetzt ist es nicht gelungen, direkte Beeinflussung Qohelets durch ägyptische Weisheitstexte oder Weisheitsvorstellungen nachzuweisen. Einige thematische Ähnlichkeiten oder Entsprechungen lassen sich wohl am besten dadurch erklären, daß skeptische oder gar pessimistische Ideen unabhängig voneinander in verschiedenen Krisensituationen entstehen können und wohl auch entstanden sind – vor allem aber nach LICHTHEIM: es gab eine "anxiety" als Grundstimmung in der hellenistischen Welt zur Zeit Qohelets.

b) Babylonischer Einfluß?

Mit dem Bekanntwerden von Weisheitstexten aus Mesopotamien[5] mußte auch die Frage nach eventuellen Verwandtschaften oder gar Beeinflussungen auftauchen. LORETZ, den wir als Bestreiter von ägyptischen Einflüssen auf Qohelet gerade kennengelernt haben und den wir als Bestreiter von hellenistischen Einflüssen noch kennenlernen werden, hat selber als erster die Möglichkeit eines babylonischen Einflusses auf Qohelet untersucht und lebhaft bejaht.

Er findet „eine strukturelle Parallelität ..., die überraschend groß ist" (1964, 132) und die nach ihm vor allem im „Problem der Gerechtigkeit Gottes" zu sehen ist: wie in dem babylonischen Werk ›Ludlul bel nemeqi‹[6] und einem Text, den der Erstherausgeber ›Ein Babylo-

[4] Late Egyptian Wisdom Literature in the International Context. A Study of Demotic Instructions, Freiburg (Schweiz), Göttingen 1983 (OBO 52).

[5] Vgl. jetzt zusammenfassend W.G. LAMBERT, Babylonian Wisdom Literature, Oxford 1960, im folgenden BWL abgekürzt.

[6] Der Anfang des Werks wird als Titel verwendet; er bedeutet übersetzt: „Ich will preisen den Herrn der Weisheit". Text und Übersetzung bei BWL; deutsche Übersetzung z. B. E. EBELING in: Altorientalische Texte

nischer Kohelet‹ nannte[7] und der jetzt bei BWL ›The Babylonian Theodicy‹ genannt wird[8], „ist auch im Buche Qohelet der Vertreter der traditionellen Lehre, daß es dem Menschen nach seinen Werken ergehe, der Angegriffene“ (132). „Am auffallendsten sind die Ähnlichkeiten zwischen dem Gilgameschepos[9] und dem Buch Qohelet“ (133). Eine „unleugbare Ähnlichkeit“ besteht nach LORETZ zwischen der Rede der Schenkin im Gilgameschepos und Qoh 9,7–9. Als Beispiel zur Beurteilung der Problematik seien deshalb beide Texte hier zitiert:

„Gilgamesch, wohin stürmst du?
Das Leben, das du suchst, wirst du nicht finden!
Als die Götter die Menschheit erschufen,
teilten sie den Tod der Menschheit zu,
nahmen das Leben für sich in die Hand.
Du, Gilgamesch – dein Bauch sei voll,
Tag und Nacht freue dich,
gib jeden Tag ein Freudenfest,
tanz und spiel Tag und Nacht,
deine Kleidung sei rein,
gewaschen dein Haupt, mit Wasser sollst du gebadet sein,
schau auf den Kleinen an deiner Hand,
die Gattin freut sich auf deinen Schoß!“
Da, so ist (das Werk der Menschen).[10]

Dazu Qoh 9,7–9 (Übersetzung nach LORETZ, 118):

Auf, iß mit Freuden dein Brot
und trink frohen Herzens deinen Wein,
denn seit längerem gefällt Gott dein Tun.

---

zum Alten Testament, hrsg. von H. Greßmann, Berlin ²1926, 273–281; H. SCHMÖKEL in: Religionsgeschichtliches Textbuch zum Alten Testament (Grundrisse zum Alten Testament), ATD Ergänzungsreihe Bd. 1, Göttingen 1975, 160–165.

[7] E. EBELING, Ein babylonischer Kohelet: Berliner Beiträge zur Keilschriftforschung I/1 (1923).

[8] Text und Übersetzung BWL; deutsche Übersetzung E. EBELING in: AOT 287ff.

[9] Vgl. ›Das Gilgamesch-Epos‹, neu übersetzt von A. SCHOTT, durchgesehen und ergänzt von W. VON SODEN, Stuttgart 1966 (Reclams Universalbibliothek 7235/35a); A. HEIDE, The Gilgamesh Epic and Old Testament Parallels, Chicago ⁴1963.

[10] W. VON SODEN, Das Gilgameschepos (vgl. Anm. 9) 77–78.

Zu jeder Zeit seien deine Kleider weiß,
und Öl soll auf deinem Haupt nicht fehlen.
Genieße das Leben mit dem Weib, das du liebst,
alle Tage deines windigen Lebens,
die er dir unter der Sonne gibt;
denn das ist dein Teil am Leben und von deinem Besitz,
um den du dich unter der Sonne sorgst.

Loretz urteilt, „daß beide Stellen – abgesehen von der verschiedenen Motivierung – dieselben Gedanken vertreten. Hinzu kommt noch, daß im Gilgameschepos ähnlich wie im Buche Qohelet das Menschenwerk als ein ‚Windhauch' hingestellt wird und der Ruhm (Name) als das angesehen wird, was die Menschen am meisten erstreben. Es muß vorläufig auf Grund der mangelhaften Überlieferung der Texte und unserer Unkenntnis all der konkreten Zusammenhänge zwischen dem Gilgameschepos und dem Buch Qohelet offenbleiben, ob wir in den angeführten Stellen des Gilgameschepos so etwas wie einen ‚Vorläufer' Qohelets zu erblicken haben oder ob Qohelet völlig unabhängig von diesem Epos seine Gedanken faßte. Selbst wenn sich – was unwahrscheinlich ist – das letztere bewahrheiten sollte, zeigen die Stellen aus dem Gilgameschepos, daß Qohelet Probleme des altorientalischen und somit auch des israelitischen Menschen aufgegriffen hat. Auf Grund des Gesagten kann nun die Frage, ob Qohelet, der keine geistigen Beziehungen zur hellenistischen und ägyptischen Welt aufweist, auf dem Hintergrund der Literatur und Anschauungen der Semiten des Alten Orients zu sehen ist, positiv beantwortet werden. Aus dem angeführten Material wird ersichtlich, daß Qohelet in einer langen und gutbezeugten Tradition steht und dies bisher nur nicht richtig gesehen werden konnte, weil die Erschließung der Keilschriftliteratur hierfür die unumgehbare Voraussetzung war" (133f.). Sehr überzeugend hat Loretz mit diesen Ausführungen nicht gewirkt. So bemerkt z.B. Braun: „Die von Loretz bearbeitete Literatur vermag zwar eine interessante Illustration zu manchen Gedanken Kohelets aus dem mesopotamischen Bereich zu geben, jedoch bleibt das Problem der verschiedenen Grundintention beider verglichenen Textbereiche nach wie vor bestehen, da es Loretz nicht gelingt, über gemeinsame, gelegentlich noch dazu allgemein weisheitliche oder pessimistische Topoi hinaus eine allgemeine Aussagemotivation und -form festzustellen ... Eine weitere Schwierigkeit, die Loretz selbst sieht, ist die Frage der Vermittlung des von ihm bearbeiteten Textgutes über mehr als ein Jahrtausend hinweg ... Aufgrund dieses Materials wird keineswegs die behauptete ausschließliche Beziehung Kohelets zur geistigen Tradition seiner semitischen Umwelt als gesichertes Ergebnis angenommen werden können ..." (13).

Selbst wenn man aus der Ähnlichkeit zwischen der oben zitierten Rede der Schenkin und Qoh 9,7–9 annehmen will, Qohelet habe wohl diesen Text gekannt – ein „Vorläufer" Qohelets war das Gilgameschepos auch dann m. E. auf keinen Fall. LORETZ kann nur deshalb zu dieser Meinung tendieren, weil er das Buch Qohelet in lauter einzelne Topoi auflöst und seine eigentliche Tendenz nicht erkennt. Bestenfalls hat Qohelet Gedanken und Motive, die ihm aus dem Gilgameschepos bekannt waren, in einen neuen Kontext übertragen. Dasselbe gilt auch, wenn SHAFFER mit seiner Annahme recht haben sollte, daß das Wort vom dreifach gezwirnten Faden in Qoh 4,12 auf eine Parallele aus dem Gilgameschepos zurückgehen sollte, von der SHAFFER zunächst eine sumerische Fassung[11] und dann eine akkadische[12] behandelte. "This parallel, from the epic 'Gilgamesh and Ḫuwawa', is seen as the ultimate source of the motif, while the whole passage 4: 9–12 is dependent on the Sumerian composition" (1967, 75*). Zwingend erscheint mir das keineswegs – das Wort vom dreifach gezwirnten Faden, der nicht so schnell zerreißt, muß keineswegs seine "ultimate source" im Gilgameschepos haben, sondern kann ebensogut oder noch wahrscheinlicher ein selbständiges Sprichwort sein, das bereits im Gilgameschepos sekundär verwendet worden und das auch unabhängig vom Gilgameschepos in der internationalen Spruchüberlieferung tradiert worden ist.

Aber wie dem auch sei: Bestenfalls zeigen die akkadischen Parallelen, besonders die aus dem Gilgameschepos, daß Gebildete noch zur Zeit Qohelets auch Kenntnis von diesen Werken besaßen und daraus zitieren konnten – eine darüber hinausgehende Abhängigkeit des Werkes von Qohelet in dem Sinn, daß auch Konzeption und Tendenz seines Werkes von babylonischen Texten beeinflußt sind, ist damit noch lange nicht wahrscheinlich gemacht. Wenn man freilich bei Qohelet nur thematisch bedingte einzelne, isolierte Topoi und weder geplante Komposition noch einheitliche Konzeption sieht, kann man dieses Problem gar nicht erst erkennen und muß

[11] A. SHAFFER, The Mesopotamian Background of Qohelet 4: 9–12: Eretz Israel 8 (1967) 246–250 (hebr.); Engl. summary 75*.

[12] A. SHAFFER, New Light on the 'Three-ply Cord': Eretz Israel 9 (1969) 159–160 (hebr.), Engl. summary 138f.*.

dem in den Topoi erkennbaren gemeinsemitischen Hintergrund zu großes Gewicht beweisen – und eben das tut LORETZ.

c) Phönizischer Einfluß?

Die Entdeckung, Entzifferung und Auswertung der Texte aus Ugarit seit 1928 hat uns zahlreiche neue Erkenntnisse über die kanaanäische Umwelt Israels gebracht. Können sie vielleicht die Eigenheiten des Buches Qohelet verstehen helfen? Diese Frage ist von DAHOOD in etlichen Aufsätzen gestellt und positiv beantwortet worden (1952; 1962; 1966). Da bisher aus Ugarit keine Weisheitstexte bekannt sind, können Beziehungen nur auf linguistischem Gebiet oder bei einzelnen Vorstellungen nachgewiesen werden, und eben das will DAHOOD: "The Book of Ecclesiastes was originally composed by an author who wrote in Hebrew but who employed Phoenician orthography, and whose composition shows heavy Canaanite-Phoenician literary influence" (1952, 32). Um Mißverständnisse zu vermeiden: Mit dem Ausdruck "'literary' is intended to include the morphological, syntactical, and lexical phases of the author's style" (1952, 32). Obendrein meint DAHOOD, "that a number of the historical and social allusions in Ecclesiastes are best understandable on the supposition that Qoheleth was a resident of a Phoenician city" (1952, 34). Vermutlich sollte man den phönizischen Einfluß nicht überbewerten und mit HENGEL feststellen: „Etwaige sprachliche Anklänge erklären sich dadurch, daß seit der Perserzeit ganz Palästina unter phönizischem Kultureinfluß stand" (1973, 13); zustimmend zu HENGEL auch BRAUN (13). Den besonderen Inhalt des Werkes von Qohelet kann man jedenfalls aus den bisher bekannten ugaritischen und phönizischen Quellen nicht ableiten.

d) Hellenistischer Einfluß?

„Mit der Entdeckung, dass Gräcismen im Prediger vorkommen, dass folglich die Erscheinung desselben in die späteste Zeit der jüdischen Staatsverfassung herabsinke, schloss sich mir auf einmal ein neuer Horizont auf", schreibt ZIRKEL (1792).[13] ZIRKEL hat diese

[13] Zitiert nach H. GRAETZ, Kohélet oder der salomonische Prediger, Leipzig 1871, 179.

seine Entdeckerfreude weder auf seine Zeitgenossen noch auf die beiden nachfolgenden wissenschaftlichen Generationen übertragen können; erst GRAETZ griff die These ZIRKELS (1871) wieder auf, erklärte einerseits weniger Wendungen im Buche Qohelet für Gräzismen, als ZIRKEL angenommen hatte, fügte andererseits dafür die Annahme von Latinismen (!) hinzu; so sollen z. B. die zehn Machthaber von 7,19 das römische Dekurionat oder Decemvirat widerspiegeln (184) und das Buch Qohelet aus herodianischer Zeit stammen.

Kurz nach GRAETZ erschien ein Werk von TH. TYLER (1874), wenig später eines von PLUMPTRE (1882) – beide sehen in Qohelet den Einfluß griechischer Popularphilosophie. KLEINERT (1883) lehnt ihre Ansichten ab – ein rundes Vierteljahrhundert später (1909) ist er nicht mehr ganz so ablehnend: Zwar kann er keine direkte Abhängigkeit Qohelets, wohl aber einen allgemeineren Einfluß griechischen Geistes und griechischer Philosophie, speziell der kynisch-stoischen Diatribe, finden – es werden eben allgemeine Zeitströmungen verarbeitet. Seit GRAETZ/KLEINERT gehört es zur Pflicht eines jeden Auslegers, sich mit dem Problem des hellenistischen Einflusses auf Qohelet auseinanderzusetzen – die folgenden Bemerkungen können deshalb den Gang der Diskussion nicht mehr wiedergeben und sollen lediglich die Probleme markieren.

Bemerkenswert scheint mir LEVY zu sein: „Kynisch-stoische und kyrenaische Ideen wurden im 3. Jahrhundert v. Chr. miteinander verschmolzen. Dieses Produkt fand Qoheleth in der Popularweisheit vor und verwob es mit dem Judentum. Er ist ein Vorläufer der späteren jüdischen Philosophen, die die Philosophie ihrer Zeit mit den Ideen ihrer Religion vermählten. Das griechische Gut ist aber so vollkommen verarbeitet, der jüdische Glaube an einen persönlichen Gott so streng festgehalten und zum Zentrum der ganzen Weltauffassung gemacht, daß das Buch Qoheleth als ein durchaus selbständiges Werk betrachtet werden muß“ (12). Insgesamt eine bedenkenswerte Sicht – aber ein persönlicher Gott bei Qohelet?? 1925 wollte RANSTON eine direkte Abhängigkeit Qohelets von Theognis nachweisen (Qohelet ein “Theognis for Jewish readers”). – GALLING (1934) kritisierte diese Theorie; er fand besonders bei Protestanten Tendenzen zu einer gräkophilen Position und meinte, ein Vergleich sei nur ganz allgemein so möglich, daß am Daseinsverständnis Gemeinsamkeit und Differenz beider Aussagebereiche erhoben werden.

LORETZ, dem wir schon bei den Problemen eines ägyptischen

oder babylonischen Einflusses begegnet sind, hat sich auch zur Frage eines hellenistischen Einflusses geäußert. Seine Meinung: es gibt in der Sprache Qohelets keine Gräzismen, es gibt in den Gedanken Qohelets keine Beeinflussung durch bestimmte griechische Philosophen oder Philosophenschulen (Epikur, Stoa, Theognis), und auch die Annahme eines „allgemeinen griechischen Einflusses" (1964, 53) ist nach ihm nicht zwingend, „so daß man es am besten unterläßt, von einer hellenistisch geprägten literarischen Form des Buches Qohelet zu sprechen ... Im Buche Qohelet fehlt nicht nur jede Einwirkung der griechischen Sprache, da sich kein Gräzismus und keine griechischen Wörter nachweisen lassen ..., sondern auch der Einfluß griechischer und hellenistischer Philosophie, Literatur und Geistigkeit" (1964, 56).

Wie der Leser schon fast erraten kann, war mit diesem Diktum LORETZENS (1964) das Problem keineswegs endgültig geklärt – im Gegenteil. 1968 meldete sich z.B. HENGEL, der zwar weder Gräzismen noch direkte Abhängigkeit von Philosophen oder Philosophenschulen, wohl aber Abhängigkeit vom Zeitgeist annimmt. Von Qohelet, dessen Buch nach ihm etwa „zwischen 270–220 v.Chr." (213) abgefaßt ist, gilt: „Als Mensch seiner Zeit konnte der in seiner Jugend gewiß regsame und ehrgeizige Verfasser sich kaum dem geistigen Klima jener Epoche verschließen, die so viele neue erregende Eindrücke mit sich brachte" (214). Qohelet aber lebte in einer Zeit der „Krise der griechischen Religion, die sich in der Entleerung der alten Göttervorstellungen und ihrem Ersatz durch die unverbindlichen Schicksalsbegriffe äußerte ..." (231). „Die Bekanntschaft mit griechischer Religionskritik und griechischem bzw. ägyptischem Schicksalsglauben wurde vermutlich durch ptolemäische Beamte, Kaufleute und Soldaten vermittelt, die auch in Jersualem nicht fehlten ... Qohelet begegnete auf diese Weise nicht den Schulmeinungen der Philosophen, sondern den volkstümlichen Anschauungen des griechischen ‚Bürgertums'" (232).

In einer ausführlichen Zusammenfassung bringt HENGEL sechs Punkte, „in denen Berührungen mit dem Geist des frühen Hellenismus sichtbar werden könnten" (232):

„1. Die Individualität seiner Persönlichkeit durchbricht ... die bisherige unpersönliche Anonymität der Weisheitsüberlieferung ...
2. Seine ... distanzierte Beobachtung und sein streng rationales, logisches Denken führen zur radikalen Kritik der Vergeltungslehre der traditionellen Weisheit und greifen damit indirekt

einen Eckpfeiler der jüdischen Frömmigkeit überhaupt an. Die Kategorie der ‚Gerechtigkeit' kann auf Gott nicht mehr angewendet werden ...

3. Seine Gottesvorstellung verliert dadurch ihren unmittelbaren personalen Bezug zum Menschen und droht zu erstarren ... Gott ist dem Menschen fernegerückt ... Es bedarf nur noch eines Schrittes und aus dem Deus absconditus Qohelets wird das unpersönliche Fatum.
4. Zwischen Gott und Mensch schieben sich Schicksalsbegriffe ...
5. Gegenüber Gottes Ordnung von Zeit und Geschick bleibt dem Menschen nur die Ergebung und in der praktischen Lebensführung der vorsichtige Mittelweg. Lediglich die Möglichkeit des ‚carpe diem' ... vermag dem Leben einen – sehr begrenzten – Sinn zu geben ...
6. In diesem Sinne kann man zu Recht von einem ‚fragwürdige(n) bürgerliche(n) Bildungsideal' oder einer ‚bürgerliche(n) Ethik' Qohelets reden" (Galling 1932, 293). „Wesentlich ist jedoch, daß Qohelet zugleich die Nichtigkeit dieses ‚bürgerlichen' Daseins durchschaut, obwohl er selbst keine ethische Alternative bietet" (232–234).

Von den direkten Gräzismen in der Sprache Qohelets ist also bei Hengel nichts übriggeblieben; die Argumentation stützt sich bei ihm auf allgemeine Überlegungen, die zwar eine gewisse Wahrscheinlichkeit für sich haben, die aber keineswegs zwingend sind. So kann man sich in der Tat gut vorstellen, Qohelet sei in seiner Jugend regsam und ehrgeizig gewesen und habe sich dem geistigen Klima jener Epoche kaum verschließen können. Möglicherweise verrät sich in den aufgeführten sechs Punkten eine Berührung mit dem Geist des frühen Hellenismus – andererseits aber ist das keineswegs zwingend, jedenfalls nicht in dem Sinn, daß die angeführten inhaltlichen Besonderheiten *nur* aus der Berührung mit dem frühen Hellenismus erklärbar wären. Denn daß, wie unter Nr. 3 konstatiert, Qohelets Gottesvorstellung keinen „personalen Bezug zum Menschen" hat, ist auch aus der weisheitlichen Gottesvorstellung ganz allgemein erklärbar (vgl. S. 95 ff.); die radikale Kritik der Vergeltungslehre der traditionellen Weisheit (Nr. 2) kann weisheitsimmanent als Spätform weisheitlichen Denkens gedeutet werden. Hengels vorsichtiges Reden von den sechs Punkten, „in denen Berührungen mit dem Geist des frühen Hellenismus sichtbar werden könnten", ist also durchaus verständlich.

Viel mehr will Braun (1973) in seiner Untersuchung beweisen.

Gegenüber den Versuchen, einen mesopotamischen, ägyptischen oder phönizischen Einfluß nachzuweisen, geht er von der einleuchtenden Frage aus, „inwieweit Kohelet in Wirklichkeit mit den genannten geistesgeschichtlichen Traditionen in Berührung gekommen sein konnte“ (3). Und da spricht eben ungleich viel mehr für eine Berührung mit hellenistischem Denken als mit irgend etwas anderem! Um dies nun auch über allgemeine Annahmen hinaus zu beweisen, stellt BRAUN zunächst „Die griechisch-hellenistische Bildung der Zeit Kohelets und ihre gnomischen und popularphilosophischen pessimistischen Überlieferungen“ dar (14–43).

Die Grundposition von BRAUN lautet: „Die Frage der Herkunft der alttestamentlich-jüdisch ohne apologetisches Interesse nicht erklärbaren Gedankenmotive und Topoi Kohelets hat von der historisch sinnvollen Wahrscheinlichkeit der Möglichkeit fremder Einflüsse auf Kohelet auszugehen. Das besagt, daß für die Auseinandersetzung zwischen jüdischer und hellenistischer Bildung Texte aus dem 2. Jahrtausend, über deren Bedeutung für Kohelet man nur Vermutungen anstellen kann, weniger eine Rolle gespielt haben dürften als die nachweisbar zu seiner Zeit gelesenen und zitierten aktuellen Dichter und Philosophen der hellenistischen Schultradition ... Demnach ist für die motivgeschichtliche Untersuchung Kohelets auch in Zukunft festzuhalten, daß nicht wie bisher aufgrund vermuteter Analogien, sondern aufgrund historischer Argumentation gearbeitet werden muß ... Ähnliches gilt für das Denken Kohelets, dessen individualistisch-empirischen Ansatz wir weder in Ägypten noch in Mesopotamien ähnlich autark wie in Griechenland ausgebildet sehen ... Schließlich ergibt sich die Frage nach den schriftstellerischen Vorbildern Kohelets und der Herkunft der formalen Gestaltung seiner Aussagen. Auch hier wird zu untersuchen sein, von welchen Traditionen er abhängig ist, da gerade in seiner Zeit Poesie und Prosa seines Raumes sich mit den immer mehr an Einfluß gewinnenden Form- und Gattungselementen der hellenistischen Literatur und Rhetorik auseinanderzusetzen hatten“ (42f.). Zunächst versucht BRAUN zu zeigen, daß einige für den Sprachgebrauch Qohelets typische Begriffe und Wendungen als eine Widerspiegelung griechischer Begriffe verstanden werden können: *häbäl* soll τύφος, *jitron* soll ὄφελος, *'amal* soll πόνος, *tur* soll τηρεῖν, *tob liphne 'elohim* (gut vor Gott) soll θεόφιλος, *'asah tob* soll εὖ δρᾶν und *tob 'ašer japhä* (5,11) soll τὸ καλὸν φίλον widerspiegeln. Fazit: Es „ist gerade zur Sprache des antiken Pessimismus, der griechischen Gnome und der Popularphilosophie eine erstaunliche Affinität in manchen sprachlichen Äußerungen Kohelets festzustellen, die indessen nicht als direkte Übernahme griechischer Vorstellungen verstanden werden dürfen, sondern indirekt aus der Situation der literarischen und rhetorischen Bildung des frühen Hellenismus zu erklären sind, der sich ein ‚Weiser' wie Kohelet nach nahezu allgemeinem Ermessen der Forschung nicht verschlossen hat" (55). In einem ausführlichen Abschnitt „Motiv- und Kompositionsanalyse der Einzelsentenzen bei Kohelet" (56–145) bringt BRAUN dann einen nach einzelnen Motiven geordneten, um nicht zu sagen: in einzelne Motive auseinandergerissenen Qohelet, wobei er dann jeweils zahlreiche sachlich gleichartige oder sachverwandte Parallelen aus der hellenistischen Literatur beibringt – zweifellos eine sowohl im Hinblick auf den Fleiß als auch auf die Kenntnisse BRAUNS imponierende Leistung. Aber was bringt seine Untersuchung wirklich? Vielleicht kann man tatsächlich von Qohelet sagen: „Daß er ... in seiner empirischen Methode, in seinem vorurteilslosen Fragen und seinem persönlichen individualistisch-kosmopolitischen Selbstverständnis, in seinen rhetorischen und motivischen Voraussetzungen von der griechischen Popularphilosophie und der literarischen Bildung des Frühhellenismus, welche auch konstitutiver Bestandteil der Popularphilosophie war, beeinflußt war, ist aufgrund der Ergebnisse der vorliegenden Untersuchung mit Sicherheit anzunehmen ..." (178f.). Solange man aber wie BRAUN in dem Buch Qohelet eine Sammlung letztlich unzusammenhängender Sentenzen sieht und nicht erkennt, welche Zusammenhänge vorliegen und gegen wen Qohelet wirklich argumentiert, entsteht durch solche Nachweise ein notwendig falsches Bild, weil man die Eigenart Qohelets eben damit doch nicht in den Blick bekommt – die vorausgesetzte literarische Analyse war eben falsch. Da hilft es auch nichts, wenn gelegentlich richtige Erkenntnisse aufblitzen: „Kohelet setzt den Schlußstein auf eine Entwicklung der Weisheit, wie sie etwa in den Hiobreden schon anklingt und die Dogmata weisheitlicher Systematik wie den Tat-Ergehens-Zusammenhang und die Welt- und Gotteserkenntnis aus gewissen Ordnungen heraus in Frage stellt" (180). *Wie* Qohelet dies in der Tat tut, hat BRAUN m.E. trotz aller Verdienste seiner Arbeit nicht zeigen können – es geht eben nicht ohne vorherige gründliche literarische Analyse, die erst einmal klarstellen muß, was verglichen werden soll und wozu Parallelen beigebracht werden sollen.

LOHFINK (1980) folgt BRAUN in der Annahme eines griechisch-hellenistischen Einflusses; über BRAUN hinaus sieht er noch einen größeren Zusammenhang geistesgeschichtlicher Arbeit, ja fast schon geistesgeschichtlicher Notwendigkeit: „Die alte ‚Weisheit‘ Israels und ebenfalls der Grundbestand der Tora waren auf eine überschaubare, bäuerlich-kleinstädtische, ‚segmentäre‘ Gesellschaft hin formuliert. Sippe und Ortsgemeinde waren die bergenden Größen gewesen“ (8). Beginnend mit dem Exil aber „setzte sich die kosmopolitische, kapitalgesteuerte, staatlich administrierte, horizontal geschichtete, für den einzelnen durchlässigere, ihn aber auch viel stärker isolierende antike Klassengesellschaft auch in Judäa immer mehr durch. In ihr griff aber die alte Theoretisierung des Lebens, wie sie etwa in Spr vorlag, nicht mehr ... In dieser Situation war nun die konkurrierende Sinnwelt des Hellenismus nicht nur Gegner, sondern zugleich so etwas wie ein Hilfsangebot. Denn sie hatte analoge Prozesse schon hinter sich und war auf das, was sich jetzt als Wirklichkeit in Judäa durchsetzte, schon ganz anders abgestimmt. Mußte man da nicht überlaufen? Das Buch Koh kann nur verstanden werden als Versuch, so viel wie möglich von der griechischen Weltdeutung zu gewinnen, ohne daß dabei die israelitische Weisheit doch ihren Eigenstand aufgeben mußte“ (8f.). Lohfinks eigene These ist, „daß das Buch Koh eine Sache betrieb, die in der jüdischen Welt des 3. Jh. den Theorieverwaltern Israels als wichtigste aufgegeben war“ (11). „Es ist ein Buch aus dem Bereich der Bildungsarbeit, genauer: der revidierenden Weiterbildung. Es setzt als selbstverständlich voraus, daß die Adressaten sich im Tempel Tora und Propheten anhören, ja daß sie auch die ältere Weisheit kennengelernt haben“ (14). Eine faszinierende These – die Frage ist nur, ob sie wirklich auf einem tragfähigen Fundament gebaut ist. Wenn Lohfink recht hätte, sollte man erwarten, daß wenigstens noch etwas von der Eigenart der *israelitischen* Weisheit, die ja mit dem neuen Denken zusammengebracht werden soll, erkennbar wäre. Und das ist m. E. eben nicht der Fall. Die im Sinne der Lohfinkschen These notwendige Hilfsannahme, es sei selbstverständlich vorausgesetzt, daß die Adressaten sich im Tempel Tora und Propheten angehört hätten, ist m. E. aus keiner Stelle des Buches wahrscheinlich zu machen, auch nicht aus 4,17 – 5,6, wo in 5,3–6 eben nicht Ratschläge des Deuteronomiums einfach übernommen werden.[14]

Beschließen wollen wir dieses Problem mit Amir, dessen 1965 in hebräischer Sprache veröffentlichter Beitrag 1985 auch deutschen Lesern zugänglich wurde.

[14] Zu 5,3–6 vgl. die Kurzkommentierung im Anhang.

Amir meint, die Art, wie Qohelet das Wort „alles“ verwende, gehe auf den Einfluß seiner griechischen Umwelt zurück. An einem Punkte, und zwar an einem sehr wichtigen, glaubt er sogar, diesen Einfluß genau greifen zu können: In einer Komödie des Menander wird hingewiesen „auf einen Kyniker namens Monimos, einen schmutzigen und dreisten Gesellen, der sich zu einer ungeheuerlichen These verstiegen habe, die Weisheitsworte wie ‚Erkenne dich selbst‘ bei weitem in den Schatten stelle: τὸ γὰρ ὑποληφθὲν τῦφον εἶναι ἔφη also: ‚Er sagte nämlich, das, was (als existierend) angenommen wird, sei alles Dunst‘“ (41). Tatsächlich ist dieser Satz eine frappierende Parallele zu Qohelets „Alles ist Windhauch (Nichtigkeit, Sinnlosigkeit)“. Amir meint denn auch: „Wir möchten also vermuten, daß es sich bei der Strukturgleichheit des von dem Kyniker Monimos überlieferten Wortes mit dem Leitmotiv des Buches Koheleth nicht um einen Zufall handelt, daß vielmehr das Wort des Monimos dem Koheleth zu Ohren gekommen ist“ (47). „Menander könnte also mit seiner Komödie durchaus der Vermittler gewesen sein, durch den dem Koheleth der Gedanke des Monimos zugespielt worden wäre. Mit allem Gesagten kehren wir keineswegs zu den Versuchen früherer Zeiten zurück, Koheleth zu einem Nachfahren irgendwelcher griechischer Philosophen zu machen. Was er als ein, aus der selbstverständlichen Zugehörigkeit zu seinem Volkskontinuum herausgerissenes, existentiell ganz auf sich selbst gestelltes Individuum zu sagen hat, konnte keine griechische Philosophie ihn lehren. Aber allerdings glaube ich, das, was Julius Guttmann vage als seine ‚Berührung mit griechischer Populärbildung‘[15] bezeichnet hat, an einem Punkt präzisiert und dadurch einen zusätzlichen Anhaltspunkt für die Datierung des Buches geliefert zu haben“ (48).

[15] Vgl. J. Guttmann, Die Philosophie des Judentums, München 1933, S. 25 f.

5. QOHELET UND DIE ALTTESTAMENTLICH-JÜDISCHE TRADITION

a) Qohelet und die Weisheit

Daß das Buch Qohelet zur alttestamentlichen Weisheitsliteratur gehört, ist unbestritten und wohl auch unbestreitbar. Unter „Weisheit“ verstehen wir dabei, wie vor allem Gerhard von Rad dargelegt hat, das Bemühen des Menschen, mittels der Empirie in der verwirrenden Vielfalt der auf ihn einstürmenden Eindrücke Regeln zu finden und zu formulieren,[1] die ihm und anderen bei der Gestaltung des Lebens helfen können und sollen. Durch die Erkenntnis, daß Geschehnisse nie isoliert, sondern in einen Kausalzusammenhang eingebettet sind, wird die Vorstellung von einem Tat-Folge-Zusammenhang bzw. Tun-Ergehen-Zusammenhang entwickelt, den man nach Klaus Koch auch „schicksalwirkende Tatsphäre“ genannt hat.[2] Die optimistische frühe Weisheit geht bei ihrem Geschäft der Weltbewältigung davon aus, daß der Mensch mit seinem Verstande die in der Welt verborgenen Ordnungen schließlich werde erkennen können.

Daß Qohelet so fragt wie die Weisen vor ihm, zeigt schon der erste Satz seiner Darlegungen in 1,3: „Was für einen Gewinn hat der Mensch bei all seinem Mühen, mit dem er sich unter der Sonne abmüht?“ Weisheitlich ist die Frage nach dem Erfolg menschlichen Tuns, weisheitlich ist, daß er diese Frage für den Menschen ganz allgemein und nicht für den Israeliten stellt, weisheitlich schließlich ist auch, daß er sich dezidiert auf die empirisch zugängliche Immanenz („unter der Sonne“) beschränkt.

Und wie er diese Frage zu beantworten sucht, weist ihn ebenfalls als Weisen aus: er argumentiert mit einer Mischung aus (verfrem-

[1] Vgl. Gerhard von Rad, Die ältere Weisheit Israels: KuD 2 (1956) 54–72; ders., Theologie des Alten Testaments, Bd. 1, ⁴1962, 430ff.; ders., Weisheit in Israel, Neukirchen 1970.

[2] Klaus Koch, Gibt es ein Vergeltungsdogma im Alten Testament?: ZThK 52 (1955) 1–42 = Klaus Koch (Hrsg.), Um das Prinzip der Vergeltung in Religion und Recht des Alten Testaments (Wege der Forschung 125), Darmstadt 1972, 130–180.

deten) Zitaten und Beobachtungen. Wie stark Qohelet in seiner Sprache und seinen Themen (Topoi) von der Weisheit beeinflußt ist, hat LORETZ (1964) ausführlich gezeigt. Weisheitlich ist wohl auch sein Gottesverständnis – zu diesem wichtigen Problem gibt es allerdings kontroverse Meinungen, weshalb wir ihm eine eigene Darstellung widmen müssen (vgl. unten S. 95 ff.).

Anders als die frühe Weisheit ist Qohelet allerdings nicht (mehr!) an dem Aufweis einzelner Ordnungen in Einzelsentenzen interessiert – er fragt übergreifend nach dem Sinn allen menschlichen Tuns! Er prüft nicht mehr die Welt auf formulierbare Ordnungen hin, sondern er prüft die bekannten formulierten Ordnungen auf ihren Sinn hin! Typischerweise wandelt sich bei ihm die Vokabel für „sehen" von „Betrachten der Welt, beobachten" zu „Betrachten von Erkenntnissen, prüfen", vgl. S. 80 f. Er steht also durchaus in der Tradition alttestamentlicher Weisheit, aber er führt sie in einer für ihn spezifischen Weise weiter. Er bildet die „Neige der althebräischen ‚Weisheit'"[3]. Seine erkenntnistheoretische Skepsis (dazu vgl. S. 88 f.) brachte die Entwicklung der alttestamentlichen Weisheit zur Vollendung und zu einem philosophischen Ende, vgl. 8, 17:

> Da betrachtete ich das Tun Gottes in seiner Ganzheit:
> fürwahr, nicht kann der Mensch herausfinden
> das Werk, das unter der Sonne geschieht,
> weil nämlich auch dann,
> wenn der Mensch sich abplagt, es herauszufinden,
> er es (doch) nicht finden kann.
> Und auch wenn der Weise behauptet, es zu (er)kennen,
> kann er es doch nicht herausfinden.

Freilich ist dies nicht allgemein akzeptiert bzw. begriffen worden: nach ihm knüpfen Sapientia Salomonis und wohl auch Jesus Sirach mit ihrer optimistischen Weisheit wieder stärker an die älteren Traditionen an.

b) Alttestamentlich-jüdisches Erbe bei Qohelet?

Daß Qohelet Erbe und Vollender alttestamentlicher Weisheitstraditionen ist, wurde eben angedeutet. Wie ist nun sein Verhältnis zu anderen alttestamentlichen Traditionen? Bei der Beantwortung

[3] Vgl. HANS-PETER MÜLLER, Neige der althebräischen „Weisheit". Zum Denken Qohäläts: ZAW 90 (1978) 238–264.

dieser Frage vermischen sich nicht selten allgemeine Erwartungen und konkrete Befunde. Ein typisches Beispiel: „Da Qoheleth im Judentum aufwuchs zu einer Zeit, als dieses bereits ... in hohem Maß zur Buchreligion geworden war, sind Beziehungen seines Buches zu den Schriften des alttestamentlichen Kanons mit Sicherheit zu erwarten. Allerdings sind sie nicht immer deutlich. Dies bedeutet nicht, wie man gern annimmt, daß sich Qoheleth stark von den Glaubenstraditionen Israels gelöst habe. In den Kernfragen ist er sehr nahe geblieben (sic!). Die Ursache liegt vielmehr im aphoristischen Charakter seines Buches, der den Selbstverständlichkeiten keinen Raum gibt, als auch in der gedanklichen Eigenständigkeit, mit der der Verfasser die ihm problematischen Fragen behandelt" (KROEBER, 59f.).

Viel schwächer kann man m. E. kaum argumentieren: Die mit Sicherheit erwarteten Beziehungen lassen sich nur schwer nachweisen (sie sind „nicht immer deutlich" ist eine äußerst euphemistische Ausdrucksweise!); Konsequenzen dürfen aus diesem Befund allerdings nicht gezogen werden, weil der Verfasser ein Buch mit aphoristischem Charakter schreibt und problematische Fragen mit der für ihn typischen gedanklichen Eigenständigkeit behandelt. Weshalb jemand, der in den Kernfragen den Glaubenstraditionen Israels nahe geblieben ist, von dieser Nähe kaum etwas spüren läßt, weil (!) er problematische Fragen mit gedanklicher Eigenständigkeit behandelt, ist mir nicht einsehbar.

Ich habe KROEBER deshalb so ausführlich zitiert, weil er deutlich ausgesprochen hat, was m. E. bei vielen anderen nur andeutungsweise gesagt oder stillschweigend vorausgesetzt wird: Der in den Kanon aufgenommene Qohelet muß doch wohl in den Glaubenstraditionen Israels wurzeln.

Wie wenig dies allerdings im einzelnen nachweisbar ist, hat gegen seine Absicht etwa FORMAN gezeigt.[4] Seine These lautet: "Koheleth obviously knew Genesis and accepted some of its presuppositions while occasionally taking issue with others" (256). Seine Beweisführung:

1. Qoh 1,5–8 liegt wie Gen 8,21f. die Vorstellung vor, daß Gott in der natürlichen Welt feste Ordnungen eingerichtet hat. Anders als in der Genesis ist allerdings die Bewertung bei Qohelet: er sieht hier einen seelenlosen Mechanismus.

[4] CHARLES C. FORMAN, Koheleth's Use of Genesis: JSS 5 (1960) 256–263.

2. Qohelet übernimmt 3,20; 12,7 die aus dem Babylonischen und aus Gen 2 – 3 bekannte Vorstellung, daß der Mensch aus Ton (Lehm) besteht. Weniger wichtig ist für ihn, daß Gott den Ton durch seinen Lebensodem belebt hat. In seinem Urteil über die menschliche Natur ist Qohelet nicht so pessimistisch wie Gen 6,5f.
3. Über die Frau äußert sich Qohelet zwar in 7,26ff. ganz pessimistisch – daneben aber stehen Qoh 9,9 und 4,9–12, die sich positiv über die Ehe (sic!) äußern. Dies entspricht Gen 2,18ff.
4. In Gen 3 will Gott nicht, daß die Menschen zur Erkenntnis kommen. Qohelets Aussagen über die Grenzen der Weisheit zeigen, daß er die Botschaft von Gen 3 gelernt hat. "That his own views on the limitations of knowledge and the frustration that comes in its quest were based on Genesis seems apparent" (261).
5. *häbäl* „Windhauch, Nichtigkeit, vanity" ist Themawort in Qohelet; dies könnte eine Aufnahme des Namens Abel (hebräisch: Häbäl) aus Gen 4 sein. – Qohelet überträgt die Mühe, die der Mensch nach Gen 3 bei seiner Arbeit auf dem Acker hat, auch auf die geistige Arbeit. Er weist dabei (wie Gen 3) die Hoffnung auf Unsterblichkeit ab.
6. Qohelets Gott ist nicht Jahwe, der Gott Israels, sondern "a completely transcendent deity, remote and inscrutable" (262). Seine Unerforschlichkeit entspricht Gen 3, wo verhindert werden soll, daß die Menschen wie Gott werden.

Formans Fazit: "It is my contention that the early chapters of Genesis represent the most important single influence in the ideas of Ecclesiastes regarding the nature and destiny of man, the character of human existence, and the fact of God" (263).

Dazu nur einige kurze Bemerkungen. Zu Nr. 1: Andere Exegeten haben in Qoh 1,5–8 Einfluß griechischen Kreislaufdenkens finden wollen, m. E. mit mehr Recht; zwingend ist jedenfalls die Annahme eines Einflusses von Gen 8,21f. keineswegs. Zu Nr. 3: Positive Äußerungen über die Frau (oder über die Ehe) sind doch kein Beweis für eine Beeinflussung durch Gen 2,18–24, wenn sonst keinerlei textliche Übereinstimmung vorliegt! Warum können positive Äußerungen wie Qoh 9,9 und 4,9–12 nicht einfach Niederschlag von positiven Erfahrungen sein? Zu Nr. 4: Ist wirklich der Sinn von Gen 3, "that God does not want man to gain understanding" (261)? Ich lese in Gen 3, Gott wolle nicht, daß die Menschen „wie Gott sind, wissend, was Gut und Böse ist", wobei die genaue Bedeutung von „wissend, was Gut und Böse ist" zwar umstritten ist, jedenfalls aber doch mehr meint als "to gain understanding"![5] Und der Satz, daß Qohelets Ansichten über die Begrenzungen des Wissens auf der Genesis basieren, ist m.E. alles andere als "apparent", vgl. unten S. 88f. über den Skeptizismus Qohelets. Zu Nr. 5: Daß Arbeit, körperliche wie geistige, mit Mühen verbunden ist, ist eine so allgemeine Erkenntnis, daß man für Qohelet wirklich nicht eine Übertragung der Mühen bei körperlicher Arbeit auf die geistige Arbeit annehmen muß – ganz abgesehen davon, daß bei dieser Argumentation die spezifische Begründung Qohelets (vgl. 3,10–11!) übersehen wird. Und bei Nr. 6 schließlich bin ich völlig ratlos: es ist doch nicht dasselbe, daß Menschen hinsichtlich Erkenntnis nicht wie Gott werden sollen und daß sie Gott nicht erkennen können! Bleibt also nur Nr. 2; in der Tat scheinen die Entsprechungen zwischen Qoh 3,20 „Alles ist aus Staub entstanden und alles kehrt zu Staub zurück" und Gen 2,7; 3,19 „Da bildete Jahwe Gott den Menschen aus Staub vom Ackerboden ... denn du bist Staub und mußt zum Staub zurückkehren" am besten durch die Annahme eines Einflusses erklärbar. Hertzberg, der sich ebenfalls ausführlich um den Nachweis bemüht hat, Qohelet sei von Gen 1 – 4 beeinflußt, meint zu dieser Entsprechung: „Es ist gar nicht anders möglich, als daß hier eine bewußte, geradezu zitierende Bezugnahme auf die Genesisstellen vorliegt" (229). Woher er erkennen will, nur eine *bewußte* Bezugnahme sei hier möglich, entzieht sich meiner Einsicht. Hertzberg führt über Forman hinaus noch folgende Stellen an: Qoh 5,16 „all seine Tage ißt (?) er in Finsternis" soll „fast eine Paraphrase" (229) von Gen 3,17 „Unter Schmerzen sollst du ihn (sc. den Ertrag des Ackerbodens) essen alle Tage deines Lebens" sein. Wichtig ist, daß Hertzberg über den Anklang im Wortlaut hinaus hier eine sachliche Entsprechung finden zu können meint: „Vor allem entspricht der Inhalt des Fluchwortes genau dem Sinne Qoh's. Alle Arbeit ist ein ‚Mühen'; der Acker, dem die Arbeit des Menschen gilt, bringt ihm Dornen und Disteln; im Schweiße des Angesichts muß er sein Brot essen, mit dem Ergebnis, daß er wieder Staub wird; es fehlt eigentlich in Gen 3 nur noch ein הכל הבל (alles ist vergänglich/absurd – Michel) an den Rand!" (229). Nur leider:

[5] Vgl. z.B. R. Gordis, The Knowledge of Good and Evil in the Old Testament and the Qumran Scrolls: JBL 76 (1957) 123–138; H.J. Stoebe, Gut und Böse in der jahwistischen Quelle des Pentateuch: ZAW 65 (1953) 188–204.

in 5,16 zieht Qohelet das Fazit aus dem „schlimmen Fall", daß ermühter Reichtum wieder verlorengeht – daß man sich bei der Arbeit und an dem Erarbeiteten freuen kann, hat er ausführlich 2,4–10 dargelegt und sagt er auch 5,17–19! „Böse Mühe" ist für Qohelet nicht die Arbeit, sondern die Frage nach dem letztendlichen Gewinn und damit Sinn des Schaffens (2,13; 3,10–11). Wenn also wirklich Qohelet hier von Gen 3,17 abhängig sein sollte, dann bestenfalls so, daß er eine ihm von dort geläufige Vorstellung kräftig abwandelt. Klar ist mir aber diese behauptete Abhängigkeit vor allem deshalb nicht, weil man die Ansicht, Arbeit sei eine Plage, ja auch anderswoher als aus Gen 3 gewinnen kann. Und schließlich Qoh 3,11: „Alles hat er schön gemacht zu seiner Zeit, (aber) auch die Ewigkeit hat er in ihr Herz gegeben, ohne daß der Mensch das Werk, das Gott tut, von Anfang bis Ende herausfinden kann." „Sofort denkt man an die stereotype Bewertung der Schöpfung in Gen 1, besonders an Gen 1,31" (Da sah Gott alles an, was er gemacht hatte, und siehe: es war sehr gut) (229f.). Und mit der Wendung, Gott habe die Ewigkeit in das Herz der Menschen gegeben, will Qohelet nach Meinung von Hertzberg „an das erinnern, was in Gen 1,26a ausgesprochen ist: die ‚Gottesebenbildlichkeit', von der her der Mensch Partner Gottes und Herr der Erde wird ..." (230). Letzteres scheint mir völlig abwegig zu sein; bei Qohelet wird der Mensch sonst nie als „Partner Gottes und Herr der Erde" angesehen – vor allem aber übersieht Hertzberg, daß der Satz „auch die Ewigkeit hat er in ihr Herz gegeben" im Kontext eine Antithese zu „Alles hat er schön gemacht zu seiner Zeit" sein soll und damit keine positive Aussage sein kann! Hinsichtlich der Entsprechung von Qoh 3,11a und Gen 1,31 sei auf Crenshaw hingewiesen.[6] Er bemerkt zwar auch zu Qoh 3,11: "The verse opens with an affirmation of the goodness of creation undoubtedly reminiscent of Gen 1, where the creative work is repeatedly described as ṭôbh ... The statement that God has made everything beautiful is the fruit of experience; its truth no wise man would deny ... This much even Qoheleth could affirm: God has made everything beautiful. Nevertheless, the affirmation stands under a cloud of qualifications" (28f.). Die entscheidende Qualifizierung von Gen 1,31 liegt nach Crenshaw in der Hinzufügung von „zu seiner Zeit", wobei Qohelet den weisheitlichen Gedanken einer rechten Zeit ersetzt habe durch den eines Gott und Mensch

[6] James L. Crenshaw, The Eternal Gospel (Eccl. 3: 11): Essays in Old Testament Ethics (FS Hyatt in memoriam) 1974, 25–55.

einschränkenden Determinismus. Man kann nun darüber streiten, ob diese Deutung von „zu seiner Zeit“ richtig ist oder falsch (ich halte sie für falsch!) – nicht streiten aber kann man darüber, daß Qohelet hier, falls er wirklich Gen 1,31 aufgreift (das “undoubtedly” von CRENSHAW geht mir etwas zu weit!), diese Vorstellung entscheidend verändert und einschränkt! Und einschränkend ist nicht nur die Hinzufügung von „zu seiner Zeit“, die ja in letzter Konsequenz ein „*nur* zu seiner Zeit“ bedeutet, sondern auch, wie CRENSHAW ebenfalls darlegt, die Fortsetzung „(aber) auch die Ewigkeit hat er in ihr Herz gegeben, ohne daß der Mensch das Werk, das Gott tut, von Anfang bis Ende herausfinden kann“. Wieder kann man über CRENSHAWS Auslegung, der Mensch könne nie das Ganze, sondern immer nur einen Teil begreifen, streiten – nicht streiten aber kann man m. E. darüber, daß hier eine “qualification” vorliegt. Wenn also Qohelet hier von Gen 1 abhängig sein sollte, dann jedenfalls nicht so, wie HERTZBERG meint: „Es ist kein Zweifel: das Buch Qoh *ist geschrieben mit Gen 1 – 4 vor den Augen seines Verfassers; die Lebensanschauung Qoh's ist an der Schöpfungsgeschichte gebildet*“ (230). Wenn er hier von Gen 1 abhängig sein sollte, dann hat er seine Lebensanschauung nicht „an der Schöpfungsgeschichte gebildet“, sondern in Auseinandersetzung mit ihr und in letzter Konsequenz gegen sie. Er mag dann zwar wie jeder Mensch von erlernten Begriffen und Vorstellungen seiner religiösen Tradition abhängig sein und sie in seinem Sprachschatz verwenden – daß sie aber eine wesentliche Funktion für den Inhalt seiner eigenen (philosophischen!) Konzeption hätten, ist nirgends ersichtlich. Im Gegenteil! Wo möglicherweise Beziehungen vorliegen, sind sie kritischer Natur.

Dasselbe gilt ebenfalls für die Stelle, an der eine Beziehung zu einem Text außerhalb der Genesis sicher vorliegt: Qoh 5,3–6 greift Dtn 23,22 auf – freilich aber so, daß der Text entscheidend verändert wird (dazu vgl. den Kurzkommentar im Anhang!).

Die mit Sicherheit zu erwartenden Beziehungen des Buches Qohelet zu den Schriften des alttestamentlichen Kanons seien „nicht immer deutlich“ – so hatten wir oben von KROEBER erfahren. Sie sind es in der Tat nicht – sie sind vielmehr eher Postulate der Kommentatoren. Irgendeine erkennbare positive Funktion für sein System haben traditionelle Glaubensaussagen aus der religiösen Tradition nicht.

KAISER[7] dürfte recht haben, wenn er von Qohelet sagt: „In einer

[7] OTTO KAISER, Die Sinnkrise bei Kohelet, in: Rechtfertigung, Rea-

letztlich aus der jüdisch-orientalischen Tradition nicht ableitbaren Weise beruft er sich gegenüber den Grundsätzen und Lehrmeinungen der weisheitlichen Schultradition, aber wohl auch der an Boden gewinnenden frühen Apokalyptik, auf Erfahrung und eigenes Nachdenken" (5).

Die Ausführungen über den Skeptizismus Qohelets und über seine Gottesvorstellungen (vgl. unten S. 88f.; 95ff.) werden zeigen, wie wenig Qohelet aus der weisheitlichen oder religiösen Tradition ableitbar ist und wie sehr er seine Darlegungen auf eigenes Nachdenken gründet.

c) Qohelet und die Apokalyptik

Qohelet steht in der Tradition der alttestamentlichen Weisheit, führt diese aber in einer für ihn spezifischen und aus der Tradition nicht übernommenen Weise in die Krise. Qohelet spricht die Sprache der hebräischen Bibel und steht damit wohl in ihrer Tradition, läßt aber inhaltlich einen Einfluß charakteristischer israelitischer Glaubensvorstellungen nicht erkennen.

Das sind die Ergebnisse der Forschung, die in den beiden vorangehenden Abschnitten behandelt wurde. Wie steht es nun mit den Beziehungen zur aufkommenden Apokalyptik, auf die KAISER in dem Zitat am Ende des letzten Abschnitts vorsichtig aufmerksam macht?

Nach der bisherigen Forschung ist den Texten wenig zu entnehmen, aus dem man die Stellung Qohelets zu der wohl zu seiner Zeit aufkommenden Apokalyptik erkennen könnte. Immerhin aber ist so viel deutlich, daß jemand, der in 3,19–21 die Annahme eines besonderen Geschicks der Menschen nach dem Tode ablehnt und der in 9,2–3 mit Emphase das einheitliche und unterschiedslos gleiche Geschick aller nach dem Tode betont, mit der Apokalyptik nicht viel im Sinn gehabt haben kann – für die ist ja die Annahme eines besonderen Geschicks der Gerechten nach dem Tode konstitutiv.

Wahrscheinlich kann man aber aus Qohelet noch mehr zum Problem des Aufkommens der Apokalyptik entnehmen, wenn LILIANA ROSSO UBIGLI (1983) und MICHEL (BZAW) mit ihren Untersuchungen Zustimmung finden sollten. ROSSO UBIGLI: «si on lit

lismus, Universalismus in biblischer Sicht (FS Adolf Köberle), Darmstadt 1978, 3–21.

Qohélet en relation avec l'A.(pocalyptique), il semble bien que son œuvre contient des accents polémiques contre certaines tendences spécifiques de l'A. ... Si les idées contre lesquelles Qohélet fait sa polémique sont celles des apocalypses, on doit en tirer qu'un courant apocalyptique existe. Ses idées vues par le biais de Qohélet peuvent être schématisées de cette manière:

a) interêt pour les problèmes de la connaissance, qui ne se arrête point aux limites de la realité sensibile, s'informant à un besoin d'absolu: instance de globalité;
b) relief donné au songe ou à la vision et pas à l'expérience sensibile comme instrument de connaissance;
c) polarisation passé-futur; par conséquent le présent est dévalué et l'histoire est vue comme procès de dégéneration;
d) foi dans la survie de l'âme après la mort;
e) idée commune à Qohélet et à l'A. est au contraire le déterminisme régeant l'ordre naturel, dans la signification la plus ample du terme» (233).

Nach Rosso Ubigli führen diese sich aus der Polemik ergebenden indirekten Zeugnisse für die Existenz einer Apokalyptik dazu, in ihr keineswegs eine lediglich literarische Erscheinung zu sehen: «on ne peut plu penser simplement à un genre littéraire, mais à quelque chose de bien plus solide et complexe» (234). – Michel hat sich ausführlich mit Qoh 6,1–10; 7,1–10 und 9,1–10 beschäftigt. Er will in diesen Texten eine ausdrückliche Polemik gegen eine Frömmigkeit finden, die an der Welt leidet (7,1–6), die unerfüllte Sehnsucht auf dieser Erde grundsätzlich als etwas Positives ansieht (6,1–9) und die ihre Erwartung und Sehnsucht auf Gottes Vergeltung nach dem Tode (9,1–6; 6,10) richtet.[8] Ob das, wogegen Qohelet hier zu polemisieren scheint, bereits als Apokalyptik zu bezeichnen ist, darüber kann man sicher streiten – jedenfalls aber dürften hier Elemente vorliegen, aus denen heraus sich die Apokalyptik entwickelt hat. Mit seiner Polemik steht Qohelet am Anfang der oder schon in der Bewegung, die zum Sadduzäismus führt.

[8] Vgl. auch den Kurzkommentar am Ende dieses Buches, der freilich nur andeuten und nicht ausführlich begründen kann.

d) Qohelet und der Sadduzäismus

Ludwig Levy hat seiner Untersuchung ›Das Buch Qoheleth‹ den Untertitel gegeben: „Ein Beitrag zur Geschichte des Sadduzäismus" (Leipzig 1912). „Das stärkste Charakteristikon sadduzäischen Wesens ist nach dem übereinstimmenden Zeugnis des Josephus, des Neuen Testaments und der talmudischen Literatur die Leugnung eines Fortlebens nach dem Tode, die Verwerfung des Glaubens an eine Auferstehung und Vergeltung ... Diese Anschauungen sind uns wiederholt auch bei Qoheleth begegnet und gehören zu den grundlegenden Thesen seines Buches" (45f.). Sadduzäer ebenso wie Qohelet gehören „wohlhabenden, höheren Ständen" an, „die wie überall einem raffinierteren Lebensgenuß huldigen und sich fremder Kultur, griechischer Bildung zugänglich zeigen". Die Weisheit Qohelets „ist die theoretische Rechtfertigung ihrer Lebensführung" (46). Weitere Gemeinsamkeiten nach Levy: beide leugnen eine göttliche Vorherbestimmung und sind kühle Rationalisten. „Es ist klar, daß der dogmatische Standpunkt des Sadduzäismus sich mit dem des Buches Qoheleth deckt. Die Züge, die den Sadduzäismus von dem übrigen Judentum unterscheiden, sind genau dieselben, durch die sich das Buch Qoheleth von der Bibel abhebt ... Alle wesentlichen Differenzen zwischen Sadduzäern und Pharisäern gehen auf das Buch Qoheleth zurück" (48). Soweit kann man Levy wohl folgen. Er will aber noch mehr und meint, Genaueres über den Verfasser des Buches Qohelet herausbekommen zu können. Er bespricht aus den Aboth de-Rabbi Nathan Texte über das Wirken zweier Lehrer, die dem Epikureismus nahestanden, und schreibt dann: „Wenn nun die Lehren von Sadoq und Boethos mit denen des Buches Qoheleth genau übereinstimmen, wenn selbst der Gedankengang beider Argumentationen der gleiche ist, wenn ferner Sadoq und Boethos in der zweiten Hälfte des 3. Jahrh. Schulhäupter in Jerusalem waren, der Verfasser des Buches Qoheleth aber ebenfalls zu gleicher Zeit am gleichen Ort, so ergibt sich mit zwingender Notwendigkeit, daß der Verfasser des Buches Qoheleth mit Sadoq oder Boethos identisch sein muß. Dann muß aber das Buch Qoheleth den Anstoß zur Begründung des Sadduzäismus gegeben haben, der als Parteirichtung zwei Generationen später ins Leben trat" (44f.). Weniger wäre hier wohl mehr gewesen!

6. LITERARISCHE FORMEN (GATTUNGEN) BEI QOHELET

Auch hinsichtlich seiner literarischen Formen bietet das Buch Qohelet Probleme, die im Alten Testament nicht ihresgleichen haben. Passagen, die in einem gelegentlich „bekenntnishaft" genannten Ich-Stil formuliert sind, wechseln ab mit mehr objektiv darstellenden und sogar mit paränetisch anredenden. In 1,12 stellt sich Qohelet als König Salomo vor, später (z.B. 5,7–8) redet er sicher nicht mehr als König. Haben solche Unregelmäßigkeiten und Inkonsequenzen darin ihren Grund, daß hier eben doch kein geplantes und durchkomponiertes Werk vorliegt, sondern lose Sentenzen? Oder lassen sich doch Absicht und Planung erkennen?

a) Zur Königsfiktion (Königstravestie)

1875 schrieb DELITZSCH: „Das in c. 1 und 2 diesen Bekenntnissen aufgedrückte salomonische Gepräge beginnt weiterhin sich zu verwischen" (195). Das ist sicher richtig gesehen – ab Kap. 3 redet ein Weiser und nicht ein König. Das Ende dieses „Gepräges" muß also in Kap. 2 liegen – über den genauen Ort herrscht keine Einmütigkeit; vorgeschlagen werden vor allem 2,11 (z.B. GORDIS, ELLERMEIER, GALLING, MICHEL), 2,25 (LOHFINK) und 2,26 (LAUHA, KAISER). Um das Ende genau bestimmen zu können, wäre es hilfreich, etwas über die Funktion dieser Salomofiktion zu wissen. Daß das Ende unbeabsichtigt sei, weil Qohelet nur die ersten beiden Kapitel ausgearbeitet habe, ansonsten aber lose Notizzettel biete, hat zwar CHEYNE 1887 vermutet, aber das hat ihm keiner geglaubt. Was soll also diese Salomofiktion?

GALLING hat das Problem von 1,12 von den ägyptischen Königslehren her zu klären versucht (1932, 298). Viele Exegeten sind ihm hierin gefolgt, vgl. z.B. ZIMMERLI, der darauf hinweist, es sei „in den ägyptischen Lehren seit alters eingebürgerter Stil, daß eine einführende Erzählung davon berichtet, wie ein alter Wesir (Ptahhotep, Kagemni) oder König (Amenemhet, Merikare) oder der Vater, der seinen Sohn auf die Schule bringt (Cheti, Sohn des Duauf), dem

Jungen seine Lebensweisheit mitteilt" (1962, 151; 1980, 146).[1] ZIMMERLI selber hat aber auch angeführt, was nicht so ganz zu dieser Theorie paßt: „In all den genannten Vorbildern steht die einführende Erzählung, welche den Zeitpunkt der Übermittlung der Weisheitslehre nennt, am Eingang des Buches. Es wird danach auffallen, daß diese Angabe im Predigerbuch in 1,12 erst im Anschluß an den Spruch 1,2 und das breit ausgeführte Wort in 1,3–11 erfolgt. Man wird sich danach fragen, ob nicht eine frühere Gestalt der Wortsammlung Kohelets mit 1,12 begonnen hat. Die Situation des alten Königs, der seine Lehre seinem Sohn weitergibt, wird aber von Kohelet nicht weiter ausgeführt. Kohelet richtet sein Wort an keinen erkennbaren, einzelnen Adressaten, wie denn auch sein Nachdenken, das er nun entfaltet, keinerlei standesmäßige Einengung mehr verrät, sondern das Menschenleben als Ganzes betrifft" (1962, 152). Gerade angesichts der zuletzt zitierten Beobachtung ZIMMERLIS ist mir unverständlich, was LAUHA mit seinem Satz „Diese traditionelle höfisch-weisheitliche Form dient den pädagogischen Zwecken des Verfassers" (44) eigentlich meint – sie dient bei Qohelet eben nicht solchen Zwecken!

Wozu die Salomofiktion bei Qohelet dient, hat m.E. GORDIS längst erkannt. Er übersetzt den schwierigen Vers 2,12 "... for of what value is a man coming after the king, who can only repeat what he has already done?" (1968, 140) und findet darin folgenden Sinn: "Koheleth, in his assumed role of Solomon, wishes to assure the reader that he has experienced the ultimate in both wisdom and pleasure and that there is no need for any one else to repeat the experiment" (211). Diese Auslegung kann sich sogar auf die alte jüdische Auslegung im Midrasch Qohelet Rabba berufen, wie GORDIS darlegt; dort heißt es zu 3,11: „Wenn irgend jemand sonst (sc. außer Salomo) sagen würde ‚Sinnlosigkeit der Sinnlosigkeiten', würde ich antworten: ‚Dieser, der (noch) nicht (einmal) zwei Heller in seiner Hand hält, verachtet allen Besitz der Welt!'"[2] Mit dieser Interpretation, der sich MICHEL (BZAW) angeschlossen hat, ist die Königsfiktion nicht mehr nur ein sinnloses Relikt aus grauen Vorzeiten, sondern ein höchst sinnvolles und geradezu notwendiges Element im

[1] Vgl. weiter z.B. GALLING (88); LAUHA (45); VON RAD: „Das Buch geht in der alten Gattung eines Königstestamentes einher, einer höfisch-weisheitlichen Gattung, die ursprünglich aus dem alten Ägypten stammt" (Theologie des Alten Testaments I, ²1962, 469).

[2] Hebräischer Text des Satzes leicht zugänglich bei GORDIS, 211.

Argumentationsgang Qohelets: Er will zeigen, daß die Möglichkeiten menschlicher Weltgestaltung (= Weisheit) keinen dauernden Gewinn garantieren können, und um dies generell sagen zu können, spielt er die Möglichkeiten durch, die der weise König Salomo hatte; wenn dieser exemplarisch Weise keinen Gewinn erlangen konnte, gilt das Ergebnis für alle. – Zu einer analogen Interpretation kommt LOHFINK, der allerdings das Ende der Salomofiktion erst in 2,25 sieht: „Durch die ‚Travestie nach oben' ist es möglich, ohne die Vorteile der narrativen Präsentation aufzugeben, doch die Anthropologie nicht auf den Erfahrungen des kleinen Mannes oder gar menschlichen Mißlingens, sondern auf den Erfahrungen höchster menschlicher Möglichkeiten, geglückter Weltgestaltung und ergriffener Freude, aufzubauen" (1980, 23f.).[3]

b) Die „Ich-Berichte" – Dokumente eines gelebten Lebens oder literarische Fiktion?

Viel, ja sogar für die Auslegung Entscheidendes hängt davon ab, wie man die Texte versteht, in denen Qohelet in der 1. Person redet. Haben wir hier autobiographische Texte oder eine literarische Stilform?

Nicht selten werden die Texte mehr oder weniger autobiographisch verstanden. Als Beispiel sei RUDOLPH zitiert: „Kohelet hat sich Mühe gegeben, hinter den Sinn des Daseins zu kommen. Er rief zuerst den Verstand zu Hilfe und versuchte, durch Weisheit in das Problem des Lebens einzudringen, aber das Resultat ist: ‚Alles ist nichtig und Haschen nach Wind' (1,12–18 ...) ... Da das Denken nichts half, versuchte es Kohelet wie Faust mit dem Genuß: einem Salomo gleich versagte er sich nichts, was die Welt an Wonnen zu bieten vermag (2,1–11), aber schon beim Genuß selbst konnte er sich nicht voll ausleben, weil auch im Genuß bei ihm Weisheit und Verstand die Führung behalten sollten (2,3.9), und besonders die Sinnenlust hatte ihren Stachel: 7,26 ‚bitterer als den Tod fand ich die Frau, dieweil ein Fangnetz sie ist, und Garne ihr Herz und Fesseln ihre Arme' ..." (1959, 12f.). Den Extremfall dieser autobiographi-

[3] Hinzuweisen ist noch auf LORETZ, der in ›Qohelet und der Alte Orient‹, 57–65, zwar bedenkenswerte Argumente gegen die Herleitung aus ägyptischen Königstestamenten bringt, aber – wenn ich recht sehe – keine positive Deutung der Wendung.

schen Betrachtungsweise bietet wohl ZIMMERMANN, der Qohelet auf die Couch des Psychoanalytikers legt und sein verborgenes Seelenleben erforschen will (vgl. S. 89f.). Häufiger als solche konsequent autobiographische Deutung ist die Ansicht, Qohelet werte in seinen Darlegungen Beobachtungen aus, die er in dieser Welt gemacht habe: „Obgleich man seinen Ich-Reden keine autobiographischen Hinweise entnehmen kann ..., sind diese Aussagen mit ihren rhetorischen Fragen dennoch nicht einfach kühle Feststellungen, sondern in ihnen stecken Beobachtungen aus wirklichem, schmerzhaftem Erleben" (LAUHA, 9). Diese Position findet sich ausführlich bei ELLERMEIER, der in seiner Gattung „Reflexion" als Formelemente z. B. finden will: Aussagen zum Ausdruck der Überlegung, des Vorsatzes, der Beobachtung, der Erkenntnis etc. (1967, 52). Ähnliches findet sich in den meisten Kommentaren, die ich deshalb hier nicht alle Revue passieren lassen will. Charakteristisch ist, daß das Verb ראה „sehen, ansehen" so verstanden wird, daß Qohelet von ihm in dieser Welt Beobachtetes berichtet und daran dann seine Überlegungen knüpft.

Dieser gängigen Sicht, die nach modernem Verständnis so einleuchtend ist, hat LORETZ heftig widersprochen (1963). Er sieht in der „Ich-Erzählung" „das hervorstechendste Kennzeichen des Stils Qohelets", mit dem ursprünglichen Beginn 1,12 hat der Verfasser durch diesen „Ich-Stil" den Stil seines Werkes bestimmen wollen. Aber das nun gerade nicht im Sinne einer Biographie! In Anlehnung an überlieferte Formen (z. B. keilschriftliche Dokumente und westsemitische Inschriften) hat er damit nur die „Ich-Erzählung" als eine „dichterische Schöpfung", „die seit alters wegen ihrer Lebendigkeit und Eindrücklichkeit beliebt gewesen" ist, übernommen. „Die ‚Ich-Erzählung' verleiht dem darzubietenden Stoff größte Lebensnähe, stellt alles als selbst erlebt und erlitten hin. Sie ist die geeignete Form für abenteuerliche Erlebnisschilderungen und war deshalb von vorneherein zur Beschreibung des Suchens des Königs Qohelet geeignet" (56). LORETZ meint dann, die Erkenntnis, daß hier ein „beabsichtigter Kunstgriff" vorliegt, verleihe erst einen „geschärften Blick für die große darstellerische Leistung Qohelets" (56f.). Nicht recht erklären kann er dann allerdings den Wechsel von der „Ich-Erzählung" zu anderen darstellenden Formen der Weisheitsliteratur. Er behauptet zwar, der Wechsel der Perspektive sei ein „bekanntes Stilelement des Altertums und der Neuzeit" (57) und sei bei Qohelet ebenfalls ein übernommenes Stilelement – aber einen Grund für diesen Wechsel kann er nicht angeben, und daran scheitert m.E. sein ganzer Versuch, selbst wenn man bereit sein sollte (was ich nicht bin!), die oben angeführte Erklärung für die Darbietungsform der „Ich-Erzählung“ zu akzeptieren.

In seiner Dissertation untersucht JOHNSON Art und Funktion der "sayings" (= Sprichwörter) im Buch Qohelet (1973) und unterscheidet dabei drei Gattungen: "first-person report", "saying" und "commentary". Er sieht dabei das Problem, ob die "first-person reports" "record actual experiences and/or reflections" (77). Da die Beantwortung dieser Frage im Rahmen seines Themas nicht unbedingt nötig ist, geht er ihr leider nicht weiter nach; mehr beiläufig bemerkt er zu 1,13f.: "What Qohelet is reporting has its foundation in actual experience" (107) und liegt dabei ganz auf der Linie des üblichen Verständnisses. Über das übliche Verständnis hinaus geht aber sein Versuch, bei Qohelet Zitate von "sayings" und vor allem Kommentare Qohelets zu solchen "sayings" nachzuweisen.

Nach MICHEL (1972) bedeutet das Verb *r'h* bei Qohelet keineswegs immer „sehen“, sondern sehr oft „betrachten“, „prüfend ansehen“. Ein Satz wie etwa 2,24 ist nicht zu übersetzen: „Auch (von) diesem sah ich, daß es aus der Hand Gottes kommt“, sondern: „Auch (von) diesem betrachtete ich, daß es aus der Hand Gottes kommt.“ Es geht also nicht um den Bericht der Wahrnehmung einer Tatsache, die Qohelet als existierend behauptet, sondern darum, daß er eine Behauptung prüfend betrachtet (92f.). Damit ist für MICHEL der Weg geöffnet für eine genauere Bestimmung dessen, was Qohelet als seine eigene Meinung äußert und was er als Kritik an anderen Meinungen vorbringt.

EHLICH hat diese Erkenntnis seines Lehrers MICHEL aufgegriffen und weiter ausgebaut.[4] Neben Einzelanalysen der bei Qohelet vorkommenden Belege des Verbs *r'h* legt er dar, daß das Verb in der herkömmlichen Weisheit etwas anderes bezeichnet als bei Qohelet. Für Hiob 4,8 „(es ist so) wie ich es gesehen habe: die Frevel pflügen und die Mühsal säen, ernten es (auch)“ etwa gilt: „Das ‚Sehen‘ bestätigt das, was in den weisheitlichen Sentenzen zusammengefaßt ist. Das kollektive Wissen, niedergelegt in den ‚Sprichwörtern‘, gibt das wieder, was auch die individuelle Erfahrung vorfindet. Die kollektive Erkenntnis, bestätigt durch die individuelle Erfahrung dessen,

[4] KONRAD EHLICH, Verwendungen der Deixis beim sprachlichen Handeln. Linguistisch-philologische Untersuchungen zum hebräischen deiktischen System (Forum Linguisticum 24), Frankfurt a.M./Bern/Las Vegas 1979.

der sie in Anspruch nimmt, und die individuelle Erfahrung, auf den Begriff gebracht durch den Satz des kollektiven Wissens, stützen sich gegenseitig und können so argumentativ als Präsupposition eingesetzt werden. Anders Qohälät. Das Zusammenfallen von individueller und in den Sentenzen abgelagerter und zur Präsupposition gewordener kollektiver Erfahrung ist bei ihm nicht mehr vorhanden ..." Bei Qohelet „wird *r'h* zum Ausdruck der prüfenden Analyse dessen, was als kollektives Wissen ihm mit dem Anspruch der Erkenntnis gegenübertritt und von ihm auf die Gültigkeit des Anspruchs hin untersucht wird ..." (865–867). In BZAW führt Michel seine Untersuchungen weiter. An den Stellen 1,14; 2,13.24; 3,10.16.22(?); 4,4.15; 5,12.17(?); 6,1; 7,15; 8,9.10.17; 9,13; 10,5.7(?) ist nicht „ich sah", sondern „ich betrachtete" zu übersetzen, und so wird aus dem unreflektiert mal dies, mal jenes notierenden Tagebuchschreiber Qohelet ein kritisch sichtender Philosoph. Die „Ich-Berichte" in 1,12 – 2,11 sollen ebenfalls keine realen Erfahrungen „berichten", sondern zeigen Qohelet in der angenommenen Rolle des weisen Salomo.

7. ZUR GEISTIGEN EIGENART QOHELETS

Auf vielen Wegen kann man versuchen, die Eigenart Qohelets zu beschreiben und zu verstehen. Man kann auf die ihm eigentümliche Begrifflichkeit hinweisen, man kann ihm die Etiketten „Pessimist", „Skeptiker" oder „Philosoph" anheften, man kann ihn mittels moderner psychoanalytischer oder sozialgeschichtlicher Deutung einzuordnen versuchen oder auch mit einer Mischung aus beiden. Und last, not least kann man sein Verständnis von Gott zu klären versuchen, um dadurch seinen Standort innerhalb oder außerhalb der alttestamentlichen Tradition zu bestimmen.

Die in diesem Kapitel skizzierten Annäherungsversuche an Qohelet sind teilweise so, daß sie einander ergänzen, teilweise aber auch so, daß sie sich ausschließen.

a) Zur Begrifflichkeit Qohelets

In jedem anständigen Kommentar finden sich natürlich Beobachtungen über die Begrifflichkeit Qohelets; das hier darzustellende Gebiet ist also fast unübersehbar und die notwendige Auswahl ganz besonders subjektiv. Ich beschränke mich bewußt auf wenige Begriffe, die nach meinem Urteil Schlüsselbegriffe sind, und auf wenige Untersuchungen.

Behandelt werden folgende Begriffe:

Gottesfurcht

häbäl (Ton auf 1. Silbe): Grundbedeutung „Windhauch", davon abgeleitet „Vergängliches, Flüchtiges, Sinnloses, Eitles";

jitron (Ton auf 2. Silbe): „Gewinn, Profit";

ḥeläq (Ton auf 1. Silbe, ḥ = ch): „Teil, Anteil".

In den Psalmen etwa und wohl auch im Buch Proverbia (z. B. 1,7: „Die Furcht Jahwes ist der Weisheit Anfang bzw. Bestes") ist Jahwefurcht bzw. Gottesfurcht ein positiver Begriff, der die Reaktion des Menschen auf die Begegnung mit Gott beschreibt. Wenn Qohelet in 3,14 mit „Gott fürchten" dasselbe meinen sollte wie die Psalmen, wäre das ein deutlicher Hinweis darauf, daß er in einer zentralen

Glaubensfrage seiner Tradition verhaftet ist.[1] Daß dies nicht der Fall ist, haben neben anderen vor allem BLIEFFERT[2] und PFEIFFER[3] gezeigt.

„Infolgedessen hat der Begriff der Gottesfurcht gegenüber der Chokma wiederum viel von seiner ursprünglichen Frische, dem unheimlichen Grauen vor einer übermächtigen Gewalt zurückgewonnen. Die Gottesfurcht erfordert Vorsicht im Verkehr mit der Gottheit, von der man nie genau wissen kann, wie sie reagieren wird" (BLIEFFERT, 56f.). „Kohelet hob in seiner ‚Schöpfungstheologie' sehr stark den ungeheuren Abstand zwischen Gott und Mensch hervor. Dadurch wurde auch der Begriff der Gottesfurcht in dieses hochgespannte theologische Kraftfeld einbezogen, so daß die Gottesfurcht etwas von ihrem numinosen Charakter, das Tremendum, zurückerhielt" (PFEIFFER, 157).

Schärfer noch ist die Besonderheit von Qohelets Art der Gottesfurcht durch MÜLLER[4] herausgestellt worden: „‚Furcht Gottes' ist ... das auflehnungs- und erwartungslose Respektieren einer Macht im Hintergrund der sich verfinsternden Welt" (516). Ähnlich MICHEL (1975): In den Psalmen ist Gottesfurcht „die Reaktion auf die Begegnung mit dem fremden Gott. – Hier bei Qohelet ist Gottesfurcht die Reaktion des Menschen darauf, daß er diesem Gott, der den erkennbaren Sinn der Welt verkörpert, *nie begegnen kann!*" (97).

Auch der Japaner TOSHIAKI NISHIMURA[5] hat die Sonderbedeutung der Gottesfurcht bei Qohelet herausgestellt. Er schickt seinen Erörterungen allgemeine Erwägungen voran, die m. E. bei Untersuchungen über die Begrifflichkeit Qohelets Beachtung verdienen. Er erinnert an den Unterschied zwischen «signifiant» (Bezeichnendem) und «signifié» (Bezeichnetem) und daran, daß das Ver-

[1] Zur Gottesfurcht vgl. SIEGFRIED PLATH, Furcht Gottes (Arbeiten zur Theologie II/2), Stuttgart 1962; JOACHIM BECKER, Gottesfurcht im Alten Testament (Analecta Biblica 25), Rom 1965.

[2] HANS-JÜRGEN BLIEFFERT, Weltanschauung und Gottesglaube im Buche Kohelet. Darstellung und Kritik. Diss. Rostock 1938.

[3] EGON PFEIFFER, Die Gottesfurcht im Buche Kohelet, in: Gottes Wort und Gottes Land (FS H.W. Hertzberg) 1965, 133–158.

[4] HANS-PETER MÜLLER, Wie sprach Qohälät von Gott?: VT 18 (1968) 507–521.

[5] TOSHIAKI NISHIMURA, Quelques réflexions sémiologiques à propos de 'la crainte de Dieu' de Qohelet: Annual of the Japanese Biblical Institute V (1979) 67–87.

hältnis beider Größen in einem ständigen Fluß sei und deshalb einer ständigen Neubegründung bedürfe. Bei Qohelet sind nun nach NISHIMURA signifiant und signifié z.B. der Gottesfurcht so sehr auseinandergetreten, daß er sie im herkömmlichen Sinn nicht mehr zusammenbekommen kann; Grund dafür ist die «déstruction du monde, qui est celui de l'unité de Tun-Ergehen-Zusammenhang» (80). In dieser Diskrepanz orientiert sich Qohelet nicht (mehr) an dem traditionellen Inhalt des Begriffs, sondern sucht «le signifié» in der Welt der Fakten neu zu finden. Als Ergebnis dieser Neuorientierung ist Gottesfurcht bei ihm kein Ausdruck der Sprache der Offenbarung, sie ist nicht „sittlich".

Wenn NISHIMURA mit diesen grundsätzlichen Überlegungen recht hat (und nach meiner Überzeugung hat er recht!), müßte man versuchen, über die Analyse von einzelnen Begriffen hinaus zu einer Gesamtsicht der Besonderheiten der Begrifflichkeit Qohelets zu kommen, denn eine solche Neuorientierung dürfte dann natürlich überall ihre Spuren hinterlassen. Vor allem aber muß man dann vorsichtig sein bei dem Versuch, die Begrifflichkeit Qohelets vom traditionellen Sprachgebrauch her zu erklären. LORETZ (1964) z.B. hat mit großer Sorgfalt die Lieblingswörter Qohelets zusammengestellt, statistisch erfaßt, hinsichtlich ihrer Streuung in den einzelnen Kapiteln dargestellt und schließlich als Topoiwörter der Weisheit zu interpretieren unternommen. Herausgekommen bei diesem Unternehmen ist, daß Qohelet ein Werk ganz in der Tradition der altorientalischen Weisheit geschrieben habe – keine Überraschung bei diesem methodischen Ansatz! Sicher ist daran viel Richtiges, weil ja in der Tat Qohelet in der Tradition der Weisheit steht und weisheitliche Topoi und Fragestellungen aufnimmt; das soll ja gar nicht bestritten werden und das ist von LORETZ breit und überzeugend demonstriert worden. Aber während bei mehr konservativen Denkern die Berufung auf die übernommene Tradition sehr viel oder gar das meiste erklären kann, genügt dies eben bei einem so originellen, um nicht zu sagen: revolutionären Denker wie Qohelet keineswegs! Deutlich wird dies m.E. etwa an LORETZens Ausführungen über *häbäl*. Er legt relativ breit dar, daß das Wort im Babylonischen wie im Hebräischen außerhalb Qohelets „Windhauch" bedeute und „ein ansprechender Ausdruck zur Bezeichnung des Vorübergehenden, Gewichtlos-Leichten, des Wertlosen, Leeren, Macht- und Hilflosen, kurz ein Wort für Nichtiges, Hinfälliges" (223) sei. Die Fortsetzung: „Wenn demnach als gesichert gelten darf, Qohelet habe mit seinem Schlüsselwort hbl – ‚Windhauch' einen altüberlieferten Topos seinem Werk als innere Mitte gegeben, dann genügt es nicht, es bei der Feststellung zu belassen, hbl bedeute ‚Windhauch'. Die Frage der Verbindung dieses Wortes hbl mit anderen ähnlichen oder gegensätzlichen Bildern und Begriffen verlangt eine nähere Untersuchung" (225) weckt dann Erwartungen beim Leser, die kaum erfüllt werden. Nach der Verwendung und eventuellen Nuancierung des Wortes *häbäl* in seinem jeweiligen Kontext bei Qohelet wird nicht mehr gefragt, sondern nur nach „Name, Ruhm, Gedächtnis", nach „Gottes Werk" und nach dem „Besten im Leben": „Die so ausschließlich klingende Formel, daß alles nur ein ‚Lufthauch' ist, gilt nur für den menschlichen Bereich" (236). „Wenn im Leben des Menschen alles nur ein ‚Windhauch' ist und nichts dem Menschen dauernden Namen und dauernden Ruhm verschaffen kann, so ist doch die Freude das für ihn, was er als Bestes im Leben erreichen kann – falls Gott ihm dieses Geschenk zubilligt" (246). LAUHA[6] stellt fest: „Die Ganzheit des koheletschen Werkes gewinnt Gestalt nicht aus einem logischen Faden, sondern aus der durchgehenden Anschauung, daß alles *hæbæl* ist." Dies Wort kann bei Qohelet „bedeuten, daß es nichts Beständiges gibt, sondern alles vergänglich ist", es kann „angeben, daß etwas unnütz und zwecklos ist. Vor allem kann dieser Lieblingsterminus Kohelets die Tatsache offenbaren, daß etwas verkehrt und ungerecht ist" (24). Da Qohelet diese verschiedenen Bedeutungen durch das eine Wort *häbäl* ausdrücke, schlägt LAUHA vor, in der deutschen Wiedergabe auch *ein* Wort zu wählen, nämlich „Eitelkeit"; dadurch werde die Intention Qohelets am besten getroffen. Diese Ausführungen LAUHAS stehen oder fallen natürlich mit ihrer Voraussetzung, das Werk Qohelets gewinne „Gestalt nicht aus einem logischen Faden", sondern in der Anschauung, alles sei *häbäl*. Wenn es nämlich doch so etwas wie einen „logischen Faden" geben sollte und das Wort *häbäl* dabei eine Funktion hätte, müßte man nach dieser Funktion fragen. – Nach einer solchen eigentümlichen Verwendungsweise von *häbäl* bei Qohelet fragen STAPLES[7], POLK[8] und MICHEL (BZAW). Zwar hat

[6] AARRE LAUHA, Omnia Vanitas. Die Bedeutung von *hbl* bei Kohelet, in: Glaube und Gerechtigkeit. In memoriam Rafael Gyllenberg, Helsinki 1983, 19–25.

[7] W. E. STAPLES, The "Vanity" of Ecclesiastes: JNES 2 (1943) 95–104.

[8] TIMOTHY POLK, The Wisdom of Irony: A Study of Hebel and its Relation to Joy and the Fear of God in Ecclesiastes: Studia Biblica et Theologica (1976) 3–17 (Pasadena, Calif.).

STAPLES, soweit ich sehe, niemanden von seiner eigentlichen These überzeugen können, das hebräische Wort *häbäl* hänge mit einer aus Mekka bezeugten Gottheit *Hubal* zusammen und bedeute ursprünglich etwa "cult mystery", "something unknown or unknowable to man" (96), und das wohl mit Recht. Ein besseres Schicksal hätte aber m. E. seine Beobachtung zum Sprachgebrauch Qohelets verdient: "When, therefore, our author says that a thing is hebhel, ... he wishes to infer that that thing is incomprehensible in so far as reason is concerned ..." (97). POLK knüpft an GOOD[9] an, der *häbäl* im Sinne von „Ironie" verstehen wollte. Ironie involviert den Unterschied zwischen Anspruch und Realität, zwischen dem, was nach der Meinung von jemand existiert, und dem, was wirklich existiert. Ironie ist nicht wirklich negativ, sondern will durch Aufdecken von falschen Ansprüchen heilen. In diesem Sinn „ironisiert" Qohelet nach POLK die Erkenntnisse der bisherigen Weisheit, er ironisiert jeden Aspekt der menschlichen Existenz. Aber unter dieser äußerlichen Negation liegt ein positiver Kern: er will zur Freude aufrufen, die durchweg mit Gott in Verbindung gebracht wird. Die Funktion von *häbäl* (Aufdecken von falschen Ansprüchen der bisherigen Weisheit) könnte von POLK zutreffend beschrieben sein – ob aber *häbäl* deshalb „Ironie" bedeutet oder gar so zu übersetzen ist, erscheint weniger einleuchtend. – MICHEL fragt ähnlich wie POLK gezielt nach der Funktion von *häbäl* in der Sprache Qohelets. Nach seiner Überzeugung wird die sog. Nichtigkeitsaussage „(auch) das ist *häbäl*" in der Regel dann verwendet, wenn Qohelet darlegt, daß der nach einem Sinn fragende Verstand keine Antwort findet. Da dies nach CAMUS[10] die Definition des Absurden ist, will MICHEL *häbäl* mit „absurd" übersetzen – auch deshalb, um den philosophischen Charakter der Darlegungen Qohelets zu unterstreichen.

Einige kurze Hinweise auf weitere Begriffsuntersuchungen: STAPLES[11] hat dem für Qohelet so wichtigen Wort *jitron* „Gewinn" eine Untersuchung gewidmet und meint, zwischen *jitron* im absoluten Sinn und *jitron* im relativen Sinn unterscheiden zu können; MICHEL (1982) hält diese Differenzierung für falsch. – WILLIAMS[12]

[9] EDWIN M. GOOD, Irony in the Old Testament, Philadelphia 1965.

[10] ALBERT CAMUS, Der Mythos von Sisyphos, rde 90: „Das Absurde entsteht aus dieser Gegenüberstellung des Menschen, der fragt, und der Welt, die vernunftwidrig schweigt" (29).

[11] W. E. STAPLES, "Profit" in Ecclesiastes: JNES 4 (1945) 87–96.

[12] JAMES G. WILLIAMS, What Does it Profit A Man: The Wisdom of Koheleth: Judaism 20 (1971) 179–193.

betont gegen H.H. SCHMID[13], daß im Sprachgebrauch Qohelets zwischen *jitron* und *ḥeläq* („Anteil“) unterschieden werden müsse: Anders als *jitron*, dessen Existenz für den Menschen immer verneint wird, ist *ḥeläq* der unmittelbare Anteil, den man bei seinen Mühen und von seinen Mühen haben kann: “It is a portion, thus a joy, that is found ‘immediately’ in the activity itself, for who can store it up or can see what will happen later?” (188). Zur Differenzierung zwischen *jitron* und *ḥeläq* vgl. weiter MICHEL (BZAW).

b) Qohelet als Pessimist

Als Pessimist wird Qohelet gelegentlich bezeichnet, doch ist die Qualifizierung kaum angemessen. Bezeichnenderweise betrachtet FORMAN, der dem vermeintlichen Pessimismus Qohelets einen kurzen Aufsatz gewidmet hat[14], weniger die Eigenart dieses vermeintlichen Pessimismus als vielmehr dessen Herkunft. Gegen die Klassifizierung als „Pessimist“ sprechen die für Qohelet so typischen Aufrufe zur Freude. Wenn man ihm das Etikett „Pessimist“ anhängen will, muß man wohl gleichzeitig von seinem Optimismus reden; man kann das dann philosophisch überhöhen: „... ein *tiefer* Pessimismus und ein *tiefer* Optimismus sind Betrachtungen der einen gleichen Wahrheit von verschiedenen Gesichtspunkten aus“;[15] man kann sich auch einfach gegen die Kritiker wenden, “who would reduce Qoheleth too quickly to a cynical or pessimistic posture”[16] und im Anschluß an GORDIS, GOOD und LOHFINK erklären, das Grundthema des Buches sei die Freude (17). Dies geschieht sicherlich mit Recht – aber es zeigt eben auch die Unangemessenheit dieser Qualifizierung.

[13] HANS HEINRICH SCHMID, Wesen und Geschichte der Weisheit (BZAW 101) 1966, 187f.

[14] C.C. FORMAN, The Pessimism of Ecclesiastes: JSSt 3 (1958) 336–343.

[15] GEORGE STOCK, Nochmals Koheleths Pessimismus: Schopenhauer-Jahrbuch Bd. 43, Frankfurt a.M. 1962, 107–110; 107.

[16] ROBERT K. JOHNSTON, “Confessions of a Workaholic”: A Reappraisal of Qoheleth: CBQ 38 (1976) 14–28; 14.

c) Qohelet als Skeptiker

Angemessener als die Klassifizierung „Pessimist" ist sicherlich „Skeptiker", und in der Tat ist Qohelet oft unter diesem Gesichtspunkt dargestellt worden; neben einschlägigen Passagen in den Kommentaren seien ausdrücklich genannt: PEDERSEN, PFEIFFER, KLOPFENSTEIN, MURPHY und CRENSHAW.[17] Qohelet wird zwar vom 1. Epilogisten zu den Weisheitslehrern gerechnet (12,9–11) – ob er diese Klassifizierung akzeptiert hätte oder ob er sich selber so bezeichnet hat, kann man nach 8,17 bezweifeln:

> Ich betrachtete das Tun Gottes in seiner Ganzheit:
> fürwahr, nicht kann der Mensch herausfinden
> das Werk, das unter der Sonne geschieht,
> weil nämlich auch dann,
> wenn der Mensch sich abplagt, es herauszufinden,
> er es (doch) nicht finden kann.
> Und auch, wenn der Weise behauptet, es zu (er)kennen,
> kann er es doch nicht herausfinden.

Ganz unrecht hat freilich der 1. Epilogist nicht; Qohelet stellt in 1,3 die Frage nach dem Sinn dessen, was in der Weisheit geschieht. Aber während die Weisen von der optimistischen Voraussetzung ausgingen, der Mensch könne in diesem Leben einen Vorteil (Gewinn) erlangen, wenn er die in der Welt verborgenen Gesetzmäßigkeiten erkenne, ist Qohelet der Überzeugung, der Mensch könne diese Welt im letzten nicht durchschauen. Grund dafür ist, daß der Mensch immer nur das hinnehmen kann, was der jeweilige Augenblick bringt, das über den Augenblick Hinausgehende aber, die „Dauer", nicht erkennen kann, weil ihm die Zukunft mit ihren Möglichkeiten verborgen ist. 3,11:

> „Alles hat Gott schön gemacht zu seiner Stunde –
> aber auch die Ewigkeit hat er in ihren Verstand gesetzt,
> ohne daß der Mensch das Werk, das Gott tut,
> von Anfang bis Ende herausfinden kann."

[17] JOHANNES PEDERSEN, Scepticisme israélite: RHPhR 10 (1930) 317–370; ROBERT H. PFEIFFER, The Peculiar Scepticism of Ecclesiastes: JBL 53 (1934) 100–109; MARTIN A. KLOPFENSTEIN, Die Skepsis des Qohelet: ThZ 28 (1972) 97–109; ROLAND MURPHY, Kohelet, der Skeptiker: Concilium 12 (1976) 567–570; JAMES L. CRENSHAW, The Birth of Scepticism in Ancient Israel, in: The Divine Helmsman. Studies on God's Control of Human Events (FS L. H. Silberman) New York 1980, 1–19.

Qohelet steht also in der Tradition weisheitlicher Welterforschung – nur ist bei ihm der erkenntnistheoretische Optimismus der frühen Weisheit in einen erkenntnistheoretischen Skeptizismus umgeschlagen. Vielleicht kann man sogar nach Staples, Klopfenstein und Michel in Qohelets Themawort *häbäl* einen Terminus technicus für dieses skeptische Urteil sehen (vgl. oben S. 84 ff.).

d) *Qohelet im Spiegel einer psychoanalytischen Deutung*

Lassen sich die – scheinbaren oder echten – Widersprüche im Buche Qohelet vielleicht mit Hilfe der Psychoanalyse klären? Diesen Versuch hat Zimmermann unternommen[18] und ist dabei zu merkwürdigen Ergebnissen gekommen: Qohelet war ein Höfling am Hofe eines seleukidischen Königs, wahrscheinlich in Antiochien. Er war arm (!) und beneidete die Reichen. In seiner Kindheit hatte er unter dem Terror und der Grausamkeit seines Vaters zu leiden, und dieses sein Vaterbild hat er auf Gott übertragen; auch wenn Qohelet nie seinen Vater erwähnt, ist dies aus den Stellen zu schließen, wo er von der Sonne redet, denn die ist bei ihm Symbol für seinen Vater. Mit seiner Mutter (möglicherweise auch seiner Schwester) hatte er in seiner Jugend ein sexuelles Erlebnis, das zu starken Schuldkomplexen und sexueller Impotenz geführt hat (12,1–7!). Diese Impotenz hat seine Stellung zu Frauen ganz allgemein und zu seiner Ehefrau im besonderen schwer belastet: er zweifelt an der Treue seiner Frau und äußert in 3,5 (eine Zeit, Steine zu werfen) den Wunsch, sie deshalb zu steinigen. Seinen Sohn, dessen Existenz aus 5,13 zu erschließen ist, erwähnt er deshalb sonst nicht, sondern verdrängt seine Existenz. Andererseits ist die weibliche Tätigkeit in 3,7 (eine Zeit zum Nähen) ein Indiz für homosexuelle Neigungen. Sein beständiges Suchen nach der (weiblichen!) Weisheit ist eine durch das traumatische Erlebnis mit seiner Mutter/Schwester hervorgerufene Ersatzhandlung. Er wird von einem für Neurotiker typischen pathologischen Zweifel umgetrieben, was sowohl die oft zu konstatierende Widersprüchlichkeit seiner Aussagen als auch den fehlenden Aufbau seines Buches erklärt. Er hat sein Buch geschrieben, weil er sich nach Macht, Ehre, Reichtum, Ruhm und Autorität sehnte; durch das Schreiben hat er seine sexuellen Probleme auf eine

[18] Frank Zimmermann, The Inner World of Qohelet, New York 1973.

literarische Komposition übertragen und sich so von seinen Neurosen und Frustrationen befreit.

Ich muß gestehen, daß ich das Buch ZIMMERMANNS zunächst mit Befremden, dann mit Ärger und schließlich mit Vergnügen gelesen habe – aber mit dem Vergnügen, mit dem man einem Zauberer zuschaut, der aus einem Zylinder nacheinander ein Kaninchen, einen Blumenstrauß und eine Taube herausholt; daß die wirklich im Zylinder gewesen sind, muß man deshalb ja nicht glauben. ZIMMERMANN kann mittels seiner psychoanalytischen Betrachtungsweise nur deshalb zu diesen Ergebnissen kommen, weil er alle im Buch Qohelet enthaltenen Texte unterschiedslos als Belege für Erfahrungen und (verborgene) Seelenzustände Qohelets in Anspruch nimmt. So spiegelt natürlich auch, um wenigstens ein Beispiel zu nennen, der Text 9,13–15 ein Erlebnis Qohelets: er selber war der weise Arme, der den entscheidenden Ratschlag gab, aber nicht beachtet wurde, und so hat er auch als Soldat sein Frustrationserlebnis gehabt. Daß Qohelet in 9,13–15 von dem Weisen in der 3. Person redet und erst in 9,16 seine eigene Stellungnahme bringt, spielt da gar keine Rolle – ein Neurotiker redet eben oft von sich selbst in verhüllender Redeweise. Und noch weniger wird beachtet, daß hier eine weisheitliche Beispielerzählung und keineswegs ein Erlebnis Qohelets vorliegen könnte.[19] Entsprechend wird auch sonst völlig außer acht gelassen, daß aller Wahrscheinlichkeit nach Qohelet keineswegs alle Texte seines Buches selber verfaßt hat, sondern an vielen Stellen fremde Meinungen zitiert und dann kommentiert. Man muß also auf jeden Fall vor einer Auswertung der Texte, auch einer psychoanalytischen, erst einmal prüfen, wo wir denn Qohelets eigene Meinung und wo Zitat einer fremden Meinung haben.

[19] Vgl. grundlegend K. GALLING, Kohelet-Studien: ZAW 50 (1932) 276–299; 286f.

e) Qohelet im Spiegel einer sozialgeschichtlichen Deutung

Crüsemann hat eine sozialgeschichtliche Deutung Qohelets versucht,[20] er meint, bisher sei zu wenig danach gefragt worden, was denn die Klassenzugehörigkeit Qohelets mit seinem Denken zu tun habe; er will die Beziehung geistiger Auseinandersetzungen auf gesellschaftliche Konflikte und deren Wurzeln in den Produktionsverhältnissen darlegen. Folgendes etwa kommt bei diesem Unternehmen heraus: Qohelet ist ein typischer Vertreter einer korrumpierten Aristokratie unter einer Fremdherrschaft. „Man wird die zunehmende Entfernung der Aristokratie und ihrer Interessen von denen praktisch des gesamten übrigen Volkes, wie sie sich etwa in ihrer Einbeziehung in das System der Staatspacht manifestiert, die sie zu Agenten der Fremdherrschaft macht, nicht von der ideologischen Entfernung trennen dürfen, die bei Qohelet hervortritt" (90). Sein Fragen nach dem *jitron* (Gewinn) ist typisch für den „rechnerischen Grundzug" im Denken Qohelets. „Ein Zusammenhang dieses Denkens mit dem an rein wirtschaftlichem Gewinn und Rentabilität sich orientierenden Handeln des ptolemäischen Staates, in das die Aristokratenschicht Judas einbezogen wurde, ist wohl kaum zu leugnen. Die Frage nach dem Gewinn zersetzt alle traditionellen menschlichen Beziehungen" (92). „Das einzige, was Qohelet letztlich empfehlen kann, und damit der Kern seiner Ethik, ist bekanntlich der Lebensgenuß, das carpe diem, Essen, Trinken, Sexualität" (95). Dazu ist ein gewisser Wohlstand nötig, Crüsemann stimmt Bickerman[21] zu, der bei Qohelet „eine Philosophie für eine Wohlstandsschicht" finde, „die angeleitet werden soll, sich dem Streß zu entziehen und am Leben zu erfreuen" (95f.). Dabei wird die gegebene Herrschaftsform kritiklos akzeptiert, wie z.B. 5,7–8; 8,2–5 zeigen. Kern dieser Anweisung für eine Wohlstandsschicht ist es, sich auf nichts einzulassen, was Gefahr bringen könnte. Qohelet „spricht wohl weniger allgemein Menschliches aus, als vielmehr die Konsequenz einer gesellschaftlichen Entwicklung und in ihr die Interessen einer bestimmten Klasse. In einer Zeit, in der traditioneller

[20] Frank Crüsemann, Die unveränderbare Welt. Überlegungen zur „Krisis der Weisheit" beim Prediger, in: Der Gott der kleinen Leute. Sozialgeschichtliche Auslegungen, herausgegeben von W. Schottroff und W. Stegemann, 1979, 80–104.

[21] E. Bickerman, Four Strange Books of the Bible, New York 1967, 139–167.

Glaube und überlieferte Ethik in Widerspruch zur erfahrbaren Realität geraten waren, denkt er ‚im Schatten des Geldes' und auf dem Boden der Klasse, die im Gegensatz zu den Interessen der unterdrückten Schichten stand" (100). – Auch wenn man CRÜSEMANN darin zustimmen möchte, daß in der deutschen alttestamentlichen Forschung bisher die sozialgeschichtliche Fragestellung vernachlässigt worden ist und es hier noch viel nachzuholen gibt, kann man bei seinen Darlegungen nicht übersehen, daß sie (ähnlich wie die ZIMMERMANNS) nicht sorgfältig genug nach der Struktur der Texte fragen und z. T. Aussagen, die Qohelet nur zitiert, um sie zu widerlegen, für ihn in Anspruch nehmen; dazu vgl. MICHEL (1982) und ZIMMERLI (1983), wo sich auch weitere Kritik findet.

f) Qohelet im Spiegel einer soziologisch-psychologischen Deutung: Autor einer Philosophie der Hilflosigkeit

Auf wieder andere Weise hat BERNHARD LANG versucht, moderne soziologische und psychologische Erkenntnisse zur Erfassung der Eigenart Qohelets fruchtbar zu machen.[22] „In Kohelets Welt ist die sittliche Ordnung zerbrochen ... Weil das Unglück den Menschen schuldlos treffen kann, muß der übersichtliche moralische Kosmos als Labyrinth des Zufalls erscheinen" (112). „Ein bescheidenes Ethos des Überlebens und Durchkommens ist alles, was er seinen Schülern ins unsichere Leben mitgeben kann" (114). Und von dem Ausweg des Genusses gilt: „Angesichts des Todes bleibt der Genuß nur ein relativer Wert: Er trägt sein Ende schon in sich" (115). „Für Kohelet ist die sittliche Weltordnung eine Pappkulisse vor dem Chaos. Die Welt ist unveränderlich schlecht, Gott ist undurchschaubar, und die flüchtigen Augenblicke der Freude können Kohelets Melancholie nicht aufwiegen" (117). Was wir bei Qohelet finden, ist nach LANG eine „Philosophie der Hilflosigkeit" (118). Wie konnte sie zustande kommen? LANG nennt drei Wurzeln: „Die Soziologie der skeptischen Hilflosigkeit ist von Max Horkheimer skizziert worden. Der Skeptiker ist in der Regel ein Angehöriger des

[22] BERNHARD LANG, Ist der Mensch hilflos? Das biblische Buch Kohelet, neu und kritisch gelesen: Theologische Quartalschrift 159 (1979) 109–124; DERS., Ist der Mensch hilflos? Zum Buch Kohelet (Theologische Meditationen 53) 1979. Die folgenden Seitenangaben nach dem Aufsatz in der ThQ.

höheren Bürgertums oder des Adels. Er kennt keine finanziellen Sorgen und kann sich geistig allseitig ausbilden ... Für die Leiden der Menschen, für die Unsicherheit aller Dinge ist er sehr sensibel – aber ihn persönlich betrifft die Misere nicht. Er gehört zu den *happy few*, zieht sich auf sein Besitztum zurück, beklagt die Zustände der Welt und versucht, so gut es geht, ein glückliches Leben im Winkel zu führen. In die Politik greift er nicht ein, weil ihn das beunruhigen oder sogar ins Unglück hineinziehen könnte ... Blicken wir von Horkheimers Skeptiker auf Kohelet, so finden wir eine ganze Reihe überraschender Übereinstimmungen" (118). Nach der Soziologie kommt dann die Psychologie: „Wie kommt es, daß ein Mensch seiner Umwelt so passiv und tatenlos gegenübersteht? Darauf versucht die neuere Psychologie eine Antwort zu geben. Sie definiert Hilflosigkeit als ein apathisches, passives Hinnehmen und Erdulden von solcher Frustration, die ein psychisch ausgeglichener Mensch ausschalten kann ... Kohelet ... verlor die Geborgenheit in einer heilen Welt mit ihrer *give-get-balance* und anderen freundlichen Illusionen ... und erfährt sich als hilflos ... Bildet der Hilflose generelle Urteile über die Situation des Menschen, dann fallen diese besonders negativ aus: Er erfährt sich als leidendes und wenig imponierendes Wesen und streicht in metaphysischer Übergeneralisierung diesen Aspekt heraus ... Die Psychologie beobachtet einen geläufigen Ausweg aus der Depression. Die Automatik der Psyche sucht das seelische Tief durch ein Hoch zu kompensieren und in ihre ‚hedonistische Neutralität' zurückzukehren. Ist ein positiver Ausgleich gefunden, dann kehrt der Mensch immer wieder zur selben Lustquelle zurück; er wird ‚süchtig' und abhängig, sei es von einer Droge oder einer menschlichen Beziehung ... Die spezifische Sucht Kohelets ist seine Vorliebe für Essen und Trinken im Rahmen von Festen. Denn dadurch vertreibt er, wie er selbst sagt, seine trüben Gedanken. Die Feste sind sein – Aspirin. Mit der Psychologie der Hilflosigkeit können wir überraschend viele Züge von Kohelets Denken deuten. Sie lehrt uns, Kohelet besser zu verstehen. Die von uns namhaft gemachte Soziologie der Skepsis und die Psychologie der Hilflosigkeit dürfen uns nicht für einen weiteren Bereich blind machen: für das Milieu, in dem Kohelet lebte" (119f.). „Die politische und wirtschaftliche Stellung der Juden im Abseits des Ptolemäerreichs hat sicher zu Kohelets Philosophie der Hilflosigkeit beigetragen. Der Blick in Politik und Wirtschaft bewahrt uns davor, Kohelets Lebensansicht nur auf seine soziale Stellung oder die Geschichte seiner labilen Psyche zurückzuführen. Alle genannten

Komponenten haben ihren Anteil an Kohelets Denken" (121). „Die dreifache Aufklärung von Soziologie, Psychologie und Geschichtswissenschaft … wiegt schwer und zeugt gegen Kohelets Bild vom hilflosen Menschen … Bei aller Kritik an Kohelet dürfen wir seine Philosophie nicht für überholt und gegenstandslos erachten … Kohelet hat recht: Es gibt Schlechtes und Böses, das wir nicht ändern können und vor dem wir hilflos stehen. Er bewahrt uns vor leichtsinnigem Optimismus und christlicher Überaffirmation. Nehmen wir Kohelets Aufklärung der Hilflosigkeit zu unserem Bündel von Aufklärungen hinzu, dann ergibt sich ein Realismus, der sich empirisch, philosophisch und theologisch verantworten läßt. Dieser Realismus enthält die Hilflosigkeit des Menschen und rechnet mit ihr, aber er legt den Menschen nicht pathologisch auf sie fest" (124).

Eine im wahrsten Sinne des Wortes sympathische und eindrucksvoll vorgetragene Deutung Qohelets, die ich wegen dieser Eigenschaften nicht dürr referieren, sondern selbst zu Wort kommen lassen wollte. Wie die oben vorgestellten Versuche von CRÜSEMANN und ZIMMERMANN unternimmt es auch dieser Versuch LANGS, die Eigenart Qohelets konsequent mittels moderner wissenschaftlicher Erkenntnisse aufzuhellen, und da er sich auf drei Wegen an Qohelet annähert, ist bei ihm die Gefahr der Einseitigkeit geringer als bei den anderen beiden. Aber auch für LANG gilt wohl, daß er nicht genügend auf die Eigenart der Texte geachtet hat. Auch er beruft sich zum Beweis der politischen Abstinenz Qohelets wie CRÜSEMANN auf 5,7; 8,2–5 und 10,20, ohne nach der Struktur dieser Texte zu fragen – auch für LANG gibt in 8,2–5 Qohelet selber Ratschläge (121). Fraglich ist mir auch, ob sich Qohelet wirklich als „leidendes und wenig imponierendes Wesen" erfahren hat, das „Essen und Trinken im Rahmen von Festen" als Aspirin für eine aus unausgleichbarer Frustration entstandene Hilflosigkeit genommen habe. Mir scheint jedenfalls, daß die Eigenart Qohelets weniger von einer „labilen Psyche" her verständlich wird als vielmehr von seiner erkenntnistheoretischen Skepsis; vermutlich wird LANG da keinen Gegensatz sehen wollen – aber ein Text wie Qoh 11,5–7 scheint mir doch mit LANGS Qoheletbild kaum vereinbar zu sein.

g) Gott bei Qohelet[23]

Kontrovers ist in der Forschung, ob das Gottesverständnis von Qohelet mit dem des übrigen Alten Testamentes vereinbar ist. Diese Feststellung ist sicherlich auf den ersten Blick überraschend. Schließlich steht Qohelet ja im Kanon des Alten Testamentes – und diejenigen, die ihn in den Kanon aufgenommen haben, müssen ja wohl hier keine Probleme gesehen haben (dazu vgl. unten Kap. 10!). Außerdem redet er ja verhältnismäßig oft von Gott. Zwar verwendet er nicht den Eigennamen des alttestamentlichen Gottes (Jhwh), sondern die Gattungsbezeichnung *ʾᵃlohim*, die „Gott" bedeutet – aber die verwendet er ziemlich oft. LORETZ, der die Lieblingswörter Qohelets zusammengestellt und gezählt hat,[24] hat eigenartigerweise das Wort *ʾᵃlohim* nicht in seine Zählung einbezogen; fügt man es ein, ergibt sich folgendes Bild:

1.	*ʿśh*	„tun, machen" bzw. „Werk"	62 Belege
2.	*ḥkm*	„weise" bzw. „Weisheit"	51 Belege
3.	*twb*	„gut"	51 Belege
4.	*ʿt*	„Zeit, Zeitpunkt"	40 Belege
5.	*ʾᵃlohim*	„Gott"	40 Belege

Qohelet redet häufiger von Gott als etwa von dem für ihn so typischen *häbäl* „Nichtigkeit, Sinnlosigkeit, Absurdität" (29 Belege!).

Doch wenn man meint, das häufige Vorkommen des Wortes „Gott" bei Qohelet sei ein Indiz dafür, daß er Theologe und wohl

[23] HANS-JÜRGEN BLIEFFERT, Weltanschauung und Gottesglaube im Buch Kohelet. Darstellung und Kritik, Diss. theol. Rostock 1938 (Repr. Rostock 1958); ERNST LUDER, Gott und Welt nach dem Prediger Salomo: STU 28 (1958) 105–114; HANS-PETER MÜLLER, Wie sprach Qohälät von Gott?: VT 18 (1968) 507–521; LEO GORSSEN, La cohérence de la conception de Dieu dans l'Ecclésiaste: EThL XLVI (1970) 282–324; MARTIN KLOPFENSTEIN, Die Skepsis des Qohelet: ThZ 28 (1972) 97–109; JAMES L. CRENSHAW, The Eternal Gospel (Eccl. 3: 11), in: Essays in Old Testament Ethics (FS Hyatt in memoriam) 1974, 25–55; ARNOLD STIGLMAIR, Weisheit und Jahweglaube im Buch Kohelet: TThZ 83 (1974) 339–368; DIETHELM MICHEL, Vom Gott, der im Himmel ist (Reden von Gott bei Qohelet): ThViat XII (1975) 87–100; A. BARUCQ, Dieu chez les sages d'Israel: BEThL XLI (1976) 169–189; OTTO KAISER, Die Sinnkrise bei Kohelet, in: Rechtfertigung, Realismus, Universalismus in biblischer Sicht (FS A. Köberle) 1978, 3–21; WALTER ZIMMERLI, „Unveränderbare Welt" oder „Gott ist Gott", in: Wenn nicht jetzt, wann dann? (FS H. J. Kraus), Neukirchen 1983, 103–114.

[24] Qohelet und der Alte Orient, 167–178.

auch in alttestamentlich-jüdischer Tradition lebender Theologe sein wolle, dann trägt man vermutlich moderne Auffassungen an das Alte Testament heran. "The modern reader might expect that Koheleth would be led by his views to deny the existence of God, but that was impossible to an ancient mind, and especially to a Jew ... In the ancient world, atheism, the denial of God, referred to the view that the gods did not intervene in human affairs. Koheleth, a son of Israel, reared on the words of the Thora, the Prophets and the Sages, could not doubt the reality of God for an instant. For him, the existence of the world was tantamount to the existence of God ... We may put it another way: Koheleth's metaphysics postulates the existence of God, coupled with His creative power and limitedless sovereignty. But beyond these attributes, Koheleth refuses to affirm anything about his God, except that He has revealed His will to His creatures by implanting in man an ineradicable desire for happiness" (Gordis, 112f.).

Gordis dürfte recht haben: Signifikant ist für das Verständnis von Qohelet nicht, *daß* er von Gott redet, sondern *wie* er das tut. Zu welchen Ansichten man kommt, wenn man dies nicht genügend beachtet, mögen folgende Zitate zeigen:

„Der einzige ruhende Pol in Kohelets kritischem Denken ist der Gottesgedanke. Wenn sonst nichts in der Welt der Bearbeitung durch den zergliedernden Verstand des Verfassers entgeht, steht doch die Wirklichkeit Gottes allein ihm über allen Zweifel erhaben fest und wird als Gegebenheit vorausgesetzt. ... Gottes Wirklichkeit ist für Kohelet kein Problem, sondern die einzige unbestreitbare und unbestrittene Tatsache ..." (Blieffert, 17). „Gott ist ihm kein Problem, weder in seinem Wesen noch in seinem Walten ... Gott ist ihm unantastbar. Nicht so, daß ihm eine persönliche Kraft daraus erwächst. Aber dennoch bleibt Gott außerhalb der Kritik. Das Wissen um den Abstand zwischen Gott und Mensch (5,1) bleibt bezeichnend für Qoh" (Hertzberg, 224). Gelegentlich werden inhaltliche Elemente des Gottesbildes als israelitisches Erbe erklärt:

„Daß Gott alles Geschehen nach seinem freien Ermessen bestimmt, ist für Qohelet ein Satz des Glaubens, an dem er nicht rüttelt. ... Mit seiner Konzeption vom ‚Werk Gottes' aber steht Qohelet fraglos in der alttestamentlichen Tradition ... Mit dem Satz von der Verborgenheit des göttlichen Waltens bekennt sich Qohelet in seiner Zeit zur Freiheit und Unverfügbarkeit Gottes und damit zu einem altisraelitischen Erbe" (Klopfenstein, 105f.). Bei Stiglmair wird ganz deutlich, wie man zu solchen Ansichten kommen kann: Der Mensch macht „die Erfahrung einer durchgängigen Verfügtheit des menschlichen Seins. Im Glauben überschreitet Kohelet diese Erfahrung, indem er sie als ein Stehen unter dem ‚Werk Gottes' deutet ... alles, was unter der Sonne geschieht ... ist Werk Gottes, und dieses vermag der Mensch nicht zu begreifen. Diese Grundtatsachen sind nicht Erfindungen Kohelets, sondern eindeutig Daten der Glaubenstradition Israels" (Stiglmair, 365). Ob man wirklich eine Erfahrung „im Glauben überschreitet", wenn man das Erfahrene als Werk Gottes bezeichnet („Stehen unter dem Werk Gottes" sagt Qohelet übrigens nie!)? Ist es wirklich eines der „Daten der Glaubenstradition Israels", daß man einer empirisch gewonnenen Einsicht ein theologisches Etikett anhängt? Als ein Beispiel für viele (meist populäre und nicht sehr wissenschaftliche) Versuche, Qohelet noch stärker in Konformität mit der Tradition zu sehen, sei Thilo zitiert, nach dessen Meinung Qohelet „nach Auseinandersetzung mit den in seiner Zeit liegenden Strömungen aus eigener Überzeugung zu dem Glauben seines Volkes zurückgekehrt ist, in dem er als Jerusalemer Bürger erzogen war" (Thilo, 49). Woher Thilo diese Kenntnis hat, bleibt freilich sein Geheimnis.

Nach den eingangs zitierten Darlegungen von Gordis ist es kaum ein Zufall, wenn solche Stimmen in der gegenwärtigen Diskussion seltener geworden sind. Beispiele für die Gegenposition: „... sein Gott ist nicht der Gott des israelitischen Glaubens: das Verhältnis des Menschen zu Gott ist bei ihm anders als allgemein im Alten Testament. Kohelet kennt jenen Gott nicht, der für den Menschen ein ‚Du' ist und mit dem man ein Gespräch haben kann ... Für den alttestamentlichen Glauben ist zuversichtliches Vertrauen charakteristisch. Das kennt Kohelet nicht. Er hat nur Achtung vor dem unbegreiflichen Despoten" (Lauha, 17).

"... unable to draw strength and courage from a vital relationship with God, who seems not to have been a 'You' to him, Qoheleth can only say: 'whether it is love ore hate man does not know' (9: 1). Here stands a secular man" (Crenshaw, 48).

„So unterscheidet sich der Gott des Kohelet in seiner sich im Glück oder Unglück des Menschen manifestierenden Gnadenwahl nicht von einem blind die Lose verteilenden Schicksal, vom Zufall" (Kaiser, 8).

Das Problem, wie Qohelet von Gott geredet habe und was er mit „Gott" gemeint habe, ist von Luder (1958), Müller (1968), Gorssen (1970), Michel (1975) und Barucq (1976) besonders thematisiert worden.

Nach LUDER wandte sich Qohelet „gegen die großen Traditionen Israels, auch Heilstraditionen, er tat dies im Vertrauen auf seine eigene Wirklichkeitserkenntnis" (106). „Zwischen Gott und Mensch klafft ein Abgrund ... Gott ist unausdrückbar. Er ist, das Daß ist gewiß. Es kann aber über ihn selbst keine direkte Aussage gemacht werden ... Der Mensch kann diesem Wesen keine Vorschriften machen, Wünsche erheben, der Mensch kann bei diesem Wesen keine Forderungen anbringen. Gottes Transzendenz ist stark ausgeprägt" (107). „Sein Gott bleibt eine numinose Macht, der gegenüber der Mensch sein Unvermögen, ja seine Ohnmacht einzugestehen hat. Es ist schwer, Gesetze aus diesem unbekannten Wesen abzuleiten." „Gott ist der ganz andere oder das ganz andere. Wer Gott schließlich ist, kann nicht gesagt werden. Der Mensch ist ihm ausgeliefert, er kann dieser Situation nicht entrinnen" (108). „Der Mensch begegnet nur der Welt, zu einer Begegnung mit dem überweltlichen Gott kommt es nicht, weil die Erfahrung, von der Qohelet sich leiten läßt, keine Gottesbegegnung schenkt, sondern nur resignierte Weltbegegnung" (111).

MÜLLER wählt einen ebenso einfachen wie erfolgreichen methodischen Ansatz: er geht von den Verben aus, mit denen das Subjekt „Gott" bei Qohelet gebraucht wird. Überwiegend (an 18 von 26 zu behandelnden Stellen) sind es die Verben „geben" und „machen" – diese Tätigkeiten sind also für Qohelets Gott typisch. „Gott wird von Dingen und Vorgängen her begriffen, die als seine Gaben verständlich werden; das aber sind solche, mit denen der Mensch, insbesondere der ‚Weise', täglich umgeht" (508). Die Mühe, die Gott nach 3,10 den Menschen *gibt*, daß sie sich damit abplagen, ist „nach V. 11 der Zwang, sich um ein Verstehen des Wirklichkeitsganzen mühen zu müssen, obwohl die entsprechenden Versuche des Menschen, weil das Wirklichkeitsganze von Gottes ‚Tun' erfüllt ist, zu keinem Ziel führen können" (510f.). – Hinsichtlich des Verbes *tun* „entspricht es weisheitlicher Tradition, wenn das Handeln Gottes im Werk der Schöpfung und Vorsehung gesehen wird" (512). In den weisheitlichen Begriffen der Ordnung und der Schöpfung finden sich Elemente der „Urheberreligion", und in den Bereich der Urheberreligion gehört nach MÜLLER auch die Frömmigkeit Qohelets, die freilich eine charakteristische Modifikation erfährt. Denn da nach 3,11 das Wirklichkeitsganze für den Menschen unerkennbar geworden ist, ist der Urheber dieser problematisch gewordenen Welt zu einem Deus absconditus (einem verborgenen Gott) geworden, und „so verliert der Urheber, dessen Welt problematisch geworden ist, mit der Güte auch die Autorität zur Forderung" (517). „Was Qohälät an religiöser Ethik übrigbehält, verdankt er seiner Inkonsequenz" (520).

GORSSEN faßt das Ergebnis seiner Untersuchungen, die vor allem auch die Vorstellung vom Werk Gottes («l'œuvre de Dieu») klären, etwa folgendermaßen zusammen:

- Gott ist bei Qohelet in extremer Weise souverän. Diese Souveränität leitet sich aus den beiden Grundfeststellungen Qohelets ab: a) „alles, was unter der Sonne geschieht, ist das Werk Gottes", b) „der Mensch kann das Werk Gottes nicht erkennen". Diese beiden Grundvorstellungen bieten, wenn man sie für sich betrachtet, in Israel nichts Neues. Qohelet aber hat sie radikalisiert und negative Folgerungen aus ihnen gezogen. Da der Mensch das Werk Gottes (d.h. alles Geschehende!) nicht begreifen kann, muß er sich unterwerfen: «L'homme est un être ‹soumis›.» Konsequenterweise fehlen bei Qohelet die biblischen Vorstellungen von der Heilsgeschichte und der Zuwendung Gottes zum Menschen. «La position de Qohelet est unique dans la Bible: il n'existe chez lui aucune ouverture à une communion personelle et salutaire avec Dieu» (313f.).
- Die Weisheit Qohelets beschäftigt sich mit dem Werk Gottes nur insofern, als es die menschliche Existenz betrifft («La sagesse de Qohelet s'occupe de l'œuvre de Dieu pour autant que celle-ci concerne l'existence humaine») – es interessiert ihn weder um seiner selbst willen noch um Gottes willen (314).
- Qohelets „Theologie" hat einen dialektischen Aspekt: Gott ist in extremer Weise gegenwärtig (présent) und gleichzeitig in extremer Weise abwesend (absent). Gegenwärtig ist er, weil alles, was geschieht, Werk Gottes ist – und abwesend ist er, weil der Mensch nicht begreifen kann, was Gott will. «Les événements étant incompréhensibles, Dieu n'adresse plus à l'homme une parole qui puisse fonder et entretenir un dialoque. C'est dire que Dieu ne parle plus» (315). «La rupture entre Dieu et l'homme, au niveau de la rencontre personelle et salutaire est complète. Autant Dieu est présent objectivement, autant il est absent personellement» (323).
- «Une religiosité sans élan de la part de l'homme est la conséquence inévitable d'une telle conception de Dieu» (323).
- Das Leitmotiv des Buches (alles ist sinnlos) „drückt die tiefe Verzweiflung eines Juden aus, der eine Existenz zwar nicht ohne Gott, wohl aber ohne einen Gott des Heils lebt. Der einge-

schränkte Sinn des Lebens, ‚essen und trinken', ist nur die Kehrseite eines Lebens, das des Sinnes entblößt ist" (323).

Michel will zeigen, daß Qohelet entsprechend weisheitlicher Eigenart zunächst seine Welt analysiert und dann sekundär Gott einführt als den, der alles so gemacht hat, wie es ist, also als Urhebergott. Bei dieser Art des Vorgehens *können* Qohelets Aussagen über Gott inhaltlich nichts Neues bringen, das seine Aussagen über die Welt überstiege. Seine Aussagen über Gott drücken lediglich empirisch gewonnene Erkenntnisse mit „frommen" Vokabeln aus. Konkret: Wenn Qohelet zu der Überzeugung kommt, der Mensch könne wegen der Undurchschaubarkeit der Welt aus seinem Handeln keinen plan- und garantierbaren Gewinn ziehen, dann wird diese Welt nicht durchschaubarer und sinnvoller, wenn man sie als Werk Gottes bezeichnet. Dann wird vielmehr die in der Welt konstatierte Undurchschaubarkeit und Sinnlosigkeit lediglich in den Urheber hinein verlagert: Gott wird undurchschaubar und nicht auf einen Sinn hin befragbar. Und folglich kann man dann über ihn nur sagen, daß er unerkennbar ist und man also nichts über ihn (und zu ihm!) sagen kann: „Gott ist im Himmel und du bist auf der Erde – deshalb seien deiner Worte wenig" (5,1). Nach Michels Überzeugung ist Qohelets „Gott, der im Himmel ist" … „eben nicht der Gott Abrahams, nicht der Gott Isaaks, nicht der Gott Jakobs, nicht der Gott in Jesus Christus" (99).

Barucq: „Das Problem Gott hat diesen Weisen nicht an sich interessiert. Seine Theologie ist die der zeitgenössischen Juden … Zu sagen, daß seine religiöse Erfahrung weniger tief gewesen sei als die Hiobs, seine Hoffnung von minderer Qualität, scheint mir zu bedeuten, daß man nach dem urteilt, was er hätte schreiben können, wenn er sich über das Problem hätte auslassen wollen … Aber er hat etwas ganz anderes gewollt: behaupten, daß nach seiner eigenen Erfahrung, die sehr offen, aber auch sehr trügerisch ist, noch niemand bis jetzt eine befriedigende Erklärung für das Leben der Menschen gegeben hat. Er verlangt auch gar nicht von Gott, ihm eine solche zu geben. Er klopft niemals an seine Türe. Es gibt bei ihm weder Gebet noch geballte Faust! Dennoch haben seine Klagen, seine Zweifel, seine Bitterkeiten nur Sinn, wenn sie verstanden werden als Appelle, die von einem Schmerz und einer Furchtsamkeit geprägt werden, die nicht zu fragen wagen, die nicht die Eröffnung der göttlichen Geheimnisse einzufordern wagen. Daß Gott dem Menschen nicht sagt, wohin er ihn führt? Das würde ohne Zweifel seine beschränkte und damit zugleich pessimistische Sicht der menschlichen Welt ändern, dieses kleine Stück des Universums, das der Höchste Hiob enthüllt hat. ‚Mais Qohéleth n'etait pas de la visite!'" (188).

Nach den zitierten Untersuchungen dürfte es unbezweifelbar sein, daß die beiden Grundsätze der Qoheletschen Gottesvorstellung lauten:

– „Alles, was geschieht, ist Gottes Werk."
– „Der Mensch kann das Werk Gottes nicht erkennen."

Unbezweifelbar ist auch, daß Qohelet über diesen Grundsätzen entsprechende Aussagen hinaus nichts von dem Gott sagt, der sein Volk erwählt und an ihm erkennbar und erzählbar gehandelt hat. Unklar ist in der gegenwärtigen Diskussion, ob man eine solche Konzeption noch Theologie nennen kann oder ob man hier nicht besser von Philosophie redet, von einer erkenntnistheoretischen Skepsis, in der das Appellativum „Gott" lediglich aus Gründen des traditionellen Sprachgebrauchs und ohne eine erkennbare Funktion verwendet wird; in diese Richtung scheinen ja die besprochenen Untersuchungen in ihrer Tendenz zu zielen. Unklar ist die Beantwortung dieser Frage, weil Lohfink und Zimmerli jüngstens sich von solchen Untersuchungen wenig haben beeindrucken lassen.

„Doch der Mensch kann das Handeln Gottes nicht durchschauen, so daß er es als unberechenbar und amoralisch erfährt. Er weiß zwar, daß es umfassenden Sinn gibt, aber nicht er verfügt über ihn, sondern nur Gott. Er selbst kann sich nur dem anvertrauen, was im jeweiligen Augenblick von Gott her auf ihn zukommt. Ist das wahr, dann entstehen sehr tiefgreifende hermeneutische Probleme für das normalerweise in der Bibel übliche Reden von Gott und von seinem Handeln in der Welt, vor allem für alles Reden, das man als ‚heilsgeschichtlich' zu bezeichnen pflegt. Zwar wäre es falsch, Kohelets wegen nun nicht mehr vom Handeln Gottes in der Geschichte, von der Erwählung eines Volks, von persönlicher Beziehung zu Gott, von Gottes weitersagbarem Willen und verheißener Zukunft zu sprechen. Aber solches Sprechen muß sich selbst zugleich so verstehen, daß es hinter die radikale Gott-Welt-Metaphysik Kohelets nicht zurückfällt und mythologisch wird. Wo dieses Sprechen theologisch expliziert wird, muß es auch möglich sein, darüber begrifflich Rechenschaft abzulegen. Die großen Theologen haben dies, wenn auch von anderen Systemen sei es der griechischen, sei es der neuzeitlichen Philosophie ausgehend, auch stets als ihre Aufgabe angesehen. Wenn man, wie es unter Exegeten Mode geworden ist, Kohelet im Namen der restlichen Bibel mit Etiketten wie ‚kein persönlicher Gott', ‚Leugnung der menschlichen Freiheit', ‚Abfall vom heilsgeschichtlichen Denken', ‚Verlust des Vertrauens zum Leben' versieht, flüchtet man vor dem Anspruch, der durch dieses Buch ans Denken gestellt wird, und setzt sich dabei der Gefahr aus, das, was man zu verteidigen glaubt, selbst sogar falsch zu verstehen" (LOHFINK, Komm., 15f.).

Ich gestehe: Ich habe LOHFINK deshalb so ausführlich zitiert, weil ich ihn nicht verstehe. Wenn es richtig ist, daß „die radikale Gott-Welt-Metaphysik Kohelets" aus Ergebnissen besteht, die ein empirisch vorgehender Denker immer und überall in der Welt aufspüren kann, und wenn es weiter richtig ist, daß „vom Handeln Gottes in der Geschichte, von der Erwählung eines Volkes, von persönlicher Beziehung zu Gott, von Gottes weitersagbarem Willen und von verheißener Zukunft zu sprechen" darum möglich ist, weil über das immer und überall in der Welt empirisch Aufspürbare hinaus Gott geredet (= sich offenbart) hat, dann kann man m.E. diese beiden Größen nicht glatt zusammenbringen. Eine konsequent empirisch verfahrende „Gott-Welt-Metaphysik" muß m.E. all die eben genannten heilsgeschichtlichen Themen als mythologischen Rückfall ansehen. Und andererseits: Eine theologische Explizierung und begriffliche Rechenschaftlegung heilsgeschichtlicher Themen dürfte mit einem konsequent empirisch verfahrenden Vorgehen à la Qohelet kaum durchzuführen sein. Aber vielleicht verstehe ich LOHFINK oder auch das Problem eben nicht.

Für ZIMMERLI (1983) ist wichtig, daß die Nichtigkeitsaussage („alles ist eitel/sinnlos/absurd") nie auf Gott angewendet wird: „Gott selber fällt in aller Rätselhaftigkeit seines Tuns ... nie unter das Verdikt der Nichtigkeit ... So sehr das Predigerbuch voller Fragen an eine Welt ist, in der Ungerechtigkeit geschieht und Bedrängte keinen Tröster finden, ist Gott nicht das eigentlich Fragliche, das es nun skeptisch zu hinterfragen und in Zweifel zu stellen gälte. Das eigentlich Fragliche ist letzten Endes der Mensch selber" (110). „In aller Rätselhaftigkeit der gottbestimmten Welt ist nicht Gott das Problem, sondern der Mensch" (111). Das eigentliche Anliegen Qohelets ist „das Einhämmern der Unverfügbarkeit allen menschlichen Tuns" (112). Das Unberechenbare ebenso wie die gewährte Freude soll der Mensch in Gottesfurcht hinnehmen. „Gesamtbiblisch ist hier die Frage zu stellen, ob darüber – was dann im vollen Bekenntnis zu dem Gott, der handelnd in die Geschichte seines Volkes eingegriffen hat, ihm seine Propheten und dann den, der mehr ist als ein Prophet, gesandt hat, zum Ausdruck kommt – recht geredet werden kann unter Überhören dessen, was der radikale Beobachter der Wirklichkeit der gottbestimmten Welt in extremer Schärfe und Einseitigkeit allein einzuhämmern wagt: Gott ist Gott!" (113). – Hämmert Qohelet wirklich ein, daß Gott Gott ist? Ich finde bei Qohelet nur die Aussage, daß das Werk Gottes nicht durchschaubar ist, und das ist doch wohl etwas anderes! Wenn, wie ZIMMERLI wohl richtig feststellt, bei Qohelet nicht Gott, sondern der Mensch das Problem ist, dann ist für Qohelet Gott nicht deshalb kein Problem, weil er in seiner Göttlichkeit akzeptiert würde, sondern deshalb, weil er in der Undurchschaubarkeit seines Wirkens gar nicht problematisierbar ist. ZIMMERLI schließt seinen Artikel: „Das Buch Kohelet bleibt in all der Einseitigkeit seines Redens ein unabdingbarer Wächter am Rande des biblischen Schrifttums. Im Gleichnis vom Pharisäer und Zöllner ist vom Zöllner gesagt, daß er ‚ferne stand und nicht einmal wagte, seine Augen zum Himmel zu erheben' bei seinen wenigen Worten zu Gott (Luk 18,13). Man möchte – ceteris imparibus – die Frage stellen, ob Kohelet nicht jenem Manne gleicht, der von ferne steht und nicht wagt, seine Augen zum Himmel zu erheben, weil er – gewiß in ganz anderer Weise als jener Zöllner, der seine Sünde bekennt – weiß, daß ‚Gott Gott ist'." Wenn man Qohelet und seine Darlegungen ernst nimmt, scheint mir klar zu sein, daß er seine Augen deshalb nicht zum Himmel erhebt, weil er der Überzeugung ist, Gott sei unerkennbar – ob das wirklich dasselbe ist wie die (theologisch vorbelastete!) Aussage, daß Gott Gott ist?

h) Qohelet als Philosoph[25]

„Man wird bemerkt haben, daß Qohelet, wenn er von Gott spricht, sich nicht auf einen spezifisch israelitischen Standpunkt, sondern auf einen universalistischen und, so kann man wohl sagen, philosophischen Standpunkt stellt" (PODECHARD, 174). Diese 1912 vorgetragene Ansicht scheint mir das einleuchtendste Fazit aus der Eigenart Qoheletschen Redens von Gott zu ziehen – trotz z.B. LOHFINK und ZIMMERLI. Wenn dann PODECHARD weiter darlegt,

[25] ERNEST RENAN, L'Ecclésiaste traduit de l'Hébreu avec une étude sur l'age et le caractère du livre, Paris 1882; JEAN STEINMANN, Ainsi parlait Qohelet, Paris 1955; DUNCAN BLACK MACDONALD, The Hebrew Philosophical Genius. A Vindication, New York 1965; EILLIAM JOHNSTONE, 'The Preacher' as Scientist: SJTh 20 (1967) 210–221.

Qohelet sei hier keineswegs ein Neuerer, sondern stehe in der Tradition der Weisen, so ist damit ein Problem genannt, das wir hier zwar nicht ausführlich diskutieren können, aber wenigstens doch kurz anvisieren müssen: Weshalb erscheint weisheitliches Reden von Gott nicht in demselben Maße problematisch[26] wie Qohelets Reden von Gott, wenn wirklich Qohelet hier kein Neuerer ist, sondern in der Tradition der Weisheit steht? Die Antwort erscheint mir nicht zweifelhaft: Solange die Weisheit optimistisch glaubt, mittels der Empirie die vom (Schöpfer-)Gott in die Welt hineingelegten Ordnungen erkennen zu können, läßt sie sich ziemlich problemlos mit heilsgeschichtlichen Vorstellungen vereinbaren: Gott ist dann *auch* der Geber der Ordnungen und der nach diesen Ordnungen gerecht Vergeltende. Problematisch aber wird es, wenn der weisheitliche Weg der Empirie seine optimistische Unschuld verliert und in eine Skepsis mündet. Dann muß sich nämlich der Geber der guten Ordnungen wandeln zu dem unerkennbaren und damit mindestens scheinbar willkürlich handelnden Gott, dem wir im vorigen Kapitel begegnet sind. Und kann und soll man die Aussage, der Mensch könne alles, was geschieht (= Gottes Werk), nicht durchschauen, wirklich für eine theologische Äußerung halten, wenn daneben nichts über irgendeine Möglichkeit gesagt wird, Gott und sein Werk zu erkennen? Ist das nicht viel eher die Äußerung einer erkenntnistheoretischen Skepsis, einer skeptischen Philosophie?

Daß gegen eine solche Klassifizierung nicht unbedingt Qohelets Verwendung des Wortes „Gott“ spricht, haben wir im vorigen Kapitel von Gordis gelernt. Gordis hat auch auf einen weiteren Grund hingewiesen, weshalb Qohelet nicht leicht als Philosoph erkennbar ist: “... it must be borne in mind that Koheleth was a linguistic pioneer. He was struggling to use Hebrew for quasi-philosophical purposes, a use to which the language had not previously been applied” (88). Gordis weist zur Erläuterung auf Spinoza hin, bei dem er bemerkenswerte Parallelen zu Qohelet feststellt: “To be sure, Koheleth was far from being a systematic thinker and technical philosopher like Spinoza, but both men had undergone a strikingly similar development. They had both been reared within Jewish tradition ... – a faith in a Creator ruling His world in justice and mercy. Both thinkers had broken with this all but universally accepted pattern of belief in many respects and had developed an original world-

[26] Zu dem Problem vgl. z.B. Horst Dietrich Preuss, Das Gottesbild der älteren Weisheit: VT.S 23 (1972) 117–145.

view. Because of their background and inclination, however, both preferred to express their ideas in the terminology to which they were accustomed" (90).

GORDIS wiederholt mit diesen Äußerungen Erkenntnisse, die 1882 bereits RENAN geäußert hat. Er legte dar, die semitischen Sprachen seien in keiner Weise geeignet zum Ausdruck komplizierter Ideen – Descartes, Spinoza und Kant hätten ihre Gedanken in einer semitischen Sprache nicht ausdrücken können. Nach zwei Zitaten aus Spinoza und Kant schreibt RENAN dann: „Qohelet hat dies alles im wesentlichen begriffen und wollte es sagen. Er hat philosophischen Geist, aber er hat keine philosophische Sprache zu seiner Verfügung. Seine verzweifelten Versuche, zusammenhängend zu argumentieren, ähneln den Qualen eines großen Musikers, der eine komplizierte Symphonie mit einem ganz und gar groben Orchester aufführen muß" (80).

Qohelet war also nach Meinung von RENAN ein Philosoph – und nur, wenn man ihn als einen solchen lese, könne man ihn verstehen: „Der Prediger galt früher als das dunkelste Buch der Bibel. Das ist die einhellige Meinung der Theologen, die aber in Wirklichkeit völlig falsch ist. Das Buch in seiner Gesamtheit ist völlig klar – nur eben hatten die Theologen ein größeres Interesse daran, es dunkel zu finden" (15). „Was die allgemeine Philosophie des Werkes angeht, so ist sie sehr einfach. Der Verfasser kehrt zu seinen Gedanken mit einer Beharrlichkeit zurück, die ermüdend scheinen kann, die aber jedenfalls im Hinblick auf Deutlichkeit nichts zu wünschen übrig läßt" (16). «Tout est vanité» ist das immer wiederholte Resümee seiner Gedanken. Alle Phänomene wiederholen sich ohne irgendeinen Fortschritt; die Gegenwart ist schlecht, die Vergangenheit war auch nicht besser und die Zukunft wird ebenfalls nicht besser sein. „Alle Versuche, die menschlichen Verhältnisse zu verbessern, sind utopisch (chimérique) – der Mensch ist unabänderlich in seinen Möglichkeiten und seiner Bestimmung begrenzt. Der Mißbrauch ist ewig – das Übel, von dem man glaubt, es unterdrückt zu haben, erscheint wieder auf der Bildfläche, schlimmer noch als vor seiner Unterdrückung" (17). Angesichts dessen kann man nur das hinnehmen, was einem begegnet, ohne einen Versuch, dagegen anzukämpfen oder es zu verändern, «en tout, pratiquer une philosophie modérée et de juste milieu, sans zèle, sans mysticisme» (19). „Ein galanter Mensch, frei von Vorurteilen, zutiefst gut und großmütig (genereux), aber entmutigt durch die Niederträchtigkeit der Zeit und die traurigen Bedingungen des menschlichen Lebens, das ist unser

Autor" (19). „Eine solche Meinung würde bei einem Griechen oder bei uns als die Unfrömmigkeit selbst gelten, sie wäre zutiefst verbunden mit einer Negierung des Göttlichen. Das ist aber keineswegs so bei unserem Autor. Diese Meinung ist die eines konsequenten Juden" (20). Und zwar nicht nur eines modernen Juden, sondern auch schon eines alttestamentlichen. Denn auch Qohelet war hier kein einsamer Neuerer: „Diese Philosophie ... war nicht neu in Israel: sie war die der ruhigen und vernünftigen Leute, die weder Propheten noch Zeloten noch mehr oder weniger fanatisch auf ein Königtum Gottes ausgerichtete Sektierer waren" (28). Immer schon hat es nach RENAN in Israel neben religiösen Eiferern ruhige und vernünftige Leute gegeben, und zu ihnen gehörte Qohelet. Und deshalb erscheint uns das Buch Qohelet auch so zutiefst modern: „Der Pessimismus unserer Tage hat in ihm seinen vollendetsten Ausdruck gefunden. Der Autor erscheint uns wie ein resignierter Schopenhauer, jenem aber durchaus überlegen, den ein schlimmer Schicksalsschlag an deutschen Gasttischen hat sein Leben verbringen lassen" (90). „Qohelet ... ist der moderne Jude. Von ihm zu Heinrich Heine muß man die Türe nur noch halb öffnen" (91). „Das Hohelied und Qohelet sind wie ein Liebeslied und wie eine kleine Schrift Voltaires, die versehentlich zwischen die Folianten einer theologischen Bibliothek geraten sind" (41). Der Verfasser des Buches Qohelet „ist ein Mann von Welt, nicht ein frommer oder ein gelehrter Mann" (42).

RENAN hat den konsequentesten und vielleicht überzeugendsten Versuch unternommen, Qohelet als Philosoph zu verstehen. Vielleicht ist es nicht zufällig, daß dieser Versuch von einem Franzosen stammt. Denn bereits Voltaire hatte sich für Qohelet interessiert und eine Versfassung veröffentlicht, die 1759 öffentlich verbrannt wurde.[27] Und STEINMANN, der Qohelet einen alten Professor der Philosophie (20f.) nennt, meint sogar: „Qohelet gehörte zu jener Familie von Moralisten, von denen die französische Literatur, lange nach ihm, die reichste Mannigfaltigkeit anzubieten hat, die es auf der Welt gibt. Von Montaigne bis la Rochefoucauld, von La Fontaine bis La Bruyère, von Vauvenargues bis Joubert zieht sich eine großartige und eigenartige Tradition hin. Denn diese Moralisten, die dem Menschen nachjagen, setzen ihr Temperament gegen jedes philosophische System. Die gehen vor mittels der Analyse, lieben es, sich in

[27] Vgl. BERNHARD LANG, Ist der Mensch hilflos? Das biblische Buch Kohelet, neu und kritisch gelesen: ThQ 159 (1979) 109–124; 110.

den Krümmungen des Lebens zu verlieren, reagieren überraschend und auf unvorhergesehene Weise, sie erheben sich schnell zu Geistesblitzen und Paradoxien. Man muß sich mißtrauisch verhalten gegenüber dem, was ihre Einfälle verbergen. Sie geben ihrer Stimmung und ihrem Humor nach" (128).

8. NACHWIRKUNGEN QOHELETS IN SPÄTEN WEISHEITSSCHRIFTEN

a) Qohelet und Jesus Sirach

Es gibt wissenschaftliche Theorien, die so sehr zum Allgemeingut der Wissenschaft geworden sind, daß ihre Behandlung in jedem Werk fast so etwas wie eine bloße Pflichtübung ist. Zu solchen allgemein akzeptierten Theorien gehörte bis vor kurzem die These, das Buch Jesus Sirach sei von Qohelet abhängig.

Von dem etwa 190 v. Chr. verfaßten[1] und zunächst nur griechisch überlieferten Weisheitsbuch wurden 1896 in der Kairoer Geniza hebräische Teile entdeckt und im selben Jahr veröffentlicht. Hatte schon vorher ohne Kenntnis dieses hebräischen Originals WRIGHT (1883) eine Abhängigkeit des Jesus Sirach von Qohelet angenommen, so wurde diese These nun von SCHLECHTER[2] und MCNEILE (1904) durch Anführung hebräischer Parallelen untermauert. Seitdem ist es, wie gesagt, fast so etwas wie eine Pflichtübung, diese Stellen zu tradieren und kurz zu besprechen, vgl. z.B. LEVY (1912) 25–30; GORDIS (1962) 46–48; HERTZBERG (1963) 46–49 und KROEBER (1963) 64–66.[3]

Ob allerdings aus Berührungen oder Entsprechungen in der Sache und auch in der Formulierung wirklich eine Abhängigkeit *beweisbar* ist, erscheint keineswegs klar. Man betrachte nur Sätze wie „Alles hat er schön gemacht zu seiner Zeit" (Qoh 3,11) und „Die Werke des Herrn sind alle gut, und alles Nötige gibt er ausreichend zu seiner Zeit" (Sir 39, 16) oder „Die Weisheit eines Menschen erhellt sein Antlitz, aber (durch) Unempfindlichkeit (?) wird sein Ant-

[1] Vgl. z.B. O. EISSFELDT, Einleitung in das Alte Testament, [3]1964, 807–812; G. SAUER, Jesus Sirach, in: Jüdische Schriften aus hellenistisch-römischer Zeit, Bd. III, Lieferung 5, 1981.

[2] S. SCHLECHTER und C. TAYLOR, The Wisdom of Ben Sira, Cambridge 1899; Nachdruck Amsterdam 1979.

[3] Vgl. weiter N. PETERS, Ekklesiastes und Ekklesiastikus: BZ 1 (1903) 47–54; 129–150; A. GROTAERT, L'Ecclésiastique est-il antérieur à l'Ecclésiaste?: RB 2 (1905) 67–73.

litz gehaßt (bzw. entstellt, verändert)" (Qoh 8,1) und „Das Herz eines Menschen verändert sein Antlitz, sowohl zum Guten als auch zum Bösen; Anzeichen eines guten Herzens ist ein leuchtendes Antlitz, aber grübelnde Sorgen rufen mühselige Gedanken hervor" (Sir 13,24–25)! Sie drücken zwar analoge Tatbestände aus – aber ob sie deshalb voneinander abhängig sein müssen, ist damit noch nicht gesagt. Zwingend wäre nur ein Fall, bei dem nicht eine derartig allgemeine und in jeder Weisheitsschrift denkbare Allerweltsaussage gemacht würde, sondern eine für den *einen* Autor typische Vorstellung bei dem anderen in offensichtlich sekundärer Verwendung aufträte. Einen einzigen solchen Fall hat man nach dem Vorbilde Levys[4] in Qoh 3,15 „und/aber Gott sucht das Verfolgte" und Sir 5,3 „denn Jhwh sucht die Verfolgten" zu finden gemeint. Freilich sind beide Stellen keineswegs klar. Nach Levy soll Qoh 3,15 bedeuten „Gott erstrebt das (schon einmal) Erstrebte, d. h., er führt den Kreislauf der Dinge herbei" (27); bei Jesus Sirach dagegen solle man nicht wie ein Spötter sagen: „Wer hat Macht über mich, denn Gott ist mit dem Kreislauf der Dinge beschäftigt" (29). „Qoheleths Thesen fanden rasch Anhänger, die besonders die negative Seite seiner Anschauungen betonten. Für unseren Zweck hier genügt die Feststellung, daß Sirach den Ausdruck יי מבקש נרדפים in demselben Sinne wie Qoheleth gebraucht und daß dieser Ausdruck, der von Qoheleth gebildet wurde und bei ihm notwendig an seinem Platze steht, hier als geläufige Redensart im Munde epikuräischer Spötter wiederkehrt. Damit ist die Priorität Qoheleths über alle Zweifel sichergestellt, der terminus ad quem ist für die Entstehungszeit des Buches gegeben" (30). Wenn das wirklich zwingend wäre, hätten wir damit einen archimedischen Punkt, von dem aus die Frage der Abhängigkeit in der Tat „über alle Zweifel" entschieden werden könnte. Aber Qoh 3,15 ist in seiner Bedeutung unklarer, als es nach Levys Darlegungen scheint,[5] so daß hier m. E. eine Sicherheit leider nicht zu gewinnen ist. Trotz dieser m. E. nicht eindeutigen Beweislage hat es kaum Stimmen gegeben, die die Opinio communis, Jesus Sirach sei von Qohelet abhängig, anzweifelten – vermutlich deshalb, weil die Exegeten aus anderen Gründen zu der Annahme gekommen waren, das Buch Qohelet sei vor 190 v. Chr. verfaßt worden. Bezeichnenderweise hat H. Graetz, der Qohelet unter Herodes entstanden sein lassen wollte, kurz nach dem Erscheinen

[4] L. Levy, Das Buch Qoheleth, Leipzig 1912, 27ff.
[5] Ausführliche Diskussion der Stelle bei Michel, BZAW.

des Buches von WRIGHT (vgl. oben) dessen Beweisführung unter die Lupe genommen und behauptet, keine der Stellen, an denen bei Jesus Sirach Entlehnungen aus Qohelet vorliegen sollten, stimme.[6] PFEIFFER schrieb 1934: "Ecclesiastes wrote his book, sometime between 250 B.C. and 150 B.C. It is impossible to determine with certainty whether he preceded or followed Ben Sirach's Ecclesiasticus ..."[7] – doch blieb er mit solcher Skepsis allein.

Auf wie unsicherem Boden aber das Gebäude der Opinio communis gebaut ist, wird m.E. daran deutlich, daß WHITLEY[8], der die behaupteten Abhängigkeiten für unbeweisbar hält ("In none of theses passages is there anything either in thought or language to indicate the priority of Koheleth" 127), aus sprachlichen wie aus sachlichen Gründen Sirach für den Älteren und Qohelet für den Jüngeren hält! Er dürfte in der Tat damit recht haben, daß das Hebräisch von Qohelet eine jüngere Sprachstufe repräsentiert als das von Jesus Sirach; er dürfte auch darin recht haben, daß Jesus Sirach in traditionellen Vorstellungen wurzelt, was man von Qohelet schwerlich sagen kann: "Ben Sira's views are largely based on traditional Judaism and in the concept of Wisdom found in Prov chapter 1–9. All things are created and sustained by God (e.g. 33,10–13; 43,27–33), and, provided man accepts the dictates of Wisdom, he encounters but few difficulties in life (4,11–18; 6,23–31). Koheleth, on the other hand, approaches the problems of life with no such presuppositions. Applying his mind to the conditions of human experience, he finds, on the contrary, that man's lot is one of misery and toil (1,12–14). Unable to accept the assumptions of traditional religion, he regards life as vain and purposeless (2,16–17; 4,4; 6,2). But even less could he accept the religious optimism of Ben Sira. Ben Sira thinks of God as a merciful being in close association with man (15,19; 17,19.29; 18,13): Koheleth conceives of him as remote in the heavens, detached from the affairs of men (5,1 ...) ..." (129f.). Aber ob WHITLEY auch darin recht hat, daß deswegen Qohelet später sein muß als Jesus Sirach, ist keineswegs klar – geistesgeschichtliche Entwicklungen verlaufen nicht immer gradlinig und einlinig; nach dem

[6] H. GRAETZ, Schreiben an Master Th ... in Triest über Kohelet: Monatsschrift für Geschichte und Wissenschaft des Judenthums, 34 (1885) 74–92; 127–134.

[7] R. H. PFEIFFER, The Peculiar Scepticism of Ecclesiastes: JBL 53 (1934) 100–109.

[8] CHARLES F. WHITLEY, Koheleth (BZAW 148) 1979.

Makkabäeraufstand z.B. nahmen restaurative Tendenzen und damit eine Wertschätzung traditioneller Vorstellungen immer mehr zu. Und was das Sprachliche anlangt: Das Hebräisch der Hodajot aus Qumran spiegelt wohl auch einen älteren Sprachtypus als das von Qohelet – trotzdem dürfte kaum bezweifelbar sein, daß die Hodajot später als Qohelet verfaßt sind.

Whitley hat bei seiner Annahme, Jesus Sirach sei älter als Qohelet, einige Mühe, zu erklären, weshalb das spätere und hinsichtlich seiner theologischen Vorstellungen nicht so orthodoxe Buch Qohelet in den Kanon aufgenommen wurde, das Buch Jesus Sirach dagegen nicht (130f.). Ob es vielleicht nicht doch die einfachere Lösung dieses Rätsels bildet, anzunehmen, daß Jesus Sirach später als Qohelet abgefaßt worden ist?

b) Qohelet und Sapientia Salomonis

Wann und wo die Sapientia Salomonis verfaßt worden ist, ist nicht ganz klar; meistens nimmt man etwa die Mitte des 1. vorchristlichen Jahrhunderts und Alexandria an;[9] Georgi dagegen[10] denkt eher an das späte 2. Jahrhundert v. Chr.; hinsichtlich der Entstehung in Ägypten ist er skeptisch.

Klar aber ist dagegen, daß die Sapientia Salomonis später sein muß als Qohelet: „Das Buch der Weisheit polemisiert in seinen ersten Kapiteln gegen Ansichten, wie sie zuerst im Buche Qoheleth geäußert werden und wie sie später wahrscheinlich im Munde der jüdischen Epikureer häufig wiederkehrten" (Levy, 54). In der Tat wirken die von Levy angeführten Stellen Sap. 2, 1–9.22; 3,1–3; 8,13.16 wie eine Polemik gegen Äußerungen Qohelets. Hier zeichnen sich Bedenken gegen Qohelet ab, die aus einem besseren Verständnis entstanden sind als die späteren Bestrebungen, ihn in den Kanon aufzunehmen (dazu vgl. S. 117ff.).

[9] Z.B. O. Eissfeldt, Einleitung in das Alte Testament, [3]1964, 815; O. Kaiser/E. Lohse, Tod und Leben (Kohlhammer Taschenbücher. Biblische Konfrontationen 1001), 1977, 8.

[10] Dieter Georgi, Weisheit Salomos, in: Jüdische Schriften aus hellenistisch-römischer Zeit, III/4, 1980, 395f.

9. ABFASSUNGSZEIT UND ABFASSUNGSORT

a) Abfassungszeit

Hinsichtlich der Abfassungszeit kann eine negative Feststellung mit großer Sicherheit getroffen werden: alle maßgebenden Exegeten sind sich darüber einig, daß weder die Art des im Buche Qohelet verwendeten Hebräisch (dazu vgl. Kap. 3) noch die Eigenart der sich hier aussprechenden Weisheit (dazu vgl. Kap. 5) die Annahme einer vorexilischen Entstehung zulassen. Das Buch muß also nach ca. 500 verfaßt worden sein. Schwieriger ist eine genauere Eingrenzung.

1. Aufgrund unserer dürftigen Kenntnisse der nachexilischen Zeit können wir nicht angeben, ab wann die Entstehung des Buches Qohelet genau möglich ist bzw. vor welchem Zeitpunkt eine Entstehung nicht denkbar ist (Terminus ante quem non).
2. Besser ist es mit Argumenten hinsichtlich des Zeitpunktes bestellt, nach dem Qohelet nicht mehr entstanden sein kann (Terminus post quem non). Hier sind zwei verschiedene Argumentationsweisen vorgekommen:
   a) Festlegung des Terminus post quem non durch Nachweis von Anspielungen auf Qohelet in späteren, datierbaren Schriften,
   b) Festlegung des Terminus post quem non durch den Fund eines Qoheletfragmentes in Qumran.

Zu a): Viele Kommentatoren nehmen an, das etwa um 190 vor Christus verfaßte Buch des Jesus Sirach zeige in einigen Wendungen Abhängigkeit von Qohelet. Dies ist zwar die Meinung der Mehrheit der Ausleger, doch hat sich WHITLEY gegen diese Annahme gewendet und die Meinung vertreten, Qohelet müsse später als Jesus Sirach sein, vgl. die Darstellung der Diskussion in Kap. 8. Bei diesem Diskussionsstand läßt sich aus eventuellen Beziehungen von Jesus Sirach zu Qohelet kein zwingendes Argument gewinnen.

Zu b): Ein tragfähigeres Argument für die Bestimmung des Terminus post quem non läßt sich wohl aus der Tatsache gewinnen, daß in Qumran Fragmente eines Qohelettextes gefunden worden sind.

Nach MUILENBURG[1] ist die Handschrift paläographisch etwa in die Mitte des 2. Jahrhunderts v. Chr. zu datieren. Wenn aber um 150 v. Chr. auch in Qumran schon Qohelet in (kanonischem?) Gebrauch war, muß er auf jeden Fall früher abgefaßt worden sein; alles spricht dafür, daß die Qumranleute den Text bei ihrem Auszug aus Jerusalem bereits als wenn nicht kanonischen, so doch jedenfalls mitnehmenswerten Text besaßen. Nach 200 v. Chr. ist also die Abfassung des Buches schwerlich anzusetzen.

3. Einen sicheren Anhaltspunkt für eine Datierung hätte man natürlich, wenn es gelänge, im Text des Buches Qohelet Anspielungen auf historische Ereignisse zu entdecken, die man genau datieren kann. Vor allem ist versucht worden, in 4,13–16 solche Anspielungen zu finden, zuletzt von SCHUNCK[2]. Nach ihm soll sich in 4,13–14 ein Echo auf den 246 v. Chr. vollzogenen Thronwechsel im seleukidischen Reich finden: der alte König sei Antiochus II., der Jüngling Seleukos II. In 4,15 soll eine Anspielung auf Antiochus III. vorliegen, der 222 v. Chr. an die Regierung gekommen ist. In 10,16.17 schließlich sollen, wie schon HITZIG meinte, „der unmündige Ptolemaios V. (ab ca. 203 v. Chr.) und der tatkräftige Antiochus III. einander gegenübergestellt" sein. SCHUNCK wagt eine noch genauere Festlegung: „Da jedoch andere, mehr allgemeine Aussagen, die die Verhältnisse im Lande des Verfassers widerspiegeln, immer wieder von korrupten Zuständen sprechen ..., ja, Kohelet gelegentlich sogar vor einem Abfall warnt ..., dürfte sich der Herrschaftswechsel, der Palästina 200 v. Chr. an Antiochus III. brachte, noch nicht vollzogen haben. Die Jahre zwischen 202 und 200 v. Chr., ... das mag die Zeit sein, in der Kohelet seine Gedanken niederschrieb" (200 f.). Sehr überzeugend hat SCHUNCK mit dieser Datierung nicht gewirkt; die meisten Ausleger sehen in 4,13 ff. keine historische Anspielung, sondern eine weisheitliche Beispielerzählung; und die Stelle 10,16 f. ist so unklar, daß man m. E. mit LOHFINK sagen muß: „Ob wieder über konkrete Verhältnisse gehandelt wird, konnten die ursprünglichen Leser erkennen, wir können es nicht mehr" (78).
4. Ein zwingendes Indiz für eine vorexilische Datierung läge natür-

[1] J. MUILENBURG, A Qoheleth Scroll from Qumran: BASOR 135 (1954) 20–28.

[2] K.D. SCHUNCK, Drei Seleukiden im Buche Kohelet?: VT IX (1959) 192–201.

lich dann vor, wenn sich zeigen ließe, daß Qohelet dann, wenn er vom „König" *(mäläk)* redet, einen König in Jerusalem meint; dann wäre 587 der Terminus post quem non. LOHFINK (1981) hat aber gezeigt, daß dies nicht der Fall ist: Mit *mäläk* bezieht sich Qohelet nicht auf die zu seiner Zeit in seinem Land gegebene Herrschaftsform; wenn er das tut, verwendet er „Herrscher" *(mošel)* oder „Machthaber" *(šalliṭ)*. Indem Qohelet „für den Inhaber der Gewalt ein anderes Vokabular gebraucht als wenn er vom König in Alexandria oder von hellenistischen Königen im allgemeinen spricht, gibt er uns zu erkennen, daß zu seiner Zeit der Königshof und der für die Karriere eines Gebildeten aus der judäischen Oberschicht in Frage kommende ‚Hof' nicht identisch waren. Das paßt genau zu der Periode, in die man auch aus ganz anderen Gründen das Buch zu datieren pflegt" (543).

Fazit: Als groben Rahmen für die Abfassungszeit kann man den Zeitraum zwischen 500 und 200 v. Chr. angeben. Wenn in dem Buch griechischer Einfluß nachweisbar sein sollte (dazu vgl. Kap. 4 d), muß man wohl in das 3. Jahrhundert v. Chr. hinuntergehen; dasselbe gilt, wenn MICHEL recht haben sollte mit seiner Meinung, in Qohelet finde sich eine Polemik gegen die aufkommende Apokalyptik (dazu Kap. 5 c). So dürfte – alles in allem genommen – ein Zeitpunkt um 250–200 die größte Wahrscheinlichkeit für sich haben.

b) Abfassungsort

Keinen Nachfolger fand DAHOOD mit seiner Meinung, Qohelet sei der Bewohner einer phönizischen Küstenstadt gewesen (vgl. Kapitel 3 a). „Unsicher bleibt, wo wir uns die Heimat Kohelets zu denken haben. Er versäumt, es uns zu sagen, und sein Büchlein verrät uns nur wenig. Die zwei Länder, die hauptsächlich in Frage kommen, sind Palästina und Ägypten, und die Wahl schwankt zwischen Jerusalem und Alexandrien. Die Weite des Horizonts und die Stimmung des ganzen Büchleins lassen vermuten, daß der Verfasser in einer Großstadt lebte, eher als in der engen und bürgerlich nüchternen Luft Jerusalems, und so entscheiden wir uns für Alexandrien, die Ptolemäerstadt" (VOLZ, 233). HUMBERT hat versucht, diese mehr gefühlsmäßige Begründung von Alexandrien als dem Abfassungsort durch den Nachweis von ägyptischen Parallelen sachlich zu untermauern – dennoch aber nimmt die überwiegende Mehrheit der Ausleger Jerusalem als Abfassungsort an. HERTZBERG[3] hat gezeigt, daß der vorausgesetzte Hintergrund des Buches auf Palästina hinweist, sein Fazit: „Und bedenkt man bei dem doch kleinen Buch die Häufigkeit der gebrachten Beispiele, so darf der palästinische Hintergrund des Buches als gewiß gelten" (1959, 72). Dies ist in der Tat die wahrscheinlichere Annahme.

[3] H. W. HERTZBERG, Palästinische Bezüge im Buch Koheleth: ZDPV 73 (1957) 113–124 = FS Baumgärtel, Erlangen 1959, 63–73.

10. QOHELET IM ALTTESTAMENTLICHEN KANON

Was hat dieser skeptische Philosoph, dessen Gottesbegriff sich so fundamental von dem Gottesbegriff des übrigen Alten Testamentes unterscheidet, eigentlich im Alten Testament zu suchen? Diese Frage mag sich mancher Leser zum Schluß stellen, und er stellt damit eine Frage, die wohl schon so alt ist wie das Buch Qohelet selbst. Denn zu den bereits besprochenen Besonderheiten des Buches kommt noch eine weitere: am Schluß des Buches finden wir zwei Stellungnahmen, die nicht vom Verfasser des Buches stammen, sondern Urteile über ihn und sein Werk abgeben. Dieser ganz singuläre Befund muß natürlich auch singuläre Ursachen gehabt haben: es muß schon sehr früh Bedenken gegen Qohelet und sein Werk gegeben haben, die solche Voten notwendig machten.

Der 1. Epilogist (so nennt man den Verfasser des 1. Nachtrags) argumentiert in 12, 9–11 vom Standpunkt der Weisheit aus:

Ein Nachtrag: Qohelet war ein Weiser und lehrte auch das Volk Erkenntnis.
Er wägte ab und prüfte, faßte viele Sprichwörter ab.
Qohelet trachtete danach, angemessen formulierte Worte herauszufinden,
und er schrieb wahre Worte in angemessener Weise auf.
„Worte von Weisen sind wie Ochsenstachel,
und wie eingeschlagene Nägel sind die Herren der Sammlungen."
Sie sind von einem einzigen Hirten gegeben.

Qohelet, der in seinem Werk mit solcher Leidenschaft die Grenzen und Aporien der Weisheit aufgezeigt hat, wird hier gewissermaßen in den Schoß der Weisheit zurückgeholt. Auch er gehörte zu den Weisheitslehrern, sagt unser Epilogist, er übte die typischen Tätigkeiten eines Weisheitslehrers aus. Und in bestem Weisheitsstil bringt er in v. 11 a ein Zitat, das den Wert der Weisheitssprüche preist, und schließt dann mit dem Satz, solche Sprüche seien von einem Hirten, d. h. natürlich: von Gott gegeben. Die offensichtliche Schlußfolgerung überläßt er seinen Lesern: ein Buch eines solchen von Gott inspirierten Weisheitslehrers ist natürlich zu den Schriften zu zählen, die eines gründlichen Studiums wert sind. Ganz andere Interessen hat der 2. Epilogist, der sich anschließend in 12, 12–14 noch zu Wort meldet:

> Ein Nachtrag darüber hinaus:
> Mein Sohn, laß dich warnen!
> Des vielen Büchermachens ist kein Ende,
> und viel Studieren macht den Leib müde.
> Am Ende laßt uns auf den Sinn des Ganzen achten:
> Fürchte Gott und halte seine Gebote!
> Darin liegt der ganze (Sinn des) Mensch(en)!
> Denn alles Tun wird Gott ins Gericht bringen,
> das über alles Verborgene ergehen wird,
> sei es nun gut oder böse!

Der Verfasser dieses Votums ist offensichtlich kein Freund von Studium und gelehrten Diskussionen. Für ihn ist entscheidend, daß Qohelet von Gottesfurcht spricht. „Wenn der Epilogist dann allerdings diese Furcht Gottes als Halten der Gebote und Glauben an das göttliche Gericht über Gute und Böse beschreibt, dann interpretiert er Kohelet nach einem diesem fremden Maßstab der rechtgläubigen Gesetzesfrömmigkeit, die glaubt, daß im geoffenbarten Gebot Gottes die Weisheit, die auch den rechten Lebenserfolg bringt, geoffenbart sei. Von den 'Geboten' Gottes hat Kohelet nie gesprochen ... Und das Gericht Gottes bleibt für ihn das tiefe Geheimnis, das kein Mensch entschleiern noch berechnen kann" (ZIMMERLI 1980, 246). Vielleicht kann man sagen, dieser Epilog "provides a rare glimpse into a comprehensive, canon-conscious formulation of what the purpose of biblical wisdom is" (SHEPPARD 1977, 189) – aber diese Feststellung gilt dann sicherlich nur für eine späte Weisheit, die „von der Gesetzesfrömmigkeit herkommt" (ZIMMERLI 1980, 247); ZIMMERLI u.a. haben zweifellos damit recht, daß der 2. Epilogist seine frommen Gedanken in Qohelet einträgt. Verstanden hat er ihn wohl kaum. Fast möchte man sagen: Zum Glück hat er ihn nicht verstanden. Denn wenn nicht alles täuscht, führt von seinem Votum aus ein direkter Weg in den Kanon.

Und damit sind wir beim Zweck dieser Nachträge. Ihren genauen Anlaß kennen wir natürlich nicht und sind deshalb auf Vermutungen und Kombinationen angewiesen. GALLING z.B. schreibt zu 12,12–14: „Mit dieser Summa ist Koh in der Tat synagogenfähig geworden" (1934, 359). Andere, z.B. HOLM-NIELSEN, ergänzen und betonen statt synagogenfähig: „kanonfähig" (1976, 53). In der Tat dürfte die Synagogenfähigkeit bzw. Kanonfähigkeit des Buches wesentlich durch diese beiden Nachträge bzw. die sich in ihnen äußernden Interpretationen Qohelets bewirkt worden sein. Über Einzelheiten dieses Prozesses wissen wir so gut wie nichts – LOH-

FINK vermutet mit einleuchtenden Argumenten, er habe über den Weg der Schulfähigkeit geführt (1980, 12–14). Wie dem auch gewesen sein mag – zu diesen Gründen für die Aufnahme in den Kanon kam als weiteres und vermutlich entscheidendes Argument, wie SALTERS (1974/75) richtig betont, die fiktive Verfasserschaft Salomos (dazu vgl. z.B. auch HOLM-NIELSEN 1976, 55). Weisheitliche Fehldeutung, fromme Fehldeutung, fiktive Verfasserschaft – wenn irgendwo, dann haben wir im Buche Qohelet, das ja ohne diese Fehldeutungen kaum in den Kanon gekommen und somit verlorengegangen wäre, ein klassisches Beispiel für ein Geschehen „confusione hominum – providentia dei".

Freilich muß es im Judentum noch lange Zeit Leute gegeben haben, die Qohelet besser verstanden als diese alles einebnenden weisheitlichen und frommen Fehlinterpretationen. Im Mischnatraktat Jadajim (Ende des 2. Jahrhundert n. Chr.) wird von einer Diskussion darüber berichtet, ob die Bücher Hoheslied und Qohelet die „Hände verunreinigen" oder nicht (alle heiligen Schriften „verunreinigen" die Hände, d.h., man muß nach ihrer Lektüre die Hände reinigen). Die Schule des Hillel hielt das Buch Qohelet für „verunreinigend", d.h. heilig, die des Schammai dagegen nicht. Über die Gründe für den Widerstand gegen die Heiligkeit und damit Kanonfähigkeit des Buches Qohelet erfahren wir aus dem babylonischen Talmud (Schabbath 30b, vgl. z.B. SCHIFFER 1884, 4ff.), daß in ihm sich widersprechende Aussagen stünden: 2,2a wird das Lachen rühmenswert genannt, 7,3 wird behauptet, Trübsinn sei besser als Lachen; 8,15 wird die Freude gepriesen, 2,2b wird sie als nutzlos bezeichnet; 4,2 werden die Toten glücklicher gepriesen als die Lebenden, 9,4 ist ein lebender Hund besser als ein toter Löwe. Anstoß bereitete auch, daß 11,9 „Geh auf den Wegen, die dir dein Herz sagt, zu dem, was deine Augen vor sich sehen" im Widerspruch zu stehen scheint zu Num 15,39 „Ihr sollt euren Augen nicht nachgeben, wenn sie euch zur Untreue verleiten wollen", ebenfalls, daß man aus 1,3 „Was für einen Gewinn hat der Mensch bei all seiner Mühe, mit der er sich unter der Sonne abmüht" ja schließen könnte, auch das Studium der Thora bringe keinen Gewinn (SCHIFFER 1884, 6; SALTERS 1975, 341; HOLM-NIELSEN 1976, 80f.). Die Bedenken gegen 11,9 konnten leicht ausgeräumt werden, weil die Aufforderung bereits sehr früh, wahrscheinlich durch den 2. Epilogisten (so nach anderen zuletzt SALTERS, 341) durch den Zusatz „wisse aber, daß Gott dich wegen all dieser Dinge ins Gericht führen wird" entschärft worden ist (vgl. unten S. 167). Die Bedenken gegen 1,3 wurden nach Qohelet Rabbah folgendermaßen ausgeräumt: Qohelet will ja gar nicht sagen, der Mensch finde bei *jeglicher* Mühe keinen Gewinn, sondern nur bei *seiner* Mühe, das meint: bei einer auf eigenen Gewinn ausgerichteten Mühe. Selbstlose Erforschung der Thora fällt dagegen nicht unter sein Verdikt. Und noch eine zweite Entschärfung wurde angeboten: Qohelet sagt, es gebe keinen Gewinn *unter der Sonne*, d.h. auf dieser Welt – *oberhalb der Sonne* aber gibt es einen Gewinn (vgl. SCHIFFER, 5; SALTERS, 341; HOLM-NIELSEN, 80f.). Wie lange trotzdem der Widerstand gegen die Aufnahme des Buches Qohelet in die Heiligen Schriften währte, ist daraus zu ersehen, daß Hieronymus in seinem Kommentar von Juden zu berichten weiß, "who say that along with other writings of Solomon which are obsolete and forgotten, this book ought to be obliterated, because it asserts that all the creatures of God are vain, and regards everything as empty, preferring eating, drinking and transient pleasures before everything else" (SALTERS 1975, 341 f.).

Nach dem Beschluß des rabbinischen Synhedrions zu Jabne (der sogenannten Synode zu Jamnia), auf der die Kanonizität des Buches Qohelet endgültig offiziell beschlossen wurde (ca. 100 n. Chr.), verstummen solche Stimmen in der Öffentlichkeit. Meines Erachtens aber muß man dem Fazit, das SALTERS zieht, uneingeschränkt zustimmen: "It is this opposition whose representatives probably had their last official stand at Jamnia, which had preserved the insight into the true nature of Qoheleth's thesis. These scholars refused to concede that the pious elements were of the essence of Qoheleth, or that they were sufficient to render the book as 'scripture'. They were also aware that it was only by exegetical dishonesty that the book, already tampered with, could be taken to be anything other than the work of a sceptic" (SALTERS 1974/75,342).

In der Geschichte der kirchlichen Auslegung des Buches Qohelet gibt es keine solchen kritischen Stimmen; nachdem das Buch einmal Bestandteil des Kanons geworden war, mußte es auch innerhalb des Gesamtsinns des Kanons interpretierbar sein – und es wurde so interpretiert. Wenn man das scharf formulieren will, kann man es mit HOLM-NIELSEN tun, der im Anschluß an Darlegungen, Qohelet sei vor allem wegen der fiktiven Verfasserschaft Salomos als heilige Schrift angesehen worden, formuliert: "This first misinterpretation of *Koheleth* was made – evidently deliberately – on Palestinian-Jewish ground and became the foundation of further misinterpretations as *Koheleth* became known outside Palestine" (1976, 55). Doch weckt das Wort "deliberately" (= vorsätzlich, absichtlich) hier kaum zutreffende Assoziationen – vor dem Aufkommen der modernen historisch-kritischen Auslegung galten beim Verstehen von Texten andere Maßstäbe! Hier war sicherlich nicht bewußte Täuschung am Werk, sondern die Überzeugung, der nunmehr als heilig anerkannte Text müsse innerhalb des bekannten Rahmens der Gesamtheit der als heilig anerkannten Texte seinen Sinn haben.

Diese „unkritische“ Interpretation von dem gegenwärtigen Verständnis der Ausleger her zeigt sich bereits bei der Septuaginta, der Übersetzung ins Griechische, die ja wie jede Übersetzung zugleich eine Interpretation ist. BERTRAM (1952) und HOLM-NIELSEN haben sich mit den hier entstandenen Problemen beschäftigt; von vielen sei nur ein Beispiel genannt: In Qoh 6,7 heißt es: „Alle Mühe des Menschen geschieht für seinen Mund, aber seine *näphäš* wird nicht gestillt.“ Das hebräische Wort *näphäš* bedeutet „Kehle, Verlangen, Gier“, hier wohl „Verlangen“. Wenn in der LXX dieses Wort mit ψυχή „Seele“ übersetzt wird, erhält der Vers einen ganz anderen Sinn; es kann dann mit Mühe „nicht die äußere Arbeitslast des Menschen gemeint sein, sondern die damit verbundenen sorgenden Gedanken, die Unruhe des Lebens, die doch nur zeigt, daß der Mensch den eigentlichen Sinn seines Lebens, die Sorge für seine Seele, nicht erkannt hat“ (BERTRAM, 38f.). Ganz allgemein kann man nach HOLM-NIELSEN (58) sagen:

“1) The translation into Greek of certain single words endows them with a meaning not intended by the original Hebrew.
2) The Greek translator has sometimes – deliberately or not – understood the context of the Hebrew in a way that is not in accordance with the ideas of the original author.”

Wenn durch die beiden Epiloge Qohelet „synagogenfähig“ bzw. „kanonfähig“ geworden ist, dann ist er nach HOLM-NIELSEN durch Hieronymus „kirchenfähig“ (76) geworden. Neben aller zweifellos vorhandenen Beachtung des historischen Sinns gilt nach HOLM-NIELSEN für Hieronymus vor allem: “The main idea is that the text must have something to say to human people of his own days, and this cannot be achieved by referring to things that happened in the days of the author” (68). Das Ergebnis dieses Verfahrens: “what seems in Ecclesiastes to be obstacles to a Christian or rather ecclesiastical dogmatism, is eliminated either spiritually by an eschatological and christological re-interpretation, or by assuming that the author was momentaneously inconsiderate, but corrected himself later, or, finally, by a clever exegetical trickiness” (76).

Von den zahlreichen Beispielen, die HOLM-NIELSEN anführt,

seien zwei genannt: die Feststellung 2,24, es gebe für den Menschen nichts Besseres, als zu essen und zu trinken und es sich bei seiner Mühe gutsein zu lassen, wird von Hieronymus auf das Abendmahl bezogen (73); 3,18–21, wo Qohelet sich gegen die Meinung wendet, daß der Geist des Menschen nach dem Tode nach oben (= zu Gott) aufsteigt, bezieht sich darauf, daß vor dem Kommen Christi alle Menschen in die Unterwelt hinabmußten.

Hieronymus und seine Übersetzung von Qohelet ins Lateinische, die Vulgata, übten entscheidenden Einfluß aus: "Hieronymus became the classical source for all *Koheleth*-interpretation in the Christian tradition" (HOLM-NIELSEN, 88). HOLM-NIELSEN zeigt dies an zahlreichen weiteren Beispielen aus der Kirchengeschichte auf. Und letztlich gilt dies wohl auch für LUTHER. HOLM-NIELSEN trägt wohl zu sehr moderne Ideale ein, wenn er von LUTHERS Auslegung sagt: "... he is a true exegete in the way that he tries to understand the text from its linguistic, stylistic and cultural context in order to get at the true meaning of it" (90).

Sicher hat LUTHER sich mit Recht gegen die traditionelle kirchliche Deutung gewandt, die im Buche Qohelet eine Aufforderung zu Weltverachtung und Weltflucht fand – schon Hieronymus hatte Blesilla das Buch vorgelesen mit dem Zweck, „ut eam ad contemptum istius saeculi provocarem, et omne quod in mundo cerneret, putaret esse pro nihilo“ (nach HOLM-NIELSEN, 66). Sicher ist es näher an dem von Qohelet Gemeinten, wenn LUTHER sagt: „So ist nun die Summa und die Hauptsache in diesem Buche, davon Salomo durchaus redet und handelt, daß keine höhere Weisheit ist auf Erden under der Sonnen, denn daß jedermann sein Amt in Gottesfurcht mit Fleiß thue, und darum sich nicht ängste, ob es nicht gehet, wie er gerne wollte; sondern gebe sich zufrieden, lasse in allen großen und kleinen Sachen Gott walten. In Summa, daß er zufrieden sey und bleibe mit demjenigen, was Gott gegenwärtig für die Hand gibt und diesen Reim führe: Wie es Gott füget, daran mir genüget. Und also, daß er sich nicht selbst ängste, fresse noch bekümmere, wie es künftig gehen will oder soll; sondern denke also: Gott hat mir dies Amt, diese Arbeit befohlen, das will ich mit Fleiß thun: gehen meine Räthe und Anschläge nicht so eben, wie ich gedacht habe, so walte es, schicke es und regiere es Gott“ (HOLM-NIELSEN, 90f.). Wenn aber LUTHER in einer Tischrede von 1532 die Lehre des Buches Qohelet zusammenfaßt „Mitte vadere sicut vadit, quoniam vult vadere sicut vadit“ („Laß alles gehen, wie es geht, denn es wird ja doch gehen, wie es geht“) und HOLM-NIELSEN dazu sagt: "This is for Luther the most important merit of the scripture, that it preaches against the idea of man's free will, letting God's will alone be decisive. And Luther has grasped the consequences which *Koheleth* draws from this, that only by realizing that he has not got a free will, is man in reality free" (91), dann ist damit nach meinem Urteil LUTHERS Problematik in Qohelet eingetragen. Treffender dürfte WÖLFEL die Sachlage beschrieben haben: „Luther sieht deshalb nicht den Ursinn des Predigerbuches, weil er dasselbe als Predigerbuch *Salomos* sieht und auffaßt. Und dieser ist kein Skeptiker, so gut der Heilige Geist, der in ihm wohnte, kein Skeptiker sein konnte" (1958, 115). „*Weil* Luther ein neues, christliches Vorverständnis an das Buch heranbringt, darum rücken ihm die Weltgegebenheiten in ein ganz neues Licht" (116). So kann WÖLFEL schließlich sagen, daß LUTHER „für uns heute im strengen Sinn keine Exegese, sondern eine Eisegese übt" und „daß Luthers Predigerdeutung für die moderne Wissenschaft als historisch-kritische Exegese nicht zureicht und unnachvollziehbar ist" (116).

Anders als in der Alten Kirche und im Mittelalter stellt sich das Problem „Qohelet im Kanon" bei modernen Exegeten: sie geraten in dem Bestreben, nach dem von dem Verfasser ursprünglich gemeinten Sinn zu fragen, nicht selten unversehens in die Front derer, die vor fast zweitausend Jahren die Aufnahme des Buches in den Kreis der Heiligen Schrift ablehnten. Und damit stehen sie vor einer eigenartigen Aufgabe: nach der Tradition ihrer Kirche gehört das Buch in den Kanon – nach ihrer Einsicht hatten eher diejenigen recht, die es nicht im Kanon haben wollten. Es fehlt noch eine Untersuchung darüber, wie dieses Problem von den verschiedenen Exegeten bewältigt wird; die folgenden Bemerkungen sind daher notwendig fragmentarisch und eklektisch, sie können und sollen lediglich einen ersten Eindruck von den Möglichkeiten bieten.

Natürlich gibt es auch heute Versuche, den Sinn des Buches Qohelet entscheidend davon bestimmt sein zu lassen, daß er schließlich im Kanon steht und in diesem eben in bestimmter Weise von Gott geredet wird. Das scheint mir, wenn ich mich nicht ganz täusche, z.B. der Fall bei PINCHAS LAPIDE zu sein. Nach ihm geht es im Buch Qohelet um „Mutmachen in einer oft sinnlos erscheinenden Welt"; bei Qohelet werde „alle zünftige ‚Gotteswisserei'" verworfen, „um Trost und Zuversicht einzig und allein aus dem Glauben an den verborgenen Gott und sein gütiges Heilshandeln zu schöpfen" (590). „Was ist die Botschaft des Kohelet an unsere Generation? Eine dreifache, die heutzutage aktueller scheint denn je:

Seine Schrift erinnert an die Souveränität Gottes und bildet so ein Gegengewicht zu aller menschlichen Einengung der universalen Vaterschaft Gottes. Indem Kohelet uns die Hilflosigkeit und Schwächen aller Menschheit ins Gedächtnis ruft, macht er alle Vergötzung von Menschen oder Menschenwerken lächerlich. Im Buch Kohelet kommt die schmerzliche Empfindung der ungerechten Weltordnung zum beredten Ausdruck – so wie die Zweifel und Anfechtungen, die den echten Glauben zu stählen vermögen. Hier wird die Sinnfrage unverblümt und gegen alle konventionelle Verkündigung gestellt – um letztlich klarzumachen, daß auch die erhabenste Ideologie kein Ersatz für Gott sein kann ... Aller Sünde und Ungewißheit zum Trotz bleibt Gott der Gott der Treue und der beständige Behüter, der unserem Leben seinen Sinn verleiht. Unser Gott ist ein Gott der Verborgenheit, doch gerade diese Verborgenheit, sobald man sie annimmt und sich ihr preisgibt, erschließt jene Geborgenheit, die nur die gläubige Zuversicht zu schenken vermag." So nennt denn LAPIDE schließlich das Buch Qohelet „ein Hohelied der Hoffnung" (592). Keiner wird bezweifeln, daß mit den Worten von LAPIDE wichtige und tiefe Einsichten der hebräischen Bibel und der jüdischen Tradition ausgesagt werden – aber kann man die wirklich bei Qohelet finden?

Nach dem jüdischen nun christliche Beispiele für eine Einordnung Qohelets in die alttestamentliche Tradition. KLOPFENSTEIN sieht geradezu Grund und Grenze der Skepsis Qohelets in seinem israelitisch-jüdischen Erbe (105–109). „Daß Gott alles Geschehen nach seinem freien Ermessen bestimmt, ist für Qohelet ein Satz des Glaubens, an dem er nicht rüttelt" (105). „Mit dem Satz von der Verborgenheit des göttlichen Waltens bekennt sich Qohelet in seiner Zeit zur Freiheit und Unverfügbarkeit Gottes und damit zu einem altisraelitischen Erbe" (106). „Vom Abgrund radikalster Skepsis weiß er sich von Gottes Hand zurückgehalten. Darin, daß seine Skepsis ihn nicht der Tragik ausliefert, lebt Qohelet noch einmal entschieden vom israelitisch-jüdischen Erbe" (108 f.). Nach dem protestantischen noch STIGLMAIR (1974) als katholisches Beispiel: „Daß Kohelet auf der Basis des Jahweglaubens argumentiert, zeigen verschiedene Anklänge an die alttestamentliche Überlieferung, aber vor allem seine Herausstellung des Werkes Gottes und dessen Gegenwart im Leben des Menschen, einer Tatsache, der der Mensch existentiell in der Verwirklichung der Gottesfurcht entsprechen muß" (364). Kohelet war schon auf dem richtigen Weg, soweit man das von einem alttestamentlichen Menschen sagen kann. „Kohelet konnte auf seinem richtigen Weg nur nicht zum Ziel gelangen, weil die Offenbarung Gottes noch nicht so weit fortgeschritten war. Dadurch aber, daß Kohelet durch seine rücksichtslose Aufdeckung der vollkommenen Nichtigkeit der rein diesseitig betrachteten Existenz des Menschen die Zeit reif gemacht hat für den Empfang der neuen Offenbarung, hat sein Buch eine wesentliche Bedeutung für die alttestamentliche Offenbarungsgeschichte gewonnen" (368).

Was aber nun, wenn man wie z.B. KAISER zu der Überzeugung kommt, die Eigenart Qohelets sei letztlich aus der jüdisch-orientalischen Tradition nicht ableitbar (1978,5)? „So unterscheidet sich der Gott des Kohelet in seiner sich im Glück oder Unglück des Menschen manifestierenden Gnadenwahl nicht von einem blind die Lose verteilenden Schicksal, vom Zufall" (8). „Er kannte die Ergebung in das gottgelenkte Schicksal ... Aber es gibt in seinen Aufzeichnungen keinen Anhaltspunkt dafür, daß sie von dem *Urvertrauen* getragen wurde ..." (17). – Wenn ein Jude zu solchen oder ähnlichen Ansichten kommt, wenn ihm also die Bindung an die alttestamentliche Tradition bei Qohelet nicht mehr gegeben zu sein scheint, dann kann das aussehen wie bei BICKERMAN: "Ecclesiastes could have been written only by a devout Jew who had discovered that there was no Providence, and that he was alone in a world foreign to him" (1967, 153). "The despair of Koheleth is that he cannot be a hedonist" (155). "There is something of a Fallen Angel in the author of Ecclesiastes" (156). Und bei Christen kann das aussehen wie bei LAUHA (1978): „Infolge seiner dem alttestamentlichen Gottesglauben fremdartigen Grundanschauung dürfte Kohelets Schrift ... kaum die Chance haben, persönliche Glaubensüberzeugung im biblischen Sinne wachzurufen und zu festigen. Die Eignung des Predigerbuches vom neutestamentlichen Standpunkt aus ist darum nur indirekt zu sehen. Man hat Veranlassung, sich an A Beas Reflexionen ... anzuschließen: ‚Quare Ecclesiastae quoque liber dici potest praeparatio Evangelii, praeparatio tamen potius negativa quam positiva: monstrat enim revelationem Veteris Testamenti ad difficultates intellectus et vitae solvendas non sufficere, sed ulteriorem requiri manifestationem' (Liber Ecclesiastae, 1950, IX–X). Kohelet deckt die Hoffnungslosigkeit einer Lebenshaltung ohne das persönliche Gottesverhältnis auf und verkündigt dadurch indirekt die Notwendigkeit der lebendigen Gottesrealität ... So kann man sagen, daß das Predigerbuch im Zusammenhang mit der Ganzheit der biblischen Botschaft – also nicht allein und losgelöst – doch in seiner Art ‚Christum treibet'" (23f.). In ganz ähnlichem Sinn schreibt z. B. HERTZBERG als letzten Satz seines Kommentars: „Das Buch Qoh, am Ende des AT stehend, ist die erschütterndste messianische Weissagung, die das AT aufzuweisen hat" (1963, 238).

Kann man aber nicht auch bei genauer Erkenntnis und Anerkennung der nicht in das Übliche der alttestamentlichen Tradition einzuordnenden Eigenart Qohelets in seinem Werk mehr sehen als eine Negativfolie für das Neue Testament?

ZIMMERLI (1983), der selber die Frage stellt: „Was soll dieses Buch im biblischen Schriftenkanon? Wäre nicht die offene Forderung seiner Beseitigung aus demselben die allein redliche Konsequenz" (104) der modernen Auslegung, hält dagegen: Im Buch Qohelet fällt Gott selber nie unter das Verdikt der Nichtigkeit. Nicht Gott ist das Fragliche, sondern der Mensch. Und deshalb will und kann das Buch Qohelet letzten Endes einschärfen, daß „Gott Gott ist", der Herr, „dem kein Mensch in den Arm fallen und ihn fragen kann: Was tust du?" (112). Ob man dem zustimmen will und kann, hängt natürlich davon ab, wie man Qohelets Reden von Gott beurteilt (vgl. oben S. 95 ff.).

Daß auch LOHFINK in der Art, wie Qohelet über Gott redet, positive und für den Christen wesentliche Elemente findet, wurde oben S. 101 f. bereits zitiert: christliches Reden von Gott „muß sich selbst zugleich so verstehen, daß es hinter die radikale Gott-Welt-Metaphysik Kohelets nicht zurückfällt und mythologisch wird" (1980, 15). Daneben haben aber auch andere (nach meinem Urteil für Qohelet typischere) Züge eine Bedeutsamkeit für den Christen. Wenn man z. B. Qohelets Erkenntnis vom Endcharakter des Todes richtig bedenkt, dann gilt: „Christliche Hoffnung aufs Jenseits muß so sein, daß der Endcharakter des Todes nicht verschleiert wird und weiter alles für den Menschen an diesem Leben hängt" (16). Auf diese Weise wird Qohelet mit seiner Wirklichkeitsanalyse verstanden „als kritische Instanz gegen die latenten Gefährdungen christlicher Rede" (17). Dazu kommen schließlich noch etliche Bezüge, ja geradezu Analogien zwischen Qohelet und Jesus (17). Bei allen Analogien aber gibt es eine Differenz: „Kohelet bleibt der Lehrer, der aufdeckt und zeigt. Wenn er alles gesagt hat, muß er seine Schüler wieder ziehen lassen, und sie müssen in einer Gesellschaft, deren Trug sie durchschauen, allein von Augenblick zu Augenblick ihren Weg suchen ... Jesus deckt ebenso auf wie Kohelet, zeigt dann aber auf sich selbst und kann sagen, man solle ihm nachfolgen. Dadurch schafft er eigentlich erst die Möglichkeit, die Sicherungen der alten Gesellschaft loszulassen und wirklich im jeweiligen Augenblick der Herrschaft Gottes zu leben. Kohelet mußte noch sagen, auch der Gerechte wisse nicht, ob er von Gott geliebt oder verschmäht sei. Wer Jesus nachfolgt, weiß, daß er geliebt ist, auch wenn er ein Sünder ist. Erst in diesem Zusammenhang dürfte man in Bezug auf Kohelet sagen, daß er zum Alten Testament gehört" (17).

Schließen will ich diese fragmentarische Übersicht mit der Qoheletdeutung, die nach meinem Urteil dem Buch wohl am ehesten gerecht wird. Der Jude ROBERT GORDIS schreibt in seinem Kommentar (1962): "Koheleth would have been shocked, even amused, to learn that his notebook was canonized as part of Holy Scripture. But the obscure instinct of his people was building more truly than it knew when it stamped his work as sacred. Two millennia after Koheleth's day, a pietistic movement arose in Eastern European Jewry at the farthest possible remove from the temper of the ancient sage of Jerusalem. Yet a classic tale of the Hasidic tradition reveals a remarkable affinity with Koheleth. One day, Rabbi Bunam of Pshysha found his beloved disciple Enoch in tears. The Rabbi asked him, 'Why are you weeping?' and Enoch answerd, 'Am I not a creature of this world, and am I not made with eyes and heart and all limbs, and yet I do not know for what purpose I was created and what good I am in the world.' 'Fool!' said Rabbi Bunam, 'I also go around thus.' Thus Koheleth, too, went about, seeking the purpose of life and lamenting his ignorance. His book is the record of his wandering and his sorrow, and of the peace he finally attained.

In the deepest sense, Koheleth is a religious book, because it seeks to grapple with reality. The Psalmist had sung:

A broken and contrite heart,
O God, Thou wilt not despise. (Ps. 51 : 19)

The cry of a sensitive spirit wounded by man's cruelty and ignorance, this distilled essence of an honest and courageous mind, striving to penetrate the secret of the universe, yet unwilling to soar on the wings of faith beyond the limits of the knowable, remains one of man's noblest offerings on the altar of truth" (121 f.).

In der Tat: Qohelet strebt danach, das Geheimnis der Welt zu erforschen, wobei er nicht willens ist, auf den Flügeln des Glaubens in *das Gebiet* jenseits der Grenzen des Wißbaren zu schweben. Das muß man begreifen, wenn man ihn verstehen will.

DAS BUCH QOHELET

Übersetzt und mit Kurzglossen versehen
von Diethelm Michel

Vorbemerkung: Textänderungen sind durch 〈 〉 gekennzeichnet. In runden Klammern ( ) werden Ergänzungen nach deutschem Sprachgefühl gegeben. Die Zwischenüberschriften sollen dem Leser helfen, einen Überblick über Gedankengang und Inhalt zu gewinnen; demselben Zweck dienen Kurzglossen am Ende von Abschnitten, die natürlich einen ausführlichen Kommentar weder ersetzen können noch wollen. – Es sei daran erinnert, daß „Weisheit" im Hebräischen „Kunst der Lebensbewältigung", „sachverständige Tüchtigkeit" bedeutet. Bei schwierigen Versen werden in Anmerkungen andere Übersetzungsmöglichkeiten angegeben. Durch Anführungszeichen („…"), die es im Hebräischen nicht gibt, werden erschlossene Zitate gekennzeichnet.

Überschrift (1,1)

1 (Dies sind) die Worte Qohelets, des Sohnes Davids,
(der) König in Jerusalem (war).

Rahmung (1,2; vgl. 12,8)

2 Vollkommen absurd, sprach Qohelet, vollkommen absurd –
alles ist absurd.

Prolog (1,3–11)

3 Was für einen Gewinn hat der Mensch bei all seinem Mühen,
mit dem er sich unter der Sonne abmüht?
4 Eine Generation geht, die nächste kommt –
(aber) die Erde besteht für immer.
5 Die Sonne geht auf, die Sonne geht unter –
und strebt lechzend zu dem Ort,
von dem sie (immer wieder) aufgeht.

6 Der Wind weht gen Süden, er dreht sich nach Norden,
immerzu sich drehend weht der Wind –
und kehrt zurück zu dem Ort, wo er sich gedreht hat.
7 Alle Bäche fließen ins Meer –
aber das Meer wird nicht voll.
An den Ort, wo die Bäche hinfließen,
fließen sie immer wieder hin.[1]
8 Alle Worte mühen sich ab –
kein Mensch vermag (der Welt adäquat) zu reden[2]:
das Auge wird nicht satt zu sehen
und das Ohr wird nicht voll vom Hören.
9 Was gewesen ist, wird wieder sein,
und was getan worden ist, wird wieder getan werden:
es gibt nichts Neues unter der Sonne.
10 Sicher kommt vor, daß jemand sagt:
schau her, das (aber) ist neu! –
schon längst (aber) war da in dem unendlichen Zeitraum,
was vor unseren Augen geschieht.[3]
11 Es gibt (eben) keine Erinnerung an die Früheren,
und auch an die Späteren, die noch sein werden,
wird es keine Erinnerung geben
bei denen, die danach leben werden.

Als erste Antwort auf die Frage von v. 3 weist Qohelet auf Erscheinungen aus Natur und Menschenleben hin, die alle beim ersten Hinsehen scheinbar zielgerichtet auf einen „Gewinn" hinsteuern, bei näherem Betrachten aber nur ein endloses, nie zum Ziel kommendes Bemühen offenbaren. Genauso,

[1] Möglich vielleicht auch:
Zu dem Ort, wo die Flüsse entspringen,
kehren sie zurück, um wieder zu entspringen (LOHFINK; vgl. Anm. 2).

[2] Andere Übersetzungsmöglichkeit:
Alle Dinge sind rastlos tätig,
kein Mensch kann alles ausdrücken (LOHFINK).
Das hebräische Wort *dabar* ist doppeldeutig: es kann neben seiner Grundbedeutung „Wort" auch „Sache" bedeuten. Wenn man – wie z. B. LOHFINK – in vv. 4–7 eine Schilderung von sich immer wiederholenden Kreisläufen findet, wird man in v. 8 „Dinge" vorziehen; ein anderes Verständnis wird in der Kurzglosse angedeutet.

[3] Oder: Schon längst war (es) da in den unendlichen Zeiten,
⟨die⟩ vor uns gewesen sind.

wie die Abfolge der Generationen, der Lauf der Sonne, das Wehen des Windes und das Fließen der Bäche nur scheinbar zielgerichtet einem „Gewinn“ nachstreben, ebenso können menschliches Reden, menschliches Sehen und menschliches Hören nur scheinbar ihr Ziel der Erkenntnis erreichen: die Wirklichkeit ist größer, als daß der Mensch sie durchschauen und sprachlich formulieren kann. Weil das so ist, kann es nichts wirklich Neues auf der Welt geben, sondern nur stets Wiederholung der alten Bemühung. – Vielleicht benutzt Qohelet hier Beispiele aus einer (griechischen?) Kreislaufvorstellung – aber er verwendet sie für seine Fragestellung abgewandelt!

Die Königstravestie (1,12–2,11)

Qohelet spielt zunächst die Möglichkeiten durch, die ein Weiser hinsichtlich des Erreichens eines „Gewinns“ hat (vgl. 1,3), indem er in das Gewand des exemplarisch weisen Salomo schlüpft. Diese „Travestie“ geht bis 2,11, dann redet wieder der argumentierende und prüfende „Weise“.

Das Streben nach Erkenntnis ist eine schlimme Mühe (1,12–15)

12 Ich, Qohelet, war König über Israel in Jerusalem.
13 Ich richtete meinen Verstand darauf,
durch Weisheit zu erforschen und zu ergründen[4]
alles, was unter dem Himmel geschieht:
das ist eine schlimme Mühe,
die Gott den Menschen gegeben hat,
daß sie sich damit abmühen.
14 Ich betrachtete alle Werke, die unter der Sonne getan werden:
Ergebnis: alles ist absurd und Haschen nach Wind.
15 „Was krumm ist, kann nicht gerade werden,
was nicht da ist, kann nicht gezählt werden!“

Die erste These wird (vorläufig!, vgl. 3,10f.!) begründet durch das Zitat von verfremdeten Sprichwörtern, die in der pädagogischen Praxis den Sinn von „Wo nichts ist, hat der Kaiser sein Recht verloren“ gehabt haben dürften. Qohelet verwendet sie freilich radikalisiert: bei jedem Menschen bzw. überall in der Welt gibt es Krummes und Fehlendes – darum ist Streben nach Erkenntnis eine schlimme Mühe.

[4] Andere Übersetzungsmöglichkeit:
zu erforschen und zu ergründen im Bereich der Weisheit
im Blick auf alles, was unter dem Himmel geschieht.

Diese Erkenntnis beruht nicht auf zu geringem Wissen – im Gegenteil (2,16–18)

16 Ich sagte (mir) angesichts meines Verstandes:
Was mich anlangt – ich erwarb große Einsicht
und fügte noch zu ihr hinzu
mehr als alle, die vor mir in Jerusalem waren,
und mein Verstand betrachtete prüfend
Weisheit und Erkenntnis in Fülle.
17 So richtete ich meinen Verstand darauf,
Weisheit und Einsicht zu erkennen,
Torheit und Unverstand[5]
ich erkannte, daß auch das nur Haschen nach Wind ist.
18 Denn: „Je mehr Weisheit, desto mehr Kummer",
und: „Wer Erkenntnis vermehrt, vermehrt Schmerz."

Wieder begründet Qohelet seine Meinung durch zwei verfremdete Sprichwörter, die ursprünglich in der pädagogischen Praxis den Sinn gehabt haben dürften: „Ohne Fleiß kein Preis", „Vor den Erfolg haben die Götter den Schweiß gesetzt" o. ä. Bei Qohelet werden Kummer und Schmerz nicht die Voraussetzung, sondern die Folge von Erkenntnis!

Auch Freude bringt keinen „Gewinn" (2,1–2)

1 Ich sprach zu mir in meinem Verstand:
Ich will's doch mal mit Freude versuchen!
Sieh dich satt am Guten!
Ergebnis: Auch das war absurd.
2 Zum Lachen sprach ich: sinnlos,
zur Freude: was bewirkt sie (schon)?

Hier gibt Qohelet anders als in den beiden vorangehenden Beispielen keine Begründung, weil er sie sofort nachliefert.

[5] Zwei andere Übersetzungsmöglichkeiten:
So richtete ich meinen Verstand darauf,
Weisheit zu erkennen –
und Torheit und Unverstand zu erkennen; oder:
So richtete ich meinen Verstand darauf, zu erkennen,
daß Weisheit und Einsicht Torheit und Unverstand sind.

An den Möglichkeiten König Salomos wird klar:
Weisheit kann Freude ermöglichen, aber diese ist „Teil" der Mühen und kein „Gewinn" (2,3–11)

3 Ich erkundete mit meinem Verstand,
meinen Leib mit Wein zu laben [?],[6]
während mein Verstand mit Weisheit
die Leitung behalten sollte,
bis daß ich sähe, wo denn etwas Gutes für die Menschen sei,
das sie tun können unter dem Himmel
während ihres Lebens Frist.
4 Ich führte große Unternehmungen durch:
ich baute mir Häuser, ich pflanzte mir Weingärten,
5 ich legte mir Gärten und Parkanlagen an,
ich pflanzte in ihnen Fruchtbäume aller Arten.
6 Ich legte mir Wasserteiche an,
um aus ihnen einen Wald zu tränken, der von Bäumen sproß.
7 Ich erwarb Knechte und Mägde,
Hausgeborene (Sklaven) hatte ich auch,
hatte Viehbestand, Rinder und Schafe,
mehr als alle, die vor mir in Jerusalem waren.
8 Ich häufte mir auch Silber und Gold an,
den Besitz von Königen und Provinzen.
Ich beschaffte mir Sänger und Sängerinnen
und auch die Wonne der Menschen: zahlreiche Frauen.[7]
9 Und so wurde ich reicher und immer reicher,
mehr als alle, die vor mir in Jerusalem waren –
und bei alledem unterstützte mich meine Weisheit.
10 Nichts von dem, was meine Augen verlangten,
verwehrte ich ihnen,
ich versagte meinem Herzen keinerlei Freude. – Freude des Verstandes
Ja, mein Verstand freute sich aufgrund all meiner Mühen,
und das war mein Teil bei all meinen Mühen.
11 Doch dann dachte ich nach[8] über all meine Werke, – Phase der Reflexion
die meine Hände geschaffen hatten,

[6] Übersetzung unsicher, vgl. WHITLEY, 19.

[7] Übersetzung nicht gesichert, aber wohl wahrscheinlich, vgl. WHITLEY, 21 f.

[8] Übersetzung nach LOHFINK. Wörtlich: „Ich wandte mich bei all meinen Werken." Die Wendung soll vermutlich die Einführung eines neuen Gesichtspunkts anzeigen.

und über die Mühe, die ich aufgewendet hatte,
etwas zu schaffen.
Ergebnis: alles ist absurd und Haschen nach Wind.
Es gibt keinen Gewinn unter der Sonne.

Es kommt m. E. alles darauf an, hier Qohelets begriffliche Differenzierung zwischen „Anteil, Teil" und „Gewinn" zu beachten: die Freude, die man mittels der „Weisheit" tatsächlich erlangen kann, ist an Mühe und durch Mühe Erlangtes gebunden und somit Teil der Mühe und vergänglich; eine Antwort auf die Frage nach dem „Gewinn" der Weisheit (vgl. 1,3!) ist sie also nicht! Offensichtlich versteht Qohelet „Gewinn" in einem radikalen Sinne als bleibenden, garantierbaren Gewinn! Es ist deutlich, daß Qohelet immer noch bei dem Versuch ist, die Frage von 1,3 zu beantworten!

Rückkehr von der Salomofiktion
zu den Betrachtungen des Weisen (2,12)

12 Da wandte ich mich, um zu betrachten
Weisheit, Torheit und Unverstand –
denn was ist der Mensch, der nach dem König kommt?
(Er tut,) was man schon längst getan hat.

V. 12b, der den Auslegern soviel Kopfzerbrechen bereitet hat, daß z. B. Zimmerli und Lauha ihn an dieser Stelle für nicht ursprünglich halten, gibt m. E. einen guten Sinn, wenn man ihn als Abschlußsatz der Salomofiktion versteht. Jetzt redet wieder der betrachtende Weise.

Der behauptete „Gewinn" der Weisheit
gegenüber der Torheit
wird durch den Tod ad absurdum geführt (2,13–15)

13 Ich betrachtete (!) also,
daß „die Weisheit einen Gewinn vor der Torheit hat,
wie das Licht einen Gewinn vor der Finsternis hat".
14 „Der Weise hat Augen im Kopf,
aber der Tor geht in der Finsternis."
Dabei erkannte ich auch,
daß einerlei Geschick alle trifft.
15 So sagte ich in meinem Verstand:
Was den Toren trifft, das trifft auch mich.

Wozu bin ich dann (so) überaus weise?[9]
Ich sagte in meinem Verstand,
daß auch das absurd ist.

Wichtig ist die Erkenntnis, daß das Verb in v. 13 a nicht „sehen", sondern „betrachten" bedeutet (wie in v. 12!). Qohelet teilt also keine von ihm als richtig angesehene Beobachtung mit, sondern betrachtet prüfend eine fremde Meinung! Dann dürfte nicht nur, wie meistens angenommen, v. 14 a ein Zitat sein, sondern auch schon v. 13 (so bereits GORDIS!). Qohelets These ist also: Der oft und allgemein behauptete relative Gewinn der Weisheit gegenüber der Torheit wird durch den alle Menschen treffenden Tod aufgehoben.

Das „Andenken" ist keine Möglichkeit,
einen Gewinn über den Tod hinaus zu retten (2, 16–17)

16 Denn es gibt ebensowenig ein Andenken an den Weisen
wie an den Toren auf Dauer hin,
weil schon längst in den künftigen Tagen
alles (oder: jeder) vergessen sein wird.
Wie muß doch der Weise ebenso wie der Tor sterben!
17 Da empfand ich Verdruß über das Leben,
denn übel lag auf mir das Geschehen,
das unter der Sonne geschieht.
Ja, alles ist absurd und Haschen nach Wind.

Die Vorstellung, im „Andenken" lebe ein Mensch über den Tod hinaus weiter, war wie in der gesamten Antike so auch in Israel verbreitet. Hier könnte eine Möglichkeit gesehen werden, einen „Gewinn" der Weisheit auch angesichts des Widerfahrnisses des Todes zu behaupten. Nach Qohelet scheitert diese Möglichkeit aber an der Vergeßlichkeit der Menschen.

Auch ein Erbe ist keine Möglichkeit,
einen Gewinn über den Tod hinaus zu retten (2, 18–21)

18 Da empfand ich Verdruß über (die Frucht) meine(r) Mühe,
für die ich mich abmühte unter der Sonne

[9] Oder mit leichter Textänderung:
Wozu bin ich dann weise,
⟨wenn es keinen⟩ Gewinn ⟨gibt⟩?

und die ich einem Menschen hinterlassen muß,
der nach mir kommt.
19 Wer weiß denn, ob er ein Weiser oder ein Tor sein wird?
Er wird (auf jeden Fall) Verfügungsgewalt haben
über alle (Frucht) meine(r) Mühe,
für die ich mich abgemüht habe und weise gewesen bin
unter der Sonne.
Auch das ist absurd.
20 Da ging ich dazu über, meinen Verstand
der Verzweiflung zu überlassen
hinsichtlich all der Mühe (des Ermühten?),
womit ich mich unter der Sonne abgemüht habe.
21 Denn es gibt doch auch Menschen,
die sich in Weisheit, Wissen und Tüchtigkeit abmühen –
und dann Menschen, die sich nicht abgemüht haben,
ihren Teil hinterlassen müssen.
Auch das ist absurd und ein großes Übel.

Auch die Möglichkeit, daß man das durch Weisheit Erlangte einem Erben hinterlassen kann, heißt nicht, daß man einen „Gewinn“ der Weisheit über den sinnlos machenden Tod hinaus retten kann. Denn der Erbe kann ja ein Tor sein – und dann würde ein Tor die Frucht der Weisheit genießen!

Vorläufiges Fazit (2,22–23)

22 Nun: Was bleibt dem Menschen von all seiner Mühe
und dem Plagen seines Verstandes,
mit dem er sich unter der Sonne abmüht?
23 Fürwahr: Alle seine Tage (bestehen aus) Schmerzen,
Kummer ist sein Geschäft,[10]
selbst bei Nacht findet sein Verstand keine Ruhe.
Auch das ist absurd.

Mit 2,22 nimmt Qohelet die Frage von 1,3 wieder auf und gibt eine vorläufige Antwort. Charakteristisch für sein Verständnis von „Gewinn“ dürfte sein, daß er dieses Wort hier durch das Partizip „das Seiende, Bleibende“ ersetzt (wörtlich: Was für ein Seiendes hat der Mensch bei all seiner Mühe ...): anders als der „Teil“ (vgl. 2,10) ist „Gewinn“ etwas, was über den Augenblick hinaus dauert.

[10] Oder: alle seine Tage sind Kummer und Schmerzen sein Geschäft.

Auch die Einführung eines Urhebergottes ändert nichts an den gewonnenen Erkenntnissen (2, 24–26)

24 Es liegt nicht als ein Gutes in der Verfügungsgewalt
des Menschen,[11]
daß er ißt und trinkt
und sein Verlangen Gutes sehen läßt bei seiner Mühsal.
Auch das habe ich betrachtet [!],
daß dies aus der Hand Gottes kommt.
25 Denn: „Wer kann essen und wer sich sorgen – ohne ⟨ihn⟩?“
26 Fürwahr: einem Menschen, der ihm gefällt,
gibt er Weisheit und Erkenntnis und Freude –
und dem Sich-Verfehlenden[12] gibt er die Mühe,
zu sammeln und anzuhäufen
und das dann dem zu geben, der Gott gefällt.
Auch das ist absurd und Haschen nach Wind.

Nach der Zusammenfassung in v. 24a betrachtet (!) Qohelet, wie der erkannte Tatbestand zu beurteilen ist, wenn man ihn auf Gott zurückführt, wobei er vermutlich in v. 25 ein Sprichwort zitiert. Ergebnis: Eine erkannte Absurdität ändert sich nicht, wenn man sie auf Gott zurückführt.

Qohelets Version der weisheitlichen Lehre von der „rechten Zeit“ (3, 1–9)

1 Für alles gibt es eine Frist,
und es gibt eine bestimmte Stunde für jedes Geschäft
unter der Sonne:
2 Eine Stunde für die Geburt
und eine Stunde für das Sterben,
eine Stunde für das Pflanzen
und eine Stunde, das Gepflanzte auszureißen,

[11] Oder mit den Übersetzungen und entsprechend 3, 12.22; 8, 15 mit einer leichten Textänderung:
Es gibt nichts Gutes bei dem Menschen,
⟨außer⟩ daß er ißt und trinkt …

[12] Im Hebräischen steht hier ein Wort, das einen „Sünder“ bezeichnet, und zwar jemanden, der ohne Absicht, ja sogar gegen seine Absicht sich verfehlt. Im Kontext von Qohelet fehlt dem Wort jeder moralische Beiklang.

3 eine Stunde fürs Töten
und eine Stunde fürs Heilen,
eine Stunde fürs Niederreißen
und eine Stunde fürs Bauen,
4 eine Stunde fürs Weinen
und eine Stunde fürs Lachen,
eine Stunde fürs Klagen
und eine Stunde fürs Tanzen,
5 eine Stunde, Steine wegzuwerfen
und eine Stunde, Steine zu sammeln,
eine Stunde fürs Umarmen
und eine Stunde, dem Umarmen fernzusein,
6 eine Stunde fürs Suchen
und eine Stunde fürs Verlieren,
eine Stunde fürs Aufbewahren
und eine Stunde fürs Wegwerfen,
7 eine Stunde fürs Zerreißen
und eine Stunde fürs Zusammennähen,
eine Stunde fürs Schweigen
und eine Stunde fürs Reden,
8 eine Stunde fürs Lieben
und eine Stunde fürs Hassen,
eine Stunde für den Krieg
und eine Stunde für den Frieden.
9 Was für einen Gewinn hat derjenige, der etwas tut,
bei dem, womit er sich abmüht?

Die Weisheit lehrte, daß jedes Ding seine Zeit habe und daß der Weise durch das Erkennen der rechten Zeit für ein Tun Gewinn erlangen könnte (vgl. 8,2–5!). Qohelet radikalisiert diese Lehre: die Gegensatzpaare sollen zeigen, daß entweder ein bestimmtes Tun oder aber sein Gegenteil seine Zeit habe, und die einleitenden und ausleitenden Beispiele (Geburt – Sterben, Krieg – Frieden) sollen zeigen, daß diese „Zeiten" nicht in der Verfügungsgewalt des Menschen stehen, sondern unbeeinflußbar über ihn „herfallen" (vgl. 9,11–12). Angesichts dieser Abhängigkeit von dem unbeeinflußbaren „rechten Zeitpunkt" für eine Handlung kann die Frage von 1,3 in 3,9 nur als rhetorische Frage wiederholt werden: Was für einen Gewinn hat der Mensch, wenn er z. B. Umarmen möchte zu einem Zeitpunkt, in dem Fernsein vom Umarmen seine Zeit hat? Das weisheitliche Streben nach einem „Gewinn" scheitert letztlich also daran, daß es für die Handlungen des Menschen einen von ihm nicht beeinflußbaren rechten Zeitpunkt gibt.

Die in der menschlichen Natur liegende „Mühe“ (3,10–11)

10 Ich betrachtete die Mühe, die Gott den Menschen gegeben hat,
daß sie sich damit abmühen:
11 Alles hat er schön (angemessen?) gemacht zu seiner Stunde –
aber auch die Ewigkeit hat er in ihren Verstand gesetzt,
ohne daß der Mensch das Werk, das Gott tut,
von Anfang bis Ende herausfinden kann.

Entscheidend ist der Gegensatz zwischen „Stunde“ und „Ewigkeit“: Zu „seiner Zeit“ ist alles angemessen (schön) – aber der Mensch kann sich nicht damit begnügen, das ihm Widerfahrende hinzunehmen, sondern muß über den Augenblick hinaus nach einem Sinn fragen, ohne daß er ihn wirklich finden kann. Glanz und Elend des Menschen liegen darin, daß er immer mehr wissen wollen muß, als er herausfinden kann. Das ist die „(schlimme, vgl. 1,13) Mühe, die Gott den Menschen gegeben hat, daß sie sich damit abmühen“. Typisch für Qohelets Art, von Gott zu reden: Eine durch Analyse der Welt gewonnene Erkenntnis wird auf Gott als deren Urheber zurückgeführt.

Folgerungen über das Wesen von Mensch und Gott (3,12–15)

12 Ich erkannte:
Es gibt nichts Gutes in ihrer Verfügungsgewalt,
außer sich zu freuen und sich's gut sein zu lassen,
solange man lebt.
13 Und auch daß ein Mensch essen und trinken kann
und Gutes genießen kann bei seiner Mühe:
auch das ist eine Gabe Gottes.
14 Ich erkannte:
Alles, was Gott tut, besteht für die Ewigkeit,
dem kann man nichts hinzufügen
und von dem kann man nichts wegnehmen.
Gott aber handelt so, daß man sich vor ihm fürchte.
15 Was geschieht, war schon längst da,
und was geschehen wird, war auch längst schon.
(Nur) Gott kann das, dem man nachjagt, suchen.

Folgerung aus den dargelegten Erkenntnissen für den Menschen: Das für den Menschen erreichbare Gute besteht darin, die Möglichkeiten des jeweiligen Zeitpunktes auszuschöpfen. Das kann er nicht nur, sondern soll es auch! V. 13 polemisiert gegen Leiden an der Welt und gegen Askese.

Folgerungen aus den dargelegten Erkenntnissen für Gott: Gott ist für Qohelet derjenige, der das tut, was der Mensch nicht tun und nicht erkennen kann (vgl. v. 11!). Gott läßt sich nicht erkennen, sondern ist gewissermaßen damit zufrieden, als der prinzipiell Unerkennbare gefürchtet zu werden. Qohelet etabliert damit so etwas wie einen philosophischen Gottesbegriff, der im Alten Testament nicht seinesgleichen hat.

Über einen Ausgleich irdischer Ungerechtigkeit nach dem Tode kann ein weiser Empiriker sich nicht äußern (3,16–22)

16 Und weiterhin betrachtete ich unter der Sonne:
An den Ort des Gerichts – dorthin (muß) das Unrecht,
an den Ort der Gerechtigkeit – dorthin (muß) das Unrecht.[13]
17 Ich sprach in meinem Verstand:
Den Gerechten und den Frevler wird Gott richten,
denn es gibt eine bestimmte Stunde für alles Geschehen
und für alles Tun gibt es ein „dort".[14]
18 Ich sprach in meinem Verstand:
Was die Menschen anlangt –
⟨nicht⟩ hat Gott ihnen eine Sonderstellung gegeben,
um (ihnen) ⟨zu zeigen⟩,
daß sie ihrem Wesen nach nur Vieh sind.[15]

[13] Übliche Übersetzung: An dem Ort des Gerichts ist (= geschieht) Unrecht; aber *šamma* bedeutet hier wie 9,10 (an den beiden einzigen Belegen bei Qohelet) „dorthin"!

[14] Der Vers bereitet große sprachliche und sachliche Schwierigkeiten. Sprachlich unklar ist das letzte Wort „dort", das häufig geändert wird, von Gordis aber als Hinweis auf das Jenseits verstanden wird, wahrscheinlich zu Recht. Sachlich ist trotz der Versuche von z. B. Zimmerli und Lohfink bis jetzt m. E. noch niemandem gelungen, den Vers in seinem Kontext und im Ganzen von Qohelet einleuchtend zu erklären. Ich halte ihn deshalb mit vielen anderen (z. B. Budde, Galling, Lauha, Crenshaw 1974) für eine sekundäre Einfügung des 2. Epilogisten, vgl. 12,14 und 11,9b.

[15] Der Vers ist schwer verständlich, obige Wiedergabe setzt zwei leichte Textänderungen voraus. Andere Möglichkeiten: „Der Menschen wegen (ist das so), weil Gott sie prüfen will und damit sie sehen, daß sie (dem) Vieh gleich sind, sie selber" (Zimmerli). „Wegen der Menschen, sie auszusondern, ⟨setzte⟩ Gott das so, und um zu zeigen, daß sie nichts anderes als Vieh sind" (Galling).

19 Denn was das Geschick ⟨der⟩ Menschen
und was das Geschick ⟨des⟩ Viehs anlangt:
einerlei Geschick haben sie.
Wie der eine stirbt, so stirbt auch der andere;
einerlei „Geist“ haben sie beide,
und einen Vorzug des Menschen vor dem Vieh gibt es nicht,
denn alles ist vergänglich.
20 Alle gehen zu demselben Ort.
Alles ist aus Staub entstanden
und alles kehrt wieder zum Staub zurück.
21 Wer weiß denn, ob der Geist des Menschen nach oben steigt
und ob der Geist des Viehs nach unten zur Erde hinabsteigt?
22 Und ich betrachtete, daß es nichts Besseres gibt,
als daß der Mensch sich an seinen Werken freue:
fürwahr, das ist sein Teil.
Denn wer kann ihn dahin bringen,
daß er (mit Freude) das sähe, was nach ihm kommt?

Das Verständnis dieses schwierigen Textes sollte von dem klaren Abschnitt 19–22 ausgehen: Qohelet polemisiert gegen die Meinung, die Menschen unterschieden sich vom Vieh dadurch, daß ihr Geist nach dem Tode „nach oben“, d.h. zu Gott aufsteige. Von daher dürfte in v. 16 das Jenseitsgericht (wie in 12,14) gemeint und v. 17 sekundär sein. Qohelets Gegenthese: Darüber können wir nichts Sicheres wissen (v. 21), seine vorher dargelegte Position bleibt also von solchen Hoffnungen unberührt (v. 22). Er bleibt mit seinen Untersuchungen „unter der Sonne“.

Bedrückungen unter der Sonne ohne Hoffnung (4,1–3)

1 Und erneut betrachtete ich alle Bedrückungen,
die unter der Sonne geschehen:
es gibt Tränen von Bedrückten,
ohne daß sie jemand tröstet,
von ihren Bedrückern erfahren sie Gewalt,
ohne daß sie jemand tröstet.
2 (In diesem Fall) halte ich die Toten, die längst gestorben,
für glücklicher als die Lebenden, die noch am Leben sind.
3 Und für noch glücklicher halte ich den,
der noch gar nicht ins Dasein getreten ist –
er sieht nämlich das schlimme Tun nicht,
das unter der Sonne geschieht.

Ohne Hoffnung auf einen Ausgleich nach dem Tode (vgl. 3,16–22) machen trostlose Unterdrückungen das Leben lebensunwert.

Die Tragik des sozialen Wesens Mensch (4,4–12)

4 Ich betrachtete alles Abmühen,
und zwar das von Erfolg gekrönte:
Es beruht auf einem Wetteifern des einen gegen den anderen.
Auch das ist absurd und Haschen nach Wind.
5 „Der Tor legt seine Hände in den Schoß
und verzehrt sich selber."
6 Besser eine Handvoll Ruhe
als zwei Handvoll Mühe – und Haschen nach Wind.
7 Und erneut betrachtete ich eine Absurdität unter der Sonne:
8 Es kommt vor, daß jemand allein ist ohne einen Gefährten,
auch Sohn oder Bruder nicht hat,
daß er sich ohne Ende abmüht
und auch sein Auge am Reichtum keine Befriedigung findet:
„Für wen mühe ich mich denn ab
und gönne mir nichts Gutes?"
Auch das ist absurd und eine schlimme Mühe.
9 Zwei sind besser als einer,
es kommt nämlich vor,
daß sie guten Lohn bei ihrer Mühe haben.
10 Ja, wenn sie fallen, hilft einer dem anderen auf.
Aber weh dem Einsamen, der fällt,
ohne daß ein Zweiter da ist, ihn aufzurichten.
11 Auch: Wenn zwei zusammenliegen, wird ihnen warm,
aber einem einzelnen – wie sollte ihm warm werden?
12 Und wenn jemand (auch) einen allein überwältigt –
zwei können ihm standhalten.
Und erst recht der dreifach gezwirnte Faden
kann nicht so schnell zerrissen werden.

Einerseits ist Erfolg des einen immer zugleich Mißerfolg des anderen und somit Ergebnis eines Konkurrenzkampfes: vv. 4–6 (wobei Qohelet dem Weisheitsspruch v. 5, der sich gegen die Faulheit richtete, wohl in v. 6 eine eigene Formulierung entgegenstellt), andererseits aber bietet auch ein isoliert Schaffender (und Raffender?) ein Bild der Sinnlosigkeit (v. 7) – Menschen brauchen Menschen (vv. 9–12). Die Tragik liegt im Zusammentreffen der vv. 4–6 und 7–12 dargelegten Erkenntnisse: Der Mensch ist auf einen anderen Menschen angewiesen, der aber in seinem Streben nach Erfolg gegen ihn wetteifert.

Wie im Kleinen, so auch im Großen:
Die Unzuverlässigkeit der „Masse" Mensch (4, 13–16)

13 Besser ein armer Jüngling, der aber weise ist,
als ein alter König, der töricht ist,
insofern als er nicht mehr versteht, sich raten zu lassen.
14 Ja: aus dem Gefängnis kam einer heraus – und wurde König,
obwohl er unter jenes Herrschaft arm geboren war.
15 Ich habe mir einmal alle Lebenden angesehen,
die unter der Sonne geschäftig herumlaufen
auf der Seite des nachfolgenden Jünglings,
der an jenes Stelle getreten war:
16 Endlos ist die Anhängerschar
bei jedem, der (gerade) an ihrer Spitze steht –
(aber es gilt) auch: die Späteren
sind nicht (mehr) mit ihm zufrieden.
Auch das ist absurd und Haschen nach Wind.

In v. 13 zitiert Qohelet eine Sentenz, die in v. 14 durch die Andeutung einer weisheitlichen Lehrerzählung begründet wird (der Leser mag sie sich selber ausmalen, etwa à la Joseph). In vv. 15–16 gibt er seinen Kommentar: Wenn jemand durch Weisheit eine hohe oder gar höchste Stelle erlangt hat, ist Anerkennung keine Erscheinung von Dauer (also kein „Gewinn"); die Menge jubelt immer dem gerade Herrschenden zu, Spätere denken anders.

Anmerkungen zur religiösen Praxis (4, 17 – 5, 6)

a) Toren opfern und hören nicht (4, 17)

17 Bewahre deinen Fuß (vor dem Straucheln),
wenn du ins Gotteshaus gehst:
Nähere dich, um zu hören,
und nicht, um wie die Toren Opfer zu bringen;
denn sie sind unwissend,
so daß sie Schlechtes tun.[16]

[16] Der schwierige hebräische Text läßt auch andere Auffassungen zu, z. B. „Nahe zu treten um zu hören ist besser, als wenn Toren Opfer bringen"

Die im Tempel übliche Opferpraxis wird von Qohelet so charakterisiert, daß Toren aus Unwissenheit Schlechtes tun. Die Unwissenheit dürfte sich auf Gott beziehen: sie wissen nicht, daß Gott unerkennbar und unbeeinflußbar ist (vgl. 3,14–15). Der positive Sinn des Gottesdienstes kann nach Qohelet nur im „Hören" gesehen werden.

b) Der Tor redet zuviel vor Gott (5,1–2)

1 Überstürze dich nicht mit deinem Munde
und dein Herz beeile sich nicht,
eine Angelegenheit vor Gott zu bringen.
Denn Gott ist im Himmel und du bist auf der Erde –
darum seien deiner Worte wenig!
2 Denn: „Ein Traum kommt bei (zu) viel Mühe –
und die Stimme eines Toren (wird erkennbar)
bei zu vielen Worten."

Vorsicht beim Gebet: Gott thront als der Unerkennbare und Unbeeinflußbare im fernen Himmel und kann allenfalls gefürchtet werden (vgl. 3,14!). V. 2 bringt anscheinend wieder ein verfremdetes Zitat: Bei zu großer Mühe macht man sich leicht Illusionen (Träume), bei zuviel Reden wird leicht deutlich, daß ein Tor redet (= o si tacuisses, philosophus mansisses!). Qohelets Meinung: Bei zuviel Reden vor Gott (= Beten) wird deutlich, daß man eine törichte Meinung von Gott hat!

c) Toren geloben und halten nicht (5,3–6)

3 Wenn du ein Gelübde darbringst,
so zögere nicht, es zu erfüllen,
denn man hat keinen Gefallen an Toren.
Was du gelobst, das erfülle!
4 Besser, du gelobst nicht.
als daß du gelobst und nicht erfüllst.
5 Laß deinen Mund dich nicht in Verfehlung bringen
und sage nicht vor dem Boten[17]:

(Zimmerli). Der letzte Satz (wörtlich: „sie sind Unwissende, Böses/Schlechtes zu tun") wird von Lohfink übersetzt: „Sie verstehen nicht einmal, Böses zu tun." Der Infinitiv kann aber auch eine Folge angeben, was m. E. besser in den Kontext paßt. Das hebräische Wort für böse scheint hier keine Konnotation des Moralischen zu haben, deshalb die Übersetzung „Schlechtes".

[17] Nicht ganz klare Wendung; mit „Bote" wird möglicherweise der Priester bezeichnet, der die Opfer entgegennahm.

es war nur ein Versehen!
Wozu sollte Gott über deine Stimme zürnen
und das Werk deiner Hände verderben?
6 Ja, bei vielen Träumen gibt es
sowohl Absurditäten als auch viele Worte!
Gott sollst du fürchten!

In v. 3 zitiert Qohelet 5. Mose 23, 22, ersetzt aber die dortige Begründung „denn gewiß wird Jahwe, dein Gott, es von dir einfordern, und das wird auf dir als Sünde liegen" durch „denn es gibt keinen Gefallen an Toren". Wer will, mag auch bei dieser Formulierung an Gefallen vor Gott denken.[18] – Qohelet aber wollte wohl mit der Ersetzung der theologischen Begründung durch eine anthropologische eher den Fall „Gott geloben und nicht halten" zu einem Beispiel für leere Versprechungen machen, die für Toren charakteristisch sind – an denen hat niemand Gefallen. Wenn das richtig ist, dürfte mindestens v. 5 b (vielleicht auch v. 5 a) eine orthodoxe Ergänzung sein – so redet Qohelet sonst nicht von Gott! Auch v. 6 b redet anders von Gottesfurcht als 3, 14, stimmt dagegen wörtlich mit dem vom 2. Epilogisten stammenden 12, 13 überein, dürfte also wohl mit etlichen Kommentatoren diesem Bearbeiter zuzuschreiben sein. Qohelets Meinung in v. 6 a: Wenn man sich zu viele Träume (= phantasievolle Vorstellungen von Gott!) macht, kommen dabei Sinnlosigkeiten und viele Worte heraus!

Zu 4, 17 – 5, 6 insgesamt:
Man sollte nicht übersehen, daß Qohelet drei Hauptbeispiele aus der religiösen Praxis (Opfer, wortreiches Beten, leichtfertiges Ablegen von Gelübden) als typisch für Toren wertet – diese Wertung ist das Gemeinsame der drei Abschnitte. Ob man da wirklich sagen kann, Qohelet stehe der religiösen Tradition positiv gegenüber – auch wenn er vielleicht gegen das Erfüllen von Gelübden nichts einzuwenden hat?

Glosse zu der Erwartung, das gegenwärtige Unrecht lasse sich durch Änderung der politischen Verhältnisse ändern (5, 7–9)

7 „Wenn du Unterdrückung des Armen
und Entziehung von Recht und Gerechtigkeit im Gau siehst,
dann staune nicht über solches Geschehen!
Denn über einem Hohen wacht ein Höherer
⟨und über beiden ein noch Höherer⟩!

[18] So z. B. LOHFINK, dessen Wiedergabe „Die Ungebildeten gefallen Gott nicht" mehr Interpretation als Übersetzung ist!

8 Ein Vorteil des Landes bei alledem wäre [?] dies:
ein König für das bebaute Land."
9 Wer Geld liebt, wird nie genug Geld haben,
wer Reichtum liebt, nie genug Einnahmen.
Auch das ist absurd.

Der Text ist so schwierig, daß z. B. GORDIS im Blick auf v. 8 von einer „insuperable crux" spricht und LAUHA den Vers für sekundär hält. M. E.[19] ist folgendes Verständnis möglich: In vv. 7–8 zitiert Qohelet ein skeptisches Urteil über die zu seiner Zeit herrschende Vetternwirtschaft, der in v. 8 die Erwartung einer Veränderung durch Rückkehr zu monarchischen Verhältnissen entgegengestellt wird. V. 8 wäre dann das Zitat einer politischen Parole seiner Zeit. Qohelet kommentiert dann diese Erwartung in v. 9 durch den Hinweis auf die allgemeine Schwäche der Menschen: Besitzende (und Mächtige) werden immer (und in allen gesellschaftlichen Systemen) mehr haben wollen.

Unwert und Wert des Reichtums (5, 10–19)

10 „Mehrt sich das Gut,
mehren sich auch die, die es verzehren.
Was für einen Vorteil hat dann sein Besitzer,
außer daß er es ansehen kann?"
11 „Süß ist der Schlaf des Arbeiters,
ob er nun viel oder wenig gegessen hat.
Aber die Sattheit des Reichen
läßt ihn keinen Schlaf finden."
12 Es gibt ein schlimmes Übel,
das ich unter der Sonne betrachtet habe:
Reichtum, der für seinen Besitzer gehütet wurde
zu einem schlimmen Ende für ihn.
13 Da vergeht der Reichtum durch ein widriges Geschäft.
Er hatte einen Sohn gezeugt
und hat nun gar nichts in seiner Hand.
14 Wie er aus dem Leibe seiner Mutter gekommen ist,
nackt muß er wieder dorthin zurückkehren,
wie er gekommen ist.
Und nichts trägt er davon von all seiner Mühe,
das er in dessen (sc. seines Sohnes) Hand übergeben könnte.

[19] Begründung und ausführlichere Diskussion bei MICHEL (1982) 98 ff.

15 Ja, gerade das ist ein schlimmes Übel:
Gerade so, wie er kam, muß er gehen.
Was für einen Gewinn hat er davon,
daß er sich für den Wind (= nutzlos) abmüht?
16 So sind all seine restlichen Tage in Finsternis und ⟨Trauer⟩,
viel Kummer und Krankheit hat er und Unmut.
17 Hier (dagegen) ist das, was ich jedenfalls
als gut im Sinne von angemessen betrachtet habe:
zu essen und zu trinken und sich's gut sein zu lassen
bei aller seiner Mühsal,
mit der man sich unter der Sonne abmüht
in der begrenzten Frist seines Lebens,
die einem Gott gegeben hat.
Denn das ist sein Teil.
18 Und auch der Fall,
daß Gott einem Menschen Reichtum und Schätze gibt
und ihn befähigt, davon zu genießen
und seinen Teil davonzutragen
und sich bei seiner Mühe zu freuen,
auch dieser Fall ist eine Gabe Gottes.
19 Denn er braucht dann nicht viel zu denken
an die (Begrenztheit der) Tage seines Lebens,
weil Gott ⟨ihn⟩ beschäftigt hält
durch die Freude seines Herzens.[20]

Der Abschnitt bietet unterschiedliche Wertungen des Reichtums: vv. 10–11 grundsätzlich negativ, vv. 12–16 Betrachtung eines Einzelfalls, vv. 17–19 positiv. Man kann natürlich den Text in selbständige Einzelsentenzen auflösen, die sich teilweise widersprechen; wer ganz konsequent sein will, kann dann auch mit LAUHA annehmen, v. 18 sei eine sekundäre Ergänzung. Einleuchtender[21] ist folgende Auffassung: In vv. 10–11 zitiert Qohelet Weisheitssprüche (die Verse zeigen keine Spur von für Qohelet typischen Wendungen!), in vv. 12–16 betrachtet er einen Fall, in dem Reichtum in der Tat etwas Negatives ist: man müht sich um ihn, sammelt ihn an, verläßt sich auf ihn – und er verschwindet (sei es durch politische Umstände, sei es durch geschäftliches Mißgeschick). In diesem Fall ist Reichtum ein schlimmes Übel. Aber im Sinne von 3, 11 (nicht zufällig taucht hier wieder das dort mit „angemessen" übersetzte Wort auf; hier liegt ein „Selbstzitat"

[20] Andere Übersetzungsmöglichkeiten: weil Gott ihn sich abmühen läßt für die Freude seines Herzens; oder: weil Gott ihm Antwort gibt durch die Freude seines Herzens.

[21] Ausführliche Analyse bei MICHEL (BZAW).

vor!) soll man, wenn man Gelegenheit zum Genießen des Reichtums hat, das auch tun: auch er ist eine Gabe Gottes! Die dadurch gewonnene Freude lenkt ab vom Denken an die Todesverfallenheit der menschlichen Existenz. Der Schlußsatz von v. 18 polemisiert gegen eine religiös begründete Ablehnung des Reichtums; Näheres dazu im folgenden Abschnitt.

Gegen eine positive Wertung der unerfüllten Sehnsucht (6, 1–10)

1 Es gibt freilich (auch) ein Übel,
das ich unter der Sonne betrachtete
und das schwer auf dem Menschen lastet:
2 Wenn Gott einem Menschen Reichtum, Schätze und Ehre gibt
derart, daß es seinem Verlangen an nichts
von allem, was er sich wünscht, fehlt –
und Gott ihn nicht befähigt, davon zu essen (= genießen),
sondern ein Fremder verzehrt es:
Das ist absurd. Eine große Krankheit ist das.
3 Wenn jemand hundert Kinder zeugte
und viele Jahre dabei lebte –
wenn also seine Lebenstage wirklich viele wären –
und er dabei sein Verlangen am Guten nicht stillen würde –
auch wenn niemals ein Grab auf ihn warten würde,[22]
sage ich: Besser als er hat es eine Fehlgeburt.
4 Denn sie kommt in Sinnlosigkeit
und geht in Finsternis
und in Finsternis wird ihr Name bedeckt
5 und obendrein sieht sie die Sonne nicht und weiß nichts –
sie hat also Ruhe – anders als jener!
6 Und wenn jemand zweitausend Jahre leben würde,
Gutes aber nicht sähe,
müssen nicht alle schließlich zu demselben Ort?
7 „Alles Mühen des Menschen geschieht für seinen Mund –
und doch wird sein Verlangen nicht erfüllt."
8 Nun: Was für einen Vorteil hat der Weise vor dem Toren,
was für einen der Arme, der es versteht,
vor dem Leben zu wandeln?[23]

[22] Übersetzung nach LEVY und LOHFINK, wörtlich: auch wenn er kein Grab hätte.

[23] Oder: vor den Lebendigen zu wandeln?

9 Besser, man genießt, was vor Augen kommt,
als daß das Verlangen umherwandelt.
Auch das ist absurd und Haschen nach Wind.
10 Was geschieht, ist längst schon mit Namen genannt,
und es ist bekannt, was ein Mensch ist.
Nicht kann er rechten mit dem, der stärker ist als er.

Themawort dieses Abschnittes ist das hebräische *näphäš*: vier von sieben Vorkommen bei Qohelet finden sich hier (2,24; 4,8; 6,2.3.7.9; 7,28). Das Wort bedeutet „Atem, Kehle, Hals, Begehren, Verlangen, Sehnsucht, Gier, Lebensprinzip"; in diesem Abschnitt „Sehnsucht, Verlangen".[24]

In Weiterführung von 5,17–19 wird die dort vertretene Ansicht durch das Gegenbeispiel untermauert (vv. 1–2): Es ist eine schlimme Krankheit, wenn man die Möglichkeit zum Genießen hat, aber von Gott dazu nicht befähigt wird. Unklar ist, ob diese Nicht-Befähigung in äußeren Umständen oder in psychologischen Hemmungen gründet – vielleicht soll die allgemeine Formulierung beide Möglichkeiten offenhalten. – Viele Kinder und langes Leben waren dem antiken Menschen die Glücksgüter kat exochen – aber selbst wenn jemand sie in einer irrealen Fülle hätte und obendrein nicht sterben müßte[25], dabei aber ungestilltes Verlangen (= keine Zufriedenheit) hätte, hätte es eine Fehlgeburt besser, weil sie die „Ruhe" hätte, die jenem fehlt.

V. 7 dürfte ein Zitat sein, das den Sinn hat: ungestilltes Verlangen ist typisch für den Menschen und gehört zur Existenz des Menschen. Qohelets Kommentar in vv. 8–10: Daß der Weise letztlich keinen Vorteil vor dem Toren hat angesichts der allgemeinen Todesverfallenheit, wurde ja bereits dargelegt (vgl. 2,12–15!); ebensowenig hat der „Arme, der es versteht, vor dem Leben (oder: vor den Lebendigen) zu wandeln", einen Vorteil. In v. 8 liegen also rhetorische Fragen vor. V. 8b richtet sich – das macht der Kontext klar – gegen eine „Armenfrömmigkeit", wie wir sie z. B. aus den Psalmen kennen[26] und die offensichtlich ungestillte Sehnsucht (sc. hier auf der Erde!) als etwas Positives angesehen hat. In v. 9 wiederholt Qohelet seine bereits bekannte Meinung zu diesem Problem: ungestilltes Verlangen ist etwas Negatives, auch in diesem Fall. In v. 10 greift er die Begründung der Ablehnung von weltlichen Gütern durch die Armenfrömmigkeit an: sie hat wohl argumentiert, das wahre Wesen des Menschen werde erst später, d. h. nach

[24] Ausführliche Analyse des Textes und Begründung der Auslegung bei Michel (BZAW).

[25] Die Wendung „auch wenn er kein Grab hätte" meint wohl keine Auferstehung, sondern eine Entrückung, d. h. eine Wegnahme aus dem Leben direkt zu Gott.

[26] Vgl. dazu Michel, Artikel ›Armut‹ in der Theologischen Realenzyklopädie, Bd. 4, 72–76.

dem Tode und der Auferstehung (!), deutlich. Qohelets Gegenthese: Was der Mensch ist, ist jetzt bereits deutlich – und der Mensch kann nicht rechten mit dem, der stärker ist als er, d.h. mit dem Tod. Der Text gehört also thematisch zu 3,16–22 und zu den noch zu behandelnden Abschnitten 7,1–10; 9,10, vgl. auch dort.

Zusammenfassung und Übergang zum Folgenden: Wer weiß denn, was die Zukunft bringen wird? (6,11–12)

11 Ja, es gibt viele Worte,
die die Sinnlosigkeit vermehren –
was für einen Nutzen bringen sie dem Menschen?
12 Wer weiß denn, was für den Menschen im Leben gut ist
während der begrenzten Frist seiner sinnlosen Tage,
die er wie einen Schatten verbringt?
Wer kann nämlich dem Menschen kundtun,
was nach ihm sein wird unter der Sonne?

Zusammenfassendes Urteil über die bisher betrachteten Meinungen und zugleich Übergang zum Folgenden: Jetzt werden Texte von Leuten, die zu wissen meinen, was für den Menschen gut ist, zitiert und kritisiert.

Gegen (apokalyptischen?) Pessimismus (7,1–10)

1 „Besser ist ein (guter) Name als gutes Öl,
und besser ist der Tag des Todes als der Tag der Geburt.
2 Besser ist es, in ein Trauerhaus zu gehen,
als in ein Haus zu gehen, in dem man feiert,
weil jenes die Endstation aller Menschen ist.
Wer lebt, möge sich das zu Herzen nehmen!
3 Besser ist Kummer als Lachen,
denn bei trauriger Miene ist das Herz (die Einsicht) gut!
4 Das Herz des Weisen ist im Trauerhaus,
aber das Herz der Toren ist im Haus der Freude.
5 Besser ist es, auf das Schelten des Weisen zu hören,
als wenn jemand auf den Gesang von Toren hört.
6 Denn wie das Knistern der Dornen unter dem Topf,
so ist das Lachen der Toren."
Auch das ist absurd.

7 Ja, die Bedrückung macht den Weisen töricht
und verdirbt sein sicheres Urteilsvermögen.[27]
8 „Besser ist das Ende von etwas als sein Anfang."
„Besser einer mit langem Atem als einer mit heftigem Atem."
9 Eile nicht, mit schnellem Atem Kummer zu empfinden,
denn Kummer wohnt in der Brust der Toren!
10 Sage nicht: wie kommt es,
daß die früheren Zeiten besser waren als diese,
denn nicht aus Weisheit fragst du auf diese Weise.

Das Urteil am Ende von v. 6 markiert einen Einschnitt; die vorhergehenden Verse, die grundsätzlich Kummer und Pessimismus (also Leiden an der Welt) als das für den Menschen Gute herausstellen, passen nicht zu dem, was wir bisher (vgl. 3,11–13; 3,22; 5,17–19; ferner 7,14; 8,15) als Meinung Qohelets kennengelernt haben; sie sind also als Zitat zu beurteilen. Vv. 7–10 bringen Qohelets Stellungnahme: Ursache für solche Ansichten ist die (gegenwärtige) Bedrückung, die das klare Urteilsvermögen der Weisen trübt. In v. 8 zwei verfremdete Sprichwörter, auf die in vv. 9–10 in chiastischem Aufbau die Anwendungen folgen: wer vorschnell sich dem Kummer hingibt, handelt töricht (gegen v. 3!); wer meint, die früheren Zeiten seien besser gewesen als die Gegenwart, hat den Boden der Weisheit verlassen. V. 10 gibt Aufschluß über die Diskussionsgegner Qohelets: Sie rechneten sich anscheinend zu den „Weisen" (nur dann konnte sie die pointierte Behauptung treffen) und vertraten die Ansicht, die Gegenwart sei eine schlechtere Zeit als die vergangenen Tage (= Zeiten?). Diese Ansicht ist offensichtlich die Begründung für den in vv. 1–6 dargelegten grundsätzlichen Pessimismus: er wird verständlich, wenn die Zitierten die Meinung vertraten, in der Geschichte erfolge eine notwendige (!) ständige Verschlechterung und die Gegenwart sei der Tiefpunkt dieser Entwicklung, den man nur leidend und mit „Kummer" hinnehmen könne. Da eine solche Weltsicht typisch ist für die zu Qohelets Zeit aufkommende Apokalyptik, können wir vielleicht die Zitierten apokalyptischen Kreisen zurechnen, wenn auch zugegebenermaßen andere für die Apokalyptik wesentliche Auffassungen (z. B. Berechnung der Zeiten, Auferstehungshoffnung) in diesem Text keine Rolle spielen – doch vgl. weiter zu 9,1–10 und MICHEL, BZAW.

[27] Übersetzung nach DRIVER, Problems and Solutions: VT IV (1954) 225 bis 245.

Über den Wert der Weisheit (7,11–24)

a) Gegen eine naiv-positive Wertung der Weisheit (7,11–14)

11 „Gut ist Weisheit zusammen mit[28] Erbbesitz
und ein Vorteil für die, die die Sonne sehen.
12 Denn im Schatten der Weisheit
(bedeutet so viel wie) im Schatten des Geldes,
und der Vorteil des Wissens (besteht in folgendem:)
die Weisheit hält ihren Besitzer am Leben.“
13 Betrachte das Werk Gottes:
Wer kann gerade machen, was er krumm gemacht hat?
14 An einem guten Tage laß dir's gut gehen
und an einem schlechten betrachte,
auch diesen ebenso wie jenen hat Gott gemacht
auf der Grundlage dessen,
daß der Mensch nichts von dem herausfinden kann,
was nach ihm kommt.

Der in vv. 11–12 sich aussprechenden positiven Wertung der Weisheit hält Qohelet seine Ansicht in vv. 13–14 entgegen[29], wobei er mit „Selbstzitaten“ arbeitet, zu v. 13 vgl. 1,15; zu v. 14 vgl. 3,1–9; 3,11–12; 3,22; 6,12. Der Abschnitt dürfte also wohl nie als isolierte Sentenz bestanden haben, sondern als Anhang zu den grundlegenden Ausführungen 1,3–3,15 konzipiert sein, die er voraussetzt.

b) Ne quid nimis (Nichts im Übermaß!) (7,15–18)

15 Beides habe ich in meinen sinnlosen Tagen betrachtet[30]:
Es kommt vor, daß ein Gerechter in (trotz?)
seiner Gerechtigkeit zugrunde geht,
und es kommt vor, daß ein Frevler in (trotz?)
seinem frevlerischen Tun lange lebt.
16 Sei nicht allzusehr gerecht
und bemühe dich nicht um Weisheit im Übermaß –
wozu willst du dich selbst veröden?
17 Sei (aber auch) nicht allzusehr Frevler
und sei kein Tor:
wozu willst du zur Unzeit sterben?

[28] Andere Möglichkeit: ebenso wie Erbbesitz.
[29] Ausführliche Analyse des Textes bei MICHEL (1982) 93ff.
[30] Oder: ... in meinen vergänglichen Tagen ...

18 Gut ist, wenn du an dem einen festhältst,
aber auch von dem anderen deine Hand nicht fernhältst.
Ja, wer Gott fürchtet, entgeht dem allen.[31]

Weiterführung von 7,11–14: die zwar nicht die Regel bildenden, aber auch vorkommenden Fälle von v. 15 zeigen, daß Trachten nach Weisheit keine Garantie für Erfolg bietet. Darum hat es keinen Sinn, sich allzusehr um Gerechtigkeit und Weisheit zu bemühen – das führt nur dazu, daß man „sich selbst verödet"; im Rahmen der für Qohelet typischen Vorstellungen dürfte diese etwas änigmatische Wendung bedeuten, daß man dann für Freude und Genießen abstumpft. Freilich soll man aus der Nichtgarantierbarkeit des Erfolgs von Gerechtigkeit und Weisheit auch nicht die Folgerung ziehen, sich bedenkenlos dem Frevel und der Torheit hinzugeben – das führt nur zu einem vorschnellen Tod. Es kommt darauf an, die richtige Mischung aus beidem zu finden! Der letzte Satz von v. 18 ist angesichts von Qohelets Verständnis der Gottesfurcht (vgl. 3,14!) entweder ironisch gemeint oder, was mir wahrscheinlicher ist, eine spätere Ergänzung des 2. Epilogisten.

c) *Die Weisheit wird nie vollkommen erreicht (7,19–22)*

19 „Die Weisheit gibt dem Weisen mehr Kraft
als zehn Machthaber, die in der Stadt wirken."
20 Nur: Es gibt keinen gerechten Menschen auf Erden,
der nur recht täte und sich nicht verfehlte.
21 Achte keineswegs in gleicher Weise auf alles,
was man so redet.
Du wirst nämlich nie hören,
wie ein Untergebener geringschätzig von dir redet –
22 obwohl du doch selbst viele Male kennst,
wo auch du geringschätzig von anderen geredet hast.

V. 19 bringt ein Zitat, das von Qohelet in v. 20 kommentiert wird.[32] Vermutlich wird in v. 20 ein *theologischer* Satz, nach dem es keinen Menschen gebe, der (sc. vor Gott) ganz gerecht sei, auf die Weisheit übertragen: auch

[31] Wörtlich: „geht heraus aus allem". DELITZSCH, dem ich in der Übersetzung gefolgt bin, weist auf mischnaischen Sprachgebrauch hin und deutet: „der Gottesfürchtige … wird sich des Einen wie des Anderen entledigen, wird Beides leisten und also die goldene Mittelstraße einhalten". GORDIS übersetzt unter Hinweis auf dieselben Mischnastellen "he who reverences God will do his duty by both", ähnlich LOHFINK: „Wer Gott fürchtet, wird sich in jedem Fall richtig verhalten."
[32] So auch GORDIS und LOHFINK.

Weise verfehlen sich – daran scheitert der in v. 19 ohne Einschränkung behauptete Wert der Weisheit. – Vv. 21–22 sollen wohl sagen: Nur Herrschende, die die Meinung ihrer Untergebenen zu ernst nehmen, können zu der Ansicht kommen, sie seien vollkommen gerecht oder vollkommen weise.[33]

Abschließende Zusammenfassung der Glossen zur Weisheit (7,23–24)

23 All dies habe ich geprüft auf Weisheit hin.[34]
Ich sprach: Ich will weise werden.
Aber sie (blieb) mir fern (= fremd?).
24 Fern ist, was geschieht –
und tief, sehr tief –
wer könnte es herausfinden?

Abschließende Zusammenfassung der Glossen zur Weisheit, die für sich selbst spricht.

Kommentar zu einer negativen Wertung der Frau (7,25–29)

25 Ich wandte mich mit meinem Verstand einem anderen Gebiet
des Erkennens und Auskundschaftens zu,
nämlich Weisheit in Form von Untersuchungsresultaten
zu überprüfen –
nur um schließlich dabei
Unrecht als Torheit und Frevel als Unverstand zu erkennen (?).
26 Ich finde da dauernd (als ein Untersuchungsergebnis),
bitterer als der Tod sei die Frau,
insofern sie aus Netzen bestehe,
ihr Herz aus Fangnetzen,
ihre Arme Fesseln seien.
Wer Gott wohlgefällig sei, könne ihr entrinnen,
aber wer ihm mißfalle, werde von ihr gefangen.
27 Bedenke nun, was ich bestätigt gefunden habe,
spricht Qohelet,

33 Hierzu vgl. LOHFINK und ausführlich MICHEL (BZAW).
34 Oder: In bezug auf all dies habe ich es mit der Weisheit versucht.

wobei ich sorgfältig eins um das andere prüfte,
um das Untersuchungsergebnis (als wahr oder falsch)
herauszufinden.
28 Was ich übrigens noch mit Leidenschaft überprüft
und nicht als bestätigt gefunden habe, ist (der Satz):
„Einen einzigen Menschen habe ich unter tausend gefunden,
aber eine Frau habe ich unter all diesen nicht gefunden."
29 Bedenke nun also, was allein ich herausgefunden habe:
„Gott hat die Menschen recht gemacht,
sie aber trachten nach viel grauer Theorie."

In dem schwierigen Text[35] zitiert Qohelet anscheinend in v. 26 eine frauenfeindliche Meinung, der er in v. 29 seinen skeptischen Kommentar entgegenhält. Auffällig ist die ausführliche Einleitung seiner Stellungnahme in v. 27, die obendrein noch durch die Zitatformel „spricht Qohelet" besonderes Gewicht erhält. En passant lehnt Qohelet in v. 28 noch eine andere misogyne Behauptung ab.

Kritik der weisheitlichen Lehre von der rechten Zeit (8, 1–9)

1 „Wer ist wie ein Weiser
und wer versteht die Deutung des Wortes:
Die Weisheit eines Menschen erhellt sein Antlitz,
aber (durch) Unempfindlichkeit [?] wird sein Antlitz gehaßt.[36]
2 'Den Zorn'[37] des Königs beachte,
und zwar um des Gotteseides willen.[38]
3 Gehe nicht übereilt von ihm fort,
bleibe (aber auch) nicht vor ihm stehen
in einer schlimmen Angelegenheit!
Denn alles, was er will, kann er tun.
4 Denn das Wort des Königs hat Macht –
wer könnte zu ihm sagen: Was tust du?
5 Wer das Gebot beachtet, lernt keine schlimme Sache kennen,
weil der Verstand des Weisen Zeitpunkt und Ordnung kennt."
6 Fürwahr:

[35] Ausführliche Analyse bei MICHEL (BZAW).
[36] Übersetzung unsicher.
[37] Zur Übersetzung vgl. MICHEL (1982) 87.
[38] Diese Wendung ist m. E. bisher nicht befriedigend erklärt.

Es gibt für jedes Vorhaben Zeitpunkt und Ordnung –
aber als ein Übel für den Menschen lastet das schwer auf ihm.
7 Denn er weiß nicht, was sein wird –
wer könnte ihm nämlich kundtun, wie etwas sein wird?
8 Es gibt keinen Menschen, der Macht hätte über den Wind,[39]
…[40]
und keiner hat Macht über den Tag des Todes.
Es gibt keine Entlassung im Krieg
und auch Frevel kann den, der ihn tut, nicht retten. [?]
9 All dieses betrachtete ich,
indem ich meinen Verstand mit allem Tun befaßte,
das unter der Sonne geschieht:
(es gibt) eine Zeit,
in der der Mensch Macht hat über den Menschen –
ihm zum Bösen.

In vv. 2–5 zitiert Qohelet einen Weisheitstext[41], zu dem vermutlich auch noch v. 1 als einleitende Frage gehört. Sein auch aus anderen Weisheitstexten bekannter Skopus: Der Weise kann den rechten Zeitpunkt für jede Handlung erkennen, deshalb vermag der Weise, dessen Verstand „Zeitpunkt und Ordnung" kennt, Böses zu vermeiden. Exemplifiziert wird dies am Verhalten vor dem König, der zwar Macht hat – mit dessen Macht umzugehen man aber lernen kann: man kann z. B. lernen, wann man vor ihm stehenbleiben und wann man besser weggehen soll. Qohelets Kommentar in vv. 6–9 greift die Stichwörter „Zeitpunkt und Ordnung", „Macht" und „Böses" auf: Es gibt zwar für alles Tun „Zeitpunkt und Ordnung" (vgl. 3, 1–9), aber das kann für den Menschen als ein Übel auf ihm lasten, weil er das Künftige nicht mit Sicherheit erkennen kann. Außerdem gibt es Situationen, in denen der Mensch ohne Möglichkeit eigener Einflußnahme einer fremden Macht einfach ausgeliefert ist (v. 8) – was nützt ihm da Weisheit? Seine Kritik spitzt Qohelet in v. 9 zu, indem er gewissermaßen der Reihe der in 3, 1–9 behandelten „Zeiten" eine weitere anfügt: es gibt auch eine Zeit, in der ein Mensch Macht hat über einen anderen und ihm schaden kann – in diesem Fall ist jegliche Weisheit machtlos. In diesem Kurzkommentar setzt Qohelet offensichtlich seine ausführlicheren Darlegungen aus 3, 1 ff. als bekannt voraus!

[39] Die Wendung ist doppeldeutig, da das Wort für Wind auch „Geist", „Gemütsbewegung" bedeuten kann. Vermutlich hat Qohelet hier bewußt doppeldeutig formuliert, was im Deutschen nicht nachahmbar ist.

[40] Die hier stehenden Wörter „(nämlich) den Wind einzuschließen" sind vermutlich eine Glosse.

[41] Ausführliche Analyse bei Michel (1982) 87 ff.

Leide nicht in Hoffnung auf die unsichere Bestrafung des Bösen durch Gott, sondern freue dich, wenn du kannst (8, 10–15)

10 Weiter betrachtete ich:
Frevler ⟨nähern sich⟩ und treten ein –
und von (der) heiligen Stätte gehen sie (dann wieder weg)
und ⟨rühmen sich⟩ in der Stadt,[42]
daß sie so gehandelt haben.
Auch das ist absurd.
11 Das Urteil über das Tun des Bösen
wird nämlich nicht eilends vollstreckt,
deshalb ist das Herz der Menschen bei ihnen (?) voll,
Böses zu tun.
12 Ein Sünder tut hundertmal Böses – und lebt lange.
Natürlich kenne ich auch (die Meinung):
Gut gehen wird es denen, die Gott fürchten,
sofern sie sich (wirklich) vor ihm fürchten.
13 Nicht gut gehen wird es dagegen dem Frevler
und wie ein Schatten wird kein langes Leben haben,
wer sich nicht vor Gott fürchtet.
14 Es kommt aber auch etwas Absurdes vor,
das auf der Erde geschieht:
Es gibt auch Gerechte, denen es ergeht,
wie es Frevlern ergehen sollte,
und es gibt Frevler, denen es ergeht,
wie es Gerechten ergehen sollte.
Ich sage: Auch das ist absurd.
15 So preise ich denn die Freude, die darauf beruht,
daß es für den Menschen unter der Sonne nichts Gutes gibt
außer zu essen und zu trinken und sich zu freuen.
Das kann ihm bleiben bei seiner Mühe
in den Tagen seines Lebens,
die Gott ihm unter der Sonne gegeben hat.

Der hebräische Text von v. 10 ist schwierig; Qohelet macht anscheinend die Beobachtung, daß offenkundige Frevler am Gottesdienst im Tempel teilnehmen können, ohne daß dies irgendeine negative Konsequenz für sie hat, zum Gegenstand seiner Betrachtung. Für ihn ist dies ein deutliches Bei-

[42] Diskussion des schwierigen Textes und Begründung der Übersetzung bei MICHEL (BZAW).

spiel dafür, daß Böses auf dieser Erde durchaus nicht immer sofort bestraft wird (vv. 11–12 a), die gegenteilige Theorie der Weisheit (vv. 12 b–13) stimmt leider keineswegs immer (v. 14). Deshalb bleibt Qohelet bei seinem Lobpreis der Freude, die man gewinnen kann beim Genießen dessen, was der Augenblick bietet (vgl. 2, 10; 3, 12) – die von ihm abgelehnte Alternative ist offenbar: Leiden an der Ungerechtigkeit und Hoffen auf die unsichere Vergeltung Gottes.

Zusammenfassung und Übergang zum Folgenden: trotz gegenteiliger Behauptung der Weisen kann der Mensch „das Werk Gottes" nicht erkennen (8, 16–17)

16 Als ich meinen Verstand daran setzte, Weisheit zu erkennen
und die Mühe zu betrachten,
mit der man sich auf der Erde abplagt,
(und das nach dem Motto[43]:)
„Bei Tag und bei Nacht
gönnt er seinen Augen keinen Schlaf!",
17 da betrachtete ich (also) das Tun Gottes in seiner Ganzheit:
fürwahr, nicht kann der Mensch herausfinden
das Werk, das unter der Sonne geschieht,
weil nämlich auch dann,
wenn der Mensch sich abplagt, es herauszufinden,
er es (doch) nicht finden kann.
Und auch wenn der Weise behauptet, es zu (er)kennen,
kann er es doch nicht herausfinden.

Die Verse bringen (wie vorher schon 6, 11–12) ein zusammenfassendes Urteil, gewissermaßen ein Resümee, das zugleich zum Folgenden überleitet. Mit aller wünschenswerten Deutlichkeit nennt Qohelet hier ausdrücklich diejenigen, gegen die er argumentiert: Weise, die behaupten, das Tun Gottes auf dieser Erde erkennen zu können. In v. 16 bezieht er sich augenscheinlich auf seine grundlegenden Ausführungen von 1, 3 – 3, 15; das erklärt den thetischen Charakter von v. 17. Der Abschnitt ist also als isolierte Sentenz undenkbar.

[43] Der folgende Satz dürfte ein uns sonst unbekanntes Sprichwort oder ein Zitat sein. Anders GORDIS und LOHFINK, die ihn über den Anfang von v. 17 hinweg mit dem 2. Satz von v. 17 verbinden: „da sah ich ein, daß der Mensch, selbst wenn er seinen Augen bei Tag und Nacht keinen Schlaf gönnt, das Tun Gottes in seiner Ganzheit nicht wiederfinden kann" (LOHFINK).

Gegen die Erwartung einer Vergeltung von guten Taten nach dem Tode (9,1–10)

1 Fürwahr, mit all dem Folgenden
habe ich meinen Verstand beschäftigt.
⟨und mein Verstand betrachtete⟩ dies alles, nämlich:
„Die Gerechten und die Weisen und ihre Werke
sind in der Hand Gottes."
Sei es nun Liebe, sei es nun Haß –
der Mensch erfährt sie nicht.
Alles ist vergangen.[44]
2 Nur dies steht allen bevor: einerlei Geschick,
und zwar dem Gerechten wie dem Frevler, ⟨...⟩
dem Reinen wie dem Unreinen,
dem, der opfert, wie dem, der nicht opfert,
wie dem Guten, so dem Sünder,
wie dem, der schwört, so dem, der den Schwur meidet.
3 Das ist etwas Schlimmes bei alledem,
was unter der Sonne geschieht,
daß einerlei Geschick alle trifft
– auch ist das Herz der Menschen voll des Bösen
und Verblendung ist in ihrem Herzen
während ihres Lebens –[45]
und ihr Ende bei den Toten ist.
4 Nun: Wer noch den Lebenden zugesellt ist,
für den gibt es in der Tat Hoffnung,
denn: „Ein lebendiger Hund
ist besser als ein toter Löwe."

[44] Übersetzung nach einem brieflichen Vorschlag LOHFINKS. Andere Möglichkeit: „der Mensch weiß nichts von allem, was ihm bevorsteht", wobei freilich „was ihm bevorsteht" nach hebräischem Sprachgebrauch sich nicht auf die Zukunft beziehen kann. Neben einer Beziehung auf die Vergangenheit ist es nach GORDIS auch möglich, daß die Wendung bedeutet: „alles steht zu ihrer Verfügung".

[45] Die in Gedankenstrichen stehenden Sätze werden von vielen Auslegern als eine spätere Glosse nach 8,11 b angesehen, vielleicht zu Recht. Zu erwägen ist allerdings auch LOHFINKS Versuch: „... daß alle ein und dasselbe Geschick trifft. Und wenn auch, während sie leben, in manchen Menschen die Lust zum Bösen wächst und Verblendung ihren Geist erfaßt: darnach, wenn es zu den Toten geht, wer (von den anderen) würde deshalb ausgenommen?" (66).

5 Nun: Die Lebenden wissen (wenigstens),
daß sie sterben müssen,
aber die Toten wissen gar nichts.
Und es gibt für sie keinen Lohn mehr,
denn ihr Andenken ist vergessen.
6 Auch ihr Lieben, ihr Eifern und Hassen
ist schon längst vergangen,
und einen Anteil gibt es auf ewig für sie nicht mehr
an allem, was geschieht.
7 Auf, iß mit Freuden dein Brot
und trink mit gutem Herzen deinen Wein,
denn von alters her hat Gott Wohlgefallen
an diesem deinem Tun.
8 Jederzeit seien deine Kleider weiß
und an Öl fehle es deinem Haupte nicht!
9 Genieße das Leben mit einer Frau, die du liebst,
alle Tage deines sinnlosen Lebens,
die er dir gibt unter der Sonne ⟨...⟩!
Ja, eben das ist dein Teil im Leben
und bei deiner Mühe, mit der du dich unter der Sonne
abmühst.
10 Alles, was deine Hand zu tun findet,
das tue mit vollem Einsatz!
Denn es gibt kein Bewirken und kein Berechnen
und kein Wissen und keine Weisheit
in der Totenwelt, in die du gehen mußt.

Der Sinn von vv. 2–10 ist klar: allen Menschen steht der Tod bevor, ganz gleich, was sie auf Erden getan haben, und das ist schlimm (vv. 2–3). Anders als die Toten haben aber die Lebenden noch Hoffnung und Bewußtsein, während die Toten nichts wissen und all ihr Tun der Vergangenheit angehört (vv. 4–6) – in der Totenwelt gibt es nichts mehr (v. 10b). Deshalb die Folgerung: Freue dich, wenn und solange du die Möglichkeit hast – das (und nichts anderes!) ist dein Teil (vv. 7–10a). Da, wie wir bisher gesehen haben, Qohelet nicht in einem luftleeren Raum argumentiert, sondern konkrete Gesprächspartner vor Augen hat, dürfte er sich hier mit Leuten auseinandersetzen, die behauptet haben, mit dem Tode seien menschliches Lieben, Eifern und Hassen noch nicht vergangen, sondern es gebe für Menschen (wahrscheinlich nicht für alle, sondern nur für die Gerechten, vgl. v. 1!) auch nach dem Tode noch einen (An-)Teil. Von daher dürfte in v. 1 der Satz „Die Gerechten und die Weisen und ihre Werke sind in der Hand Gottes" als Zitat eben dieser Position zu beurteilen sein – tatsächlich findet sich eine ähnliche Aussage in Sapientia Salomonis 3, 1 ff.:

1 Der Gerechten Seelen aber sind in Gottes Hand
und keine Pein kann sie berühren.
2 Sie schienen den Augen der Toren gestorben zu sein
und als ein Scheitern wurde ihr Ende beurteilt
3 und ihr Von-uns-Scheiden als Untergang –
und doch sind sie in Frieden.
4 Denn, wenn sie auch für das Auge der Menschen gestraft werden,
so ist doch ihre Hoffnung voll Unsterblichkeit …

Mit dem letzten Satz von v. 1 beginnt Qohelet dann seine Stellungnahme.[46]

Auf der Erde ist der Erfolg von „Tugenden“ auch nicht garantierbar, sondern von Zeitpunkt und Zufall abhängig (9, 11–12)

11 Und erneut betrachtete ich unter der Sonne:
Nicht die Schnellen machen das Rennen,
nicht den Helden gehört der (Sieg im) Krieg,
auch nicht den Weisen Nahrung
und auch nicht den Verständigen Reichtum
und auch nicht den Wissenden Ansehen, Zufälligkeit der Zeit
sondern Zeitpunkt und Zufall kann alle treffen.
12 Der Mensch kennt eben seinen Zeitpunkt nicht.
Wie Fische, die in einem Unglücksnetz gefangen sind,
wie Vögel, die in einer Falle gefangen sind,
genau wie sie werden die Menschen gefangen zur bösen Zeit,
wenn sie plötzlich über sie herfällt.

Wie in 4, 1 wendet sich Qohelet nach Darlegung seiner Meinung über die offensichtlich behauptete Möglichkeit einer Vergeltung nach dem Tode wieder dem Geschehen „unter der Sonne“, d.h. dem Diesseits, zu. Hier machen die in v. 11 angeführten Beispiele (die natürlich nicht als Regel, sondern als Grenzfälle gemeint sind) deutlich, daß Erfolg nicht unbedingt aus den Voraussetzungen ableitbar ist, sondern auch von „Zeitpunkt und Zufall“ abhängig ist – und was für eine „Zeit“ ihm gerade bevorsteht, weiß kein Mensch; wenn es eine böse Zeit sein sollte, fällt sie über ihn her wie ein Netz über Vögel. Zur Sache vgl. 3, 1–11; 8, 1–9. Qohelet setzt hier offensichtlich wieder seine grundlegenden Ausführungen von 1, 3 – 3, 15 voraus, daher die

→ grundlegende Ausführungen: 1,3 - 3,15

[46] Ausführliche Begründung dieser Auslegung bei MICHEL (BZAW). Vgl. auch V. MAAG, Tod und Jenseits nach dem Alten Testament: SThU 34 (1964) 17–37; S. 28.

Kürze der Darlegung und ihr thetischer Charakter. Im Kontext von v. 11 dürfte sich die „böse Zeit" in v. 12 wohl kaum, wie häufig angenommen wird, auf den Tod beziehen.

Die Weisheit eines Armen wird nicht gehört (9, 13–16)

13 Auch dies betrachtete ich (als ein Beispiel von) Weisheit
unter der Sonne,
und es war bedeutsam für mich:
14 (Da war) eine kleine Stadt mit wenigen Bewohnern,
und ein großer König zog gegen sie,
umzingelte sie und baute gegen sie
gewaltige Belagerungstürme.
15 In der Stadt nun fand sich ein armer, aber weiser Mann,
der hätte die Stadt durch seine Weisheit retten können –
aber kein Mensch in der Stadt dachte an diesen weisen
Mann.[47]
16 Da sprach ich:
Weisheit ist (zwar) besser als Stärke –
(aber) die Weisheit des Armen wird verachtet
und seine Worte werden nicht gehört.

Vv. 13–15 bieten entweder eine weisheitliche Lehrerzählung oder ein den Lesern bekanntes Ereignis. Jedenfalls wird an dem Paradigma deutlich, daß Weisheit allein sich nicht immer durchsetzen kann – wer arm ist, wird nicht genügend beachtet.

Weiteres zum Thema „Schwäche der Weisheit" (9, 17 – 10, 1)

17 „Worte von Weisen, in Ruhe gehört,
sind besser als Geschrei eines Herrschers unter Toren."[48]
18 Weisheit ist (zwar) besser als Kriegsgerät,
(aber) ein einziger Irrender macht viel Gutes zunichte.

[47] Andere Übersetzungsmöglichkeit: „... der rettete die Stadt durch seine Weisheit, aber (sc. später) dachte niemand (mehr) an diesen weisen Mann." Wegen v. 16 dürfte aber ein Irrealis vorliegen.

[48] Möglich auch: „Worte von Weisen werden in Ruhe gehört, fern vom Geschrei eines Herrschers unter Toren", aber die oben gebotene Übersetzung paßt besser in den Kontext.

1 Tote Fliegen machen stinkend und gärend
das Öl des Salbmischers –
schwerer als Weisheit und Ansehen
wiegt ein wenig Torheit.

Das Thema von 9,13–16 wird vertieft: in v. 17 wohl ein Weisheitsspruch, v. 18 dürfte Qohelets Kommentar sein. 10,1 ist vielleicht analog aufzugliedern: daß tote Fliegen das Öl des Salbmischers verderben, mag in der herkömmlichen Weisheit den Sinn gehabt haben, die Lehre rein zu halten von falschen Elementen, während v. 1 b dieses Bild auf Qohelets Thema deutet – vielleicht ist aber auch der ganze Spruch als Einheit übernommen oder von Qohelet verfaßt; ohne Parallelen läßt sich das nicht sicher entscheiden.

Glosse über die Dummheit (10, 2–3)

2 „Das Herz (= der Verstand) eines Weisen
leitet ihn zur Rechten (= auf den rechten Weg),
aber das Herz eines Toren leitet ihn zur Linken."
3 Auf welchem Weg auch immer ein Narr geht –
er ermangelt des Herzens (= ihm fehlt der Verstand),
und so macht er allen deutlich, daß er ein Narr ist.[49]

Vermutlich bringt v. 3 einen bissigen Kommentar zu einem Weisheitsspruch: hinsichtlich des Toren gilt nicht, daß ihn sein Verstand auf den falschen Weg leitet, sondern, daß er gar keinen Verstand hat. Doch ist diese Auffassung nicht gesichert, vgl. auch Anm. 49.

Glosse zu einem weisheitlichen Ratschlag über das Verhalten vor dem Herrscher (10, 4–7)

4 „Wenn die Stimmung des Herrschers gegen dich hochkommt,
verlasse deinen Platz nicht,
denn Gelassenheit kann große Verfehlungen
zur Ruhe bringen."

[49] Weil im Text verschiedene Wörter für „Tor" und „Narr" verwendet werden, übersetzt LOHFINK: „Der Verstand des Gebildeten wählt den rechten Weg, der Verstand des Ungebildeten den linken; doch der Dumme – welchen Weg er auch einschlägt, ihm fehlt der Verstand, obwohl er von jedem anderen gesagt hat: Er ist dumm." Die Übersetzung ist möglich – weil aber Qohelet sich sonst hier mit herkömmlicher Weisheit auseinandersetzt, scheint mir die obige Übersetzung wahrscheinlicher zu sein.

5 Es gibt aber auch ein Übel,
das ich unter der Sonne betrachtet habe,
eine Art Nachlässigkeit, die von Mächtigen auszugehen pflegt:
6 Die Torheit ist in höchste Stellungen gesetzt,
und Reiche müssen in Erniedrigung sitzen.
7 Ich sah Sklaven hoch zu Roß
und Fürsten, die wie Sklaven zu Fuß gehen mußten.

In v. 4 ein Ratschlag der herkömmlichen Weisheit, in vv. 5–7 ein Kommentar Qohelets; für diese Aufteilung spricht der verschiedene Stil. Zum Sinn von v. 4 vgl. Prv 16, 14 „Der Grimm eines Königs ist ein Todesbote, aber ein weiser Mann kann ihn besänftigen". Ähnliches in der ägyptischen Weisheit: „Antworte nicht einem wütenden Vorgesetzten, halte dich abseits. Sage Süßes, wenn er Bitteres zu jemandem sagt, und beruhige sein Herz" (Aus der Lehre des Ani).[50]

Zu dem Anspruch der Weisheit, sie könne sogar lehren, wie man durch Gelassenheit einem zornigen König begegnen und so natürlich Erfolg haben könne, bemerkt Qohelet, daß leider die Mächtigen sich gerne mit Torheit und Sklaven umgeben – was soll da Weisheit helfen?

Weitere Glossen zu einem behaupteten Vorteil der Weisheit (10, 8–11)

8 „Wer eine Grube gräbt, kann (selber) hineinfallen,
wer eine Mauer einreißt, den kann eine Schlange beißen.
9 Wer Steine bricht, kann sich dabei wehtun,
wer Holz spaltet, bringt sich in Gefahr.
10 Wenn das Eisen stumpf ist,
wenn man die Schneide nicht schärft,
muß man vielfache Kraft aufwenden.
Vorteil liegt im richtigen Anwenden der Weisheit."
11 „Wenn die Schlange vor der Beschwörung beißt,
hat der Schlangenbeschwörer keinen Vorteil."

Die Zusammenstellung in vv. 9–10 zielt auf den letzten Satz von v. 10: Wenn man Weisheit richtig anwendet, kann man Gefahren vermeiden und Schwierigkeiten beseitigen. V. 11 dagegen betont: es gibt Gefahren, die eintreten, ehe man Weisheit anwenden kann, hat also eine kritische Funktion gegenüber vv. 8–10. Ob v. 11 von Qohelet formuliert oder aus dem Schatz der Weisheitssprüche übernommen ist, läßt sich nicht entscheiden; auf

[50] Hinweis von GALLING, 117, ein weiteres Beispiel bei MICHEL (1982) 89.

jeden Fall aber dürfte die in der Zusammenstellung sich äußernde Skepsis typisch für Qohelet sein.[51]

Die Torheit par exellence (10, 12–14)

12 „Worte aus dem Munde eines Weisen verschaffen Ansehen,
aber die Lippen eines Toren verschlingen ihn selber.
13 Seine Worte fangen mit Dummheit an
und enden mit schlimmer Verblendung."[52]
14 Der Dumme redet zwar sehr viel –
(dennoch aber) kann der Mensch nicht erkennen,
was sein wird –
und was nach ihm sein wird – wer könnte es ihm
kundtun?

Vv. 12–13, die nach Form und Inhalt aus der traditionellen Weisheit stammen dürften, werden in v. 14 „nach Art des Hauses Qohelet" (LOHFINK) kommentiert: die eigentliche Dummheit besteht darin, daß man meint, etwas über die Zukunft und sein künftiges Geschick (nach dem Tode?) wissen zu können.

Allerlei ermüdendes Torengerede (10, 15–20)

15 Das Abmühen der Toren ermüdet [?] den,[53]
der (noch) nicht einmal versteht, in die Stadt zu gehen.
16 „Weh dir Land, dessen König ein Knabe ist
und dessen Fürsten (schon) am Morgen essen (= tafeln?).
17 Wohl dir, Land, dessen König ein Edler ist
und dessen Fürsten zur (rechten) Zeit essen (= tafeln?),
mit Stärke und nicht mit Trinken [?].[54]

[51] Analyse des Textes bei MICHEL (1982) 97f.

[52] Wörtlich: Der Anfang der Worte seines Mundes ist Dummheit, das Ende (der Worte) seines Mundes schlimme Verblendung.

[53] Weil im Hebräischen grammatisch inkorrekt auf das maskuline Substantiv „Abmühen" eine feminine Verbform folgt, nehmen viele Ausleger eine falsche Worttrennung an, nach deren Korrektur der Satz lautet: „Wann (endlich) ermüdet das Abmühen des Toren den, ..."

[54] Nicht geklärte Wendung. LOHFINK: „beherzt und nicht wie Trinker". Vielleicht sind die Wörter eine Glosse, so viele Ausleger.

18 Durch große Trägheit senkt sich das Dach,
durch Lässigkeit der Hände trieft das Haus.
19 Zum Lachen veranstaltet man ein Mahl
und Wein erfreut das Leben
und Geld gibt Antwort auf alles.
20 Selbst in deinen Gedanken beschimpfe den König nicht,
nicht einmal im Schlafzimmer beschimpfe den Reichen,
denn die Vögel des Himmels
können deine Stimme weitertragen
und ein Geflügelter kann dein Wort kundtun."

Ein Abschnitt, der mir wie den meisten Auslegern größte Schwierigkeiten bereitet. V. 15 ist unklar, weil uns der Sinn der anscheinend sprichwörtlichen Wendung „nicht verstehen, in die Stadt zu gehen" mangels Parallelen unbekannt ist. Wenn mit dieser Wendung große Dummheit charakterisiert werden soll, meint v. 15: Mit ihrem Abmühen plagen sich Toren, die einfachste Dinge nicht verstehen. Wenn dagegen die Wendung ein einfaches, unverbildetes Leben bezeichnet, meint v. 15: Mit ihrem Abmühen langweilen Toren denjenigen, der noch unverbildet und vernünftig denkt. Weitere Möglichkeiten in den Kommentaren. Die vv. 16–17 bieten anscheinend einen traditionellen Weisheitsspruch über rechtes Verhalten von Herrschenden – nur: Was soll dieser Spruch im Munde Qohelets? Eine so naive Wertung paßt nicht zu seiner sonstigen Skepsis, vgl. z. B. 5,7–9; 4,13–16. Was v. 18 im Kontext soll, ist unklar; vielleicht ist „Haus" ein Wort für Staat. Die sich in v. 19 aussprechende zynische Haltung wäre bei Qohelet ohne Parallele. Hitzig (1847) und Levy (1912) haben wegen dieser Schwierigkeiten in vv. 16–19 Worte der in v. 15 anvisierten Toren und in v. 20 die Stellungnahme Qohelets sehen wollen. Wenn auch die übrigen Ausleger ihnen nicht gefolgt sind (vehemente Kritik bei Delitzsch!), haben die beiden m. E. dennoch im Kern recht; ich würde nur auch v. 20 zu dem Torengerede zählen; der Vers zeigt keine Spur von für Qohelet typischen Gedanken. V. 15 hätte dann in einer der beiden oben skizzierten Möglichkeiten die Funktion, die vv. 16–20 einleitend als Abmühen von Toren zu charakterisieren. Mit dieser Annahme wird die Schwierigkeit beseitigt, daß sonst Qohelet hier – und nur hier! – herkömmliche Weisheitssprüche übernehmen und ohne eigene Kommentierung darbieten würde. Wie er selber übergroße Vorsicht von der Art, wie sie sich in v. 20 äußert, beurteilt, wird im folgenden Abschnitt klar.

Die Zukunft ist nicht mit Sicherheit berechenbar – darum tu jetzt, was du kannst und mußt! (11,1–8)

1 Wirf dein Brot ins Wasser –
nach vielen Tagen kannst du es (doch) wiederfinden.
2 Gib Anteil an sieben oder gar acht –
du weißt (dennoch) nicht, was als Übel kommen wird
auf der Erde.
3 Wenn die Wolken mit Regen gefüllt sind,
ergießen sie sich auf die Erde.
Wenn ein Baum nach Süden oder (auch) nach Norden fällt:
an dem Platz, wo er hingefallen ist, bleibt er liegen.
4 Wer (immer nur) auf den Wind achtet, kann nicht säen,
wer (immer nur) nach den Wolken guckt, kann nicht ernten.
5 Ebenso wie du nicht weißt,
welchen Weg der Wind gehen wird,
ebenso wie du die Gebeine im Leib der Schwangeren
nicht kennst,
ebenso kannst du auch das Werk Gottes nicht kennen,
der alles macht.
6 Am Morgen säe deine Saat aus
und laß bis zum Abend deine Hand nicht ruhen,
denn du weißt nicht, was gelingen wird,
das eine oder das andere,
oder ob (sogar) beides zusammen gut ist.
7 Dann ist das Licht süß,
dann tut es den Augen gut, die Sonne zu sehen.
8 Auch wenn der Mensch viele Jahre lebt,
in allen kann er sich freuen –
und soll der finsteren Tage gedenken,
denn sie werden auch zahlreich sein.
Alles, was kommt, ist absurd.

Für die genaue Bedeutung des Bildes von v. 1 fehlen Parallelen; wenn Seehandel gemeint ist, sagt v. 1: Sei wagemutig – du kannst Erfolg haben. Vermutlich aber ist die Wendung ein Bild für sinnloses Handeln, möglicherweise steht hinter ihr eine Erzählung nach Art des ›Der Ring des Polykrates‹; Sinn dann: Tu etwas scheinbar Sinnloses – und du kannst doch Erfolg haben. V. 2 bringt ein Gegenbeispiel: Auch vorsichtiges Verteilen des Besitzes und Streuen des Risikos ist keine Garantie für Erfolg. Die Zukunft kann entsprechend der Vorherberechnung (Wolken – Regen) oder unberechenbar (Fallen des Baumes) sein (v. 3). Wer zu viel Vorsorge trifft, kommt nicht zum Handeln. In vv. 5–6 die Quintessenz der Ethik Qohelets: Angesichts dessen, daß du nicht weißt, was die Zukunft bringt, sollst du jetzt das tun, was zu tun ist! Dann verschaffst du dir die Möglichkeit der Freude (vv. 7–8). Ob auch die zweite Hälfte von v. 8 von Qohelet stammt oder Hinzufügung eines Ergänzers ist, erscheint mir offen.

Freue dich in der Jugend, ehe die Mühen des Alters kommen (11,9–12,7)

9 Freue dich, Jüngling, in (an?) deiner Jugend,
laß deinem Herzen wohlsein in (an?) deinen Jugendtagen!
Geh, wohin dein Herz dich weist
und deine Augen dich locken!
[Wisse aber, daß Gott dich wegen all dessen
ins Gericht führen wird!]
10 Laß Kummer fern sein von deinem Herzen
und halte dir Übles vom Leibe,
[denn Jugend und dunkles Haar sind vergänglich.]
1 [Denk an deinen Schöpfer[55] in deinen Jugendtagen,]
ehe die Tage des Übels kommen
und die Jahre sich nähern,
von denen du sagen mußt: sie gefallen mir nicht;
2 ehe sich die Sonne verfinstert
und das Licht des Mondes und der Sterne
und die Wolken nach dem Regen zurückkommen
3 zu der Zeit, da die Wächter des Hauses erzittern
und die starken Männer sich krümmen
und die Müllerinnen die Arbeit einstellen,
weil sie zu wenige geworden sind,
und es dunkel wird bei denen, die durch die Fenster schauen,
4 und die Türen nach draußen sich schließen,
wenn das Geräusch der Mühle leiser wird,
so daß sie sich erhebt wie eine Vogelstimme[56]
und alle Töne sich neigen.

[55] Viele Ausleger ziehen vor, mit leichter Änderung des hebräischen Textes „deine Grube“ (= dein Grab) zu lesen. Vgl. die Kurzglosse.

[56] Wörtlich: so daß er sich erhebt zur Vogelstimme. Sinn entweder: man steht schon morgens früh auf – oder: sie (Stimme im Hebräischen maskulin) wird hoch wie eine Vogelstimme.

5 Auch schon vor einer Anhöhe fürchtet man sich
und Schrecknisse sind auf der Straße.
Und der Mandelbaum blüht
und die Heuschrecke schleppt sich dahin
und die Kaper zerplatzt (= versagt?),
denn der Mensch ist auf dem Wege in sein Ewigkeitshaus
und auf der Straße gehen die Trauernden umher;
6 ehe die silberne Schnur zerreißt
und die goldene Schale zerspringt
und der Krug am Brunnen zerschellt
und das Schöpfrad zerbrochen in den Brunnen fällt
7 [und der Staub zur Erde zurückkehrt, wie es vorher war,
und der Geist zurückkehrt zu Gott, der ihn gegeben hat.]

Mit dem Aufruf zur Freude, die man auskosten soll, solange man kann, d.h., ehe das lästige Alter kommt, schließt das Buch Qohelet. Die meisten Ausleger sehen in 11,9b eine orthodoxe Glosse, die vor einer libertinistischen Fehlinterpretation schützen soll; sie dürfte (vgl. 12,14) vom 2. Epilogisten stammen. Nicht ganz so einmütig ist die Beurteilung von 11,10b; 12,1a; 12,7. Wegen 3,21 ist m.E. 12,7 ebenfalls als Glosse anzusehen, ebenso 11,10b. 12,1a.[57] Sachliches: Normalerweise wird in Palästina der Himmel nach einem Regen schnell wieder blau. – In vv. 3–4 allegorische Aussagen, Wächter = Arme, starke Männer = Beine, Müllerinnen = Zähne, die aus dem Fenster schauen = Augen, Türen nach draußen = Ohren, Geräusch der Mühle = Stimme. In v. 5 ist der allegorische Charakter umstritten; vielleicht: Mandelbaum = weißes Haar, Heuschrecke = schleppender Gang, Kaper = sexuelles Verhalten (Kaper galt als Aphrodisiakum) – vielleicht aber auch Bilder für die Natur voller Lebenskraft als Gegensatz zu dem hinfälligen Greis (so z.B. LOHFINK). In v. 6 wohl keine Allegorien, sondern Bilder.

Rahmung (12,8)

8 Vollkommen absurd, sprach Qohelet, alles ist absurd.

Abschließendes Gegenstück zu 1,2.

[57] Hierzu vgl. zuletzt WHITLEY, 95f.

1. Nachtrag: Qohelet war ein Weiser (12,9–11)

9 Ein Nachtrag:
Qohelet war ein Weiser
und lehrte auch das Volk Erkenntnis.
Er wägte ab und prüfte, faßte viele Sprichwörter ab.
10 Qohelet trachtete danach,
angemessen formulierte Worte herauszufinden,
und er schrieb wahre Worte in angemessener Weise auf.
11 „Worte von Weisen sind wie Ochsenstachel,
und wie eingeschlagene Nägel
sind die Herren der Sammlungen."
Sie sind von einem einzigen Hirten gegeben.

In diesem Votum des 1. Epilogisten wird Qohelet als Weiser verstanden. Das Urteil wird in v. 11 durch Zitate begründet; mit Ochsenstacheln trieb man störrische Ochsen an; die Wendung „Herren der Sammlungen" ist unklar, entweder „Leitsprüche der Spruchsammlungen" oder „Leiter der Versammlungen (sc. von Weisen)". Skopos ist der Schlußsatz: Auch Qohelets Worte sind ihm von Gott eingegeben. Die Notwendigkeit eines solchen Votums spricht für sich selber: Offenbar gab es Leute, die anderer Meinung waren.

2. Nachtrag: Qohelet als Rechtgläubiger (12,12–14)

12 Ein Nachtrag darüber hinaus:
Mein Sohn, laß dich warnen!
Des vielen Büchermachens ist kein Ende,
und viel Studieren macht den Leib müde.
13 Am Ende laßt uns auf den Sinn des Ganzen achten:
Fürchte Gott und halte seine Gebote!
Darin liegt der ganze (Sinn des) Mensch(en)!
14 Denn alles Tun wird Gott ins Gericht bringen,
das über alles Verborgene ergehen wird,
sei es nun gut oder böse!

Votum des 2. Epilogisten, der der wissenschaftlichen Diskussionen (über den Sinn des Buches Qohelet?) müde ist (v. 12). Er findet in dem Buche eine Ermahnung zur Gottesfurcht (vgl. 3,14), wobei er aber sicher, wie die Fortsetzung „und halte seine Gebote" zeigt, einen anderen Begriff von Gottesfurcht hat als Qohelet – Qohelet redet nicht zufällig nie von Geboten des fernen und zu fürchtenden Gottes! Mit dem Hinweis auf das noch ausstehende (Jenseits-)Gericht wird die Heimholung Qohelets in die Rechtgläubigkeit vollendet.

LITERATUR IN AUSWAHL

Im Anhang von Diethelm Michel, Untersuchungen zur Eigenart des Buches Qohelet (BZAW), 1989, findet sich ein von Reinhard Lehmann zusammengestelltes Literaturverzeichnis zu Qohelet, das Vollständigkeit anstrebt.

1. Kommentare (in chronologischer Folge)

Mendelssohn, Moses: Der Prediger Salomo mit einer kurzen und zureichenden Erklärung nach dem Wortverstand zum Nuzen der Studierenden von dem Verfasser des Phädon. Aus dem Hebräischen übersetzt von dem Uebersezer der Mischnah, Anspach, bey Jacob Christoph Posch, 1771.

Hitzig, Ferdinand: Der Prediger Salomo's, Leipzig 1847; ²1883 (KEH VII 113–222; ²181–314).

Delitzsch, Franz: Hoheslied und Koheleth, Leipzig 1875 (BC IV, 4).

Bickel, Gustav, Der Prediger über den Wert des Daseins. Wiederherstellung des bisher zerstückelten Textes, Uebersetzung und Erklärung, Innsbruck 1884.

Cheyne, T. K.: Job and Solomon or the Wisdom of the Old Testament, London 1887.

Siegfried, Carl: Prediger und Hoheslied, Göttingen 1898 (HK II 3, 2).

Wildeboer, G.: Der Prediger, in: Die fünf Megillot, Tübingen 1898 (KHC XVII) 109–168.

Haupt, Paul: Koheleth oder Weltschmerz in der Bibel. Ein Lieblingsbuch Friedrichs des Großen, verdeutscht und erklärt, Leipzig 1905.

Zapletal, Vinzenz: Das Buch Kohelet kritisch und metrisch untersucht, übersetzt und erklärt, Freiburg i. Br. 1905, ²1911.

Barton, George Aaron: A Critical and Exegetical Commentary on the Book of Ecclesiastes, Edinburgh 1908, Reprint 1959 (ICC 21).

Podechard, Emmanuel: L'Ecclésiaste, Paris: Lecoffre 1912 (EtB).

Levy, Ludwig: Das Buch Qoheleth. Ein Beitrag zur Geschichte des Sadduzäismus, Leipzig 1912.

Volz, Paul: Hiob und Weisheit (Das Buch Hiob, Sprüche und Jesus Sirach, Prediger) übersetzt, erklärt und mit Einleitungen versehen, Göttingen ²1921 (²SAT 3.2).

Thilo, M.: Der Prediger Salomo neu übersetzt und auf seinen Gedankengang untersucht, Bonn 1923.

Budde, Karl: Der Prediger, HSAT(K) ⁴1923, 421–442.

Allgeier, Arthur: Das Buch des Prediger, oder Koheleth, Bonn 1925 (HSAT Feldmann/Herkenne 6,2).
Bea, Augustin (Hrsg.): Liber Ecclesiasticae qui ab Hebraeis appellatur Qoheleth nova e textu primigenio interpretatio latina cum notis criticis et exegeticis, Rom 1950 (SPIB 100).
Buzy, Denis: L'Ecclésiaste traduit et commenté: SB (PC) 6 (1951) 189–280.
Pautrel, Raymond: L'Ecclésiaste, Paris [3]1958 (SB[J]).
Gordis, Robert: Koheleth – The Man and his World, NY 1951, [3]1968 (TSJTSA XIX).
Ginsberg, H. Louis: Koheleth Interpreted, Tel Aviv/Jerusalem 1961 (A New Commentary on the Torah, the Prophets, and the Holy Writings).
Zimmerli, Walther: Das Buch des Predigers Salomo, Göttingen 1962, [3]1980 (ATD 16/1,2. 123–253).
Loretz, Oswald: Gotteswort und menschliche Erfahrung. Eine Auslegung der Bücher Jona, Rut, Hoheslied und Qohelet, Freiburg i. Br. 1963.
Kroeber, Rudi: Der Prediger hebräisch und deutsch, Berlin: Akademieverlag 1963 (SQAW 13).
Hertzberg, Hans Wilhelm: Der Prediger, Leipzig 1932 (KAT XVI,4), Gütersloh [2]1963 (KAT[2] XVII,4) 19–238.
Scott, Robert: Proverbs. Ecclesiastes, NY [2]1965 (AB 18).
Rankin, O. S./G. G. Atkins: The Book of Ecclesiastes: IntB 5, NY 1965, 3–88.
Strobel, Albert: Das Buch Prediger, Düsseldorf 1967 (WB. KK 9).
Galling, Kurt: Der Prediger. Die Fünf Megilloth, Tübingen 1940, 47–90; [2]1969, 73–125 (HAT I,18).
Lauha, Aarre: Kohelet, Neukirchen 1978 (BK. AT 19).
Lohfink, Norbert: Kohelet, Würzburg 1980 (Neue Echter Bibel).

2. Monographien und Aufsätze

Amir, Yehoshua: Doch ein griechischer Einfluß auf das Buch Kohelet?, in: Studien zum antiken Judentum (Beiträge zur Erforschung des Alten Testaments und des antiken Judentums 2), 1985, 35–50.
Armstrong, James F.: Ecclesiastes in Old Testament Theology: PSB 94 (1983) 16–25.
Barucq, André: Dieu chez les sages d'Israël: BEThL 41 (1976) 169–189.
–: Qohéleth, in: Supplément au Dictionnaire de la Bible 50B, Paris 1977, 609–674.
Bertram, Georg: Hebräischer und griechischer Qohelet. Ein Beitrag zur Theologie der hellenistischen Bibel: ZAW 64 (1952) 26–49.
Bickerman, Elias: Four Strange Books of the Bible. Jonah, Daniel, Koheleth, Esther, NY: Schocken 1967.
Blieffert, Hans-Jürgen: Weltanschauung und Gottesglaube im Buch Kohe-

let. Darstellung und Kritik. Diss. theol. Rostock 1938 (Reprint Rostock 1958).
Braun, Rainer: Kohelet und die frühhellenistische Popularphilosophie, Berlin 1973 (BZAW 130).
Burkitt, J.: Is Ecclesiastes a translation?: JThS 23 (1922) 22–26.
Castellino, George R.: Qohelet and his Wisdom: CBQ 30 (1968) 15–28.
Coppens, J.: La structure de l'Ecclésiaste, in: La Sagesse de l'Ancien Testament, ed. M. Gilbert, Louvain 1979 (BEThL 51) 288–292.
Crenshaw, James L.: The Eternal Gospel (Eccl. 3:11), in: Essays in Old Testament Ethics (FS J. P. Hyatt) NY 1974, 23–55.
–: The Shadow of Death in Qoheleth, in: Israelite Wisdom (FS S. Terrien) NY 1978, 205–216.
–: The birth of skepticism in ancient Israel, in: The Divine Helmsman (FS L. H. Silberman) NY 1980, 1–19.
Crüsemann, Frank: Die unveränderbare Welt. Überlegungen zur „Krisis der Weisheit" beim Prediger (Kohelet), in: Der Gott der kleinen Leute. Sozialgeschichtliche Auslegungen, hrsg. von W. Schottroff u. W. Stegemann, München 1979, 80–104.
–: Hiob und Kohelet. Ein Beitrag zum Verständnis des Hiobbuches, in: Werden und Wirken des Alten Testaments (FS Claus Westermann) Göttingen 1980, 373–393.
Dahood, Mitchell: Canaanite-Phoenician Influence in Qoheleth: Bib. 33 (1952) 30–52. 191–221.
–: The Language of Qoheleth: CBQ 14 (1952) 227–232.
–: Qoheleth and Northwest Semitic Philology: Bib. 46 (1965) 210–212.
–: The Phoenician Background of Qoheleth: Bib. 47 (1966) 264–282.
Delsman, W. C.: Zur Sprache des Buches Koheleth, in: Von Kanaan bis Kerala (FS J. P. M. van der Ploeg 1979) Kevelaer/Neukirchen 1982 (AOAT 211) 349–365.
Driver, Samuel Rolles: Einleitung in die Litteratur des Alten Testaments, deutsch von Rothstein, 1896.
Ellermeier, Friedrich: Die Entmachtung der Weisheit im Denken Qohelets. Zu Text und Auslegung von Qoh. 6,7–9: ZThK 60 (1963) 1–20.
–: Qohelet I, 1. Untersuchungen zum Buche Qohelet, Herzberg 1967 (Diss. Göttingen 1965).
Euringer, Sebastian: Der Masorahtext des Koheleth kritisch untersucht, Leipzig 1890.
Forman, Charles C.: The Pessimism of Ecclesiastes: JSSt 3 (1958) 336–343.
–: Koheleth's Use of Genesis: JSSt 5 (1960) 256–263.
Fox, Michael V.: Frame Narrative and Composition in the Book of Qohelet: HUCA 48 (1977) 83–106.
Galling, Kurt: Kohelet-Studien: ZAW 50 (1932) 276–299.
–: Stand und Aufgabe der Kohelet-Forschung: ThR. NF 6 (1934) 355–373.
–: Die Krise der Aufklärung in Israel, Mainz 1952 (Mainzer Universitäts-Reden 19).

Galling, Kurt: Predigerbuch: ³RGG 5, 1961, 510–514.
–: Das Rätsel der Zeit im Urteil Kohelets (Koh. 3,1–15): ZThK 58 (1961) 1–15.
Gerson, Adolf: Der Chacham Kohelet als Philosoph und Politiker. Ein Kommentar zum biblischen Buche Kohelet, zugleich eine Studie zur religiösen und politischen Entwicklung des Volkes Israel im Zeitalter Herodes des Grossen, Frankfurt: Kauffmann 1905.
Gese, Hartmut: Die Krisis der Weisheit bei Koheleth, in: Les sagesses du Proche-Orient Ancien. Colloque de Strasbourg 17.–19. mai 1962, Paris: Presses Universitaires 1963, 139–151 = H. Gese, Vom Sinai zum Zion, München 1964, 168–179 (BEvTh 64).
Ginsberg, H. Louis: Studies in Koheleth, NY 1950 (TSJTSA XVII).
–: Supplementary Studies in Koheleth: PAAJR 21 (1952) 35–62.
–: The Structure and Contents of the Book of Koheleth, in: Wisdom in Israel and in the Ancient Near East (FS H.H. Rowley) Leiden 1955 (VT.S 3) 138–149 = A. Altmann (Hrsg.), Biblical and other Studies, Harvard 1963 (STLI 1), 47–59.
Good, Edwin M.: The Unfilled Sea: Style and Meaning in Ecclesiastes 1:2–11, in: Israelite Wisdom (FS Samuel Terrien) NY 1968, 59–73.
Gordis, Robert: Quotations in Wisdom Literature: JQR 30 (1939/40) 123–147.
–: The Original Language of Qohelet: JQR 37 (1946/47) 67–84 = Gordis, The Word and the Book, Studies in Biblical Language and Literature, NY 1976, 231–248.
–: The Translation-Theory of Qohelet Re-examined: JQR 40 (1949/50) 103–116 = The Word and the Book 249–262.
–: Koheleth – Hebrew or Aramaic?: JBL 71 (1952) 93–109 = The Word and the Book 263–279.
–: Was Koheleth a Phoenician? Some Observations on Methods in Research: JBL 74 (1955) 103–114 = The Word and the Book 280–291.
–: Qoheleth and Qumran – A study of Style: Bib. 41 (1960) 395–410 = The Word and the Book 292–307.
Gorssen, L.: La cohérence de la conception de Dieu dans l'Ecclésiaste, in: EThL 46 (1970) 282–324.
Hengel, Martin: Judentum und Hellenismus, Tübingen 1969; ²1973 (WUNT 10) 210–240.
Herder, Johann Gottfried: Briefe, das Studium der Theologie betreffend, ²1790 [Brief 11].
Hertzberg, Hans Wilhelm: Palästinensische Bezüge im Buche Kohelet: ZDPV 73 (1957) 113–124 = FS F. Baumgärtel, Erlangen 1959, 63–73.
Hessler, Bertram: Der verhüllte Gott. Der heilstheologische Sinn des Buches Ecclesiastes: ThGL 43 (1953) 347–359.
Holm-Nielsen, Svend: On the Interpretation of Qoheleth in Early Christianity: VT 24 (1974) 168–177.

–: The Book of Ecclesiastes and the Interpretation of it in Jewish and Christian Theology: ASTI 10 (1975/76) 38–96.
Humbert, Paul: Recherches sur les sources égyptiennes de la littérature sapientale d'Israel, Neuchâtel 1929.
Johnson, Robert Franklin: A Form-Critical Analysis of the Sayings in the Book of Ecclesiastes, Diss. Emory 1973.
Johnston, Robert K.: "Confessions of a Workaholic": A Reappraisal of Qoheleth: CBQ 38 (1976) 14–28.
Johnstone, William: 'The Preacher' as Scientist: SJTh 20 (1967) 210–221.
Joüon, Paul: Sur le nom de Qoheleth: Bib. 2 (1921) 53–54.
–: Notes philologiques sur le texte hébreu d'Ecclésiaste: Bib. 11 (1930) 419–425.
Kaiser, Otto: Die Sinnkrise bei Kohelet, in: Rechtfertigung, Realismus, Universalismus in biblischer Sicht (FS A. Köberle) Darmstadt 1978, 3–21.
–: Judentum und Hellenismus, in: VF 27/1, 1982, 68–88.
Kamenetzky, Abraham Schalom: Das Koheleth-Rätsel: ZAW 29 (1909) 63–69.
–: Die ursprünglich beabsichtigte Aussprache des Pseudonyms qhlt: OLZ 34 (1921) 11–15.
Kautzsch, Karl: Die Philosophie des Alten Testaments, Tübingen 1914 (RV VI, 6).
Kleinert, Paul: Sind im Buche Koheleth außerhebräische Einflüsse anzuerkennen?: ThStKr 56 (1883) 761 ff.
–: Prediger Salomo: RE^3 15, 1904, 617–623.
–: Zur religions- und kulturgeschichtlichen Stellung des Buches Koheleth: ThStKr 82 (1909) 493–529.
Klopfenstein, Martin A.: Die Skepsis des Kohelet: ThZ 28 (1972) 97–109.
Lang, Bernhard: Ist der Mensch hilflos?, Zürich 1979 (ThMed 53).
–: Ist der Mensch hilflos?: ThQ 159 (1979) 109–124.
–: in: B. Lang, Wie wird man Prophet in Israel?, 1980, 120–136.
Lapide, Pinchas: Eine Lektion der Vergänglichkeit. Kohelet bricht alle Konventionen der Verkündigung: LM 18 (1979) 590–592.
Lichtheim, Miriam: Observations on Papyrus Insinger [and Qohelet, Sirach, Menander], in: Studien zu altägyptischen Lebenslehren, ed. Hornung/Keel, Freiburg (Schweiz) Göttingen 1979 (OBO 28) 283–305.
Loader, J. A.: Polar Structures in the Book of Qoheleth, Berlin 1979 (BZAW 152).
Lohfink, Norbert: War Kohelet ein Frauenfeind? Ein Versuch, die Logik und den Gegenstand von Koh. 7.23–8, 1 a herauszufinden, in: La Sagesse de l'Ancien Testament, ed. M. Gilbert, Louvain 1979 (BEThL 51) 259–287.
–: melek, šallîṭ und môšēl bei Kohelet und die Abfassungszeit des Buchs: Bib. 62 (1982) 535–543.
–: Warum ist der Tor unfähig, böse zu handeln? (Koh 4, 17), in: ZDMG. S 5, 1983, 113–120.

Loretz, Oswald: Zur Darbietungsform der „Ich-Erzählung“ im Buche Qohelet: CBQ 25 (1963) 46–59.
–: Qohelet und der Alte Orient. Untersuchungen zu Stil und theologischer Thematik des Buches Qohelet, Freiburg i. Br. 1964.
Luder, Ernst: Gott und Welt nach dem Prediger Salomo: SThU 28 (1958) 105–114.
Lys, Daniel: L'Ecclésiaste ou Que vaut la vie? Traduction. Introduction générale. Commentaire de 1,1 à 4,3 (Diss. Montpellier 1975) Paris 1977.
–: L'Être et le Temps. Communication de Qohèlèth, in: La Sagesse de l'Ancien Testament, ed. M. Gilbert, Louvain 1979 (BEThL 51) 249–258.
MacDonald, Duncan Black: The Hebrew philosophical Genius: A Vindication, Princeton 1936, Repr. NY 1965.
McNeile, Alan Hugh: An Introduction to Ecclesiastes with Notes and Appendices, Cambridge 1904.
Michel, Diethelm: Humanität angesichts des Absurden. Qohelet (Prediger) 1,2 – 3,15, in: Humanität heute, hrsg. von H. Förster, Berlin 1970, 22–36.
–: Vom Gott, der im Himmel ist (Reden von Gott bei Qohelet): ThViat 12 (1973/74) Berlin 1975, 87–100.
–: Qohelet-Probleme. Überlegungen zu Qoh 8,2–9 und 7,11–14: ThViat 15 (1979/80) Berlin 1982, 81–103.
–: Untersuchungen zur Eigenart des Buches Qohelet. Mit einem Anhang: Reinhard Lehmann, Bibliographie zu Qohelet, Berlin 1989 (BZAW).
Muilenburg, J.: A Qoheleth Scroll from Qumran: BASOR 135 (1954) 20–28.
Mulder, J. S. M.: Qoheleth's Division and also its Main Point, in: Von Kanaan bis Kerala (FS J. P. M. van der Ploeg 1979) Kevelaer/Neukirchen 1982 (AOAT 211) 149–159.
Müller, Hans-Peter: Wie sprach Qohälät von Gott?: VT 18 (1968) 507–521.
–: Neige der althebräischen „Weisheit“. Zum Denken Qohäläts: ZAW 90 (1978) 238–264.
Murphy, Roland E.: The «Pensées» of Coheleth: CBQ 17 (1955) 184–194. 304–314.
–: Kohelet, der Skeptiker: Conc(D) 12 (1976) 567–570.
–: Qoheleth's "Quarrel" with the Fathers, in: From Faith to Faith (FS D. G. Miller) Pittsburgh, Pennsylvania 1979, 235–245.
–: Qohelet Interpreted: The Bearing of the Past on the Present: VT 32 (1982) 331–337.
Nishimura, Toshiaki: Quelques réflexions sémiologiques à propos de «la crainte de dieu» de Qohelet: Annual of the Japanese Biblical Institute 5 (1979) 67–87.
Ogden, Graham S.: The Tôb-Spruch in Qoheleth: Its Function and Significance as a Criterion for Isolating and Identifying Aspects of Qoheleth's Thought, Diss. Princeton 1975.
–: The "Better"-Proverb (Tôb-Spruch), Rhetorical Criticism, and Qoheleth: JBL 96 (1977) 489–505.

–: Qoheleth's Use of the "Nothing is Better"-Form: JBL 98 (1977) 339–350.

–: Qoheleth IX, 17–X, 20. Variations on the Theme of Wisdom's Strength and Vulnerability: VT 30 (1980) 27–37.

–: Qoheleth IX 1–16: VT 32 (1982) 158–169.

–: Qoheleth XI 1–6: VT 33 (1983) 222–230.

–: Qoheleth XI 7–XII 8: Qoheleth's Summons to Enjoyment and Reflection: VT 34 (1984) 27–38.

–: The Mathematics of Wisdom. Qoheleth IV 1–12: VT 34 (1984) 446–453.

Osborn, Noel D.: A Guide for Balanced Living. An Exegetical Study of Ecclesiastes 7: 1–14: BiTr 21 (1970) 185–196.

Pedersen, Johannes: Scepticism israélite: RHPhR 10 (1930) 317–370 = Paris 1931 (CRHPhR).

Peters, Norbert: Ekklesiastes und Ekklesiastikus: BZ 1 (1903) 47–54. 129–150.

Pfeiffer, Egon: Die Gottesfurcht im Buche Kohelet, in: Gottes Wort und Gottes Land (FS H. W. Hertzberg) Göttingen 1965, 133–158.

Pfeiffer, Robert: The Peculiar Scepticism of Ecclesiastes: JBL 53 (1934) 100–109.

Piotti, Franco: La Lingua dell'Ecclesiaste e lo sviluppo storico dell'Ebraico: BeO 15 (1973) 185–196.

–: Osservazioni su alcuni usi linguistici dell'Ecclesiaste: BeO 19 (1977) 49–56.

Plumptre, E. H.: Ecclesiastes or the Preacher, Cambridge 1882.

Polk, Timothy: The Wisdom of Irony: A Study of hebel and its Relation to Joy and the Fear of God in Ecclesiastes: SBTh 6 (1976) 3–17.

Rad, Gerhard von: Weisheit in Israel, Neukirchen 1970.

Ranston, Harry: Ecclesiastes and the Early Greek Wisdom Literature, London 1925.

Renan, Ernest: L'Ecclésiaste traduit de l'Hébreu avec une étude sur l'age et le caractère du livre, Paris 1882.

Richards, Hubert: What's It All About? A New Look at the Book of Ecclesiastes: ScrB 6 (1975) 7–11.

Rosso-Ubigli, Liliana: Qohelet di fronte all'apocalittica: Henoch 5 (1983) 209–234.

Rousseau, François: Structure de Qohelet I 4–11 et plan du livre: VT 31 (1981) 200–217.

Rudolph, Wilhelm: Vom Buch Kohelet, Münster 1959.

Salters, Robert B.: Qoheleth and the Canon: ET 86 (1975) 339–342.

Savignac, Jean de: La Sagesse du Qohéléth et l'epopée de Gilgamesh: VT 27 (1978) 318–323.

Schiffer, Sinai: Das Buch Kohelet. Nach der Auffassung der Weisen des Talmud und Midrasch und der jüdischen Erklärer des Mittelalters. Theil I. Von der Mischna bis zum Abschluss des babyl. Talmud. Von 200–500 n. d. g. Z., Frankfurt a. M./Leipzig 1884.

Schmid, Hans Heinrich: Wesen und Geschichte der Weisheit, Berlin 1966 (BZAW 101) 186–201.

Schmitt, Armin: Zwischen Anfechtung, Kritik und Lebensbewältigung. Zur theologischen Thematik des Buches Kohelet: TThZ 88 (1977) 114–131.

Sheppard, Gerald T.: The Epilogue to Qoheleth as Theological Commentary: CBQ 39 (1977) 182–189.

Smith, L.: A Critical Evaluation of the Book of Ecclesiastes: JBR 21 (1953) 100–105.

Staples, W. E.: The "Vanity" of Ecclesiastes: JNES 2 (1943) 95–104.

–: "Profit" in Ecclesiastes: JNES 4 (1945) 87–96.

–: Vanity of Vanities: CJT 1 (1955) 141–156.

–: The Meaning of ḥēpeṣ in Ecclesiastes: JNES 24 (1965) 110–112.

Steinmann, Jean: Ainsi parlait Qohèlèt, Paris 1955.

Stiglmair, Arnold: Weisheit und Jahweglaube bei Qohelet, Diss. theol. Trier 1969.

–: Weisheit und Jahweglaube im Buch Kohelet: TThZ 83 (1974) 339–368.

Stock, George: Nochmals Koheleths Pessimismus, in: Schopenhauer-Jahrbuch 43, Frankfurt a. M. 1962, 107–110.

Stockhammer, Morris: Koheleths Pessimismus, in: Schopenhauer-Jahrbuch 41, Frankfurt a. M. 1960, 52–81.

Strauss, Hans: Erwägungen zur seelsorgerlichen Dimension von Kohelet 12, 1–7: ZThK 78 (1981) 267–275.

Torrey, C. C.: The Question of the Original Language of Kohelet: JQR (1948/49) 151–160.

Tyler, Thomas: Ecclesiastes. An Introduction to the book; an exegetical analysis; and a translation with notes, London ²1899 (¹1874).

Ullendorf, E.: The Meaning of קהלת: VT 12 (1962) 215.

Whitley, Charles F.: Koheleth. His Language and Thought, Berlin 1979 (BZAW 148).

–: Koheleth and Ugaritic Parallels, in: FS Claude F. A. Schaeffer, Neukirchen 1979 (UF 11) 811–824.

Whybray, R. N.: The Intellectual Tradition in the Old Testament, Berlin 1974 (BZAW 135).

–: Qoheleth the Immoralist? (Qoh 7:16–17), in: Israelite Wisdom (FS S. Terrien) NY 1978, 191–204.

–: The Identification and Use of Quotations in Ecclesiastes, in: Congress Volume Vienna 1980, Leiden 1981 (VT. S 32) 435–451.

Williams, James G.: What Does it Profit a Man?: The Wisdom of Koheleth: Judaism 20 (1971) 179–193 = Studies in Ancient Israelite Wisdom, ed. J. J. Crenshaw, NY 1976, 375–389.

Wölfel, Eberhard: Luther und die Skepsis, München 1958.

Wright, Addison G.: The Riddle of the Sphinx: The Structure of the Book of Qoheleth: CBQ 30 (1968) 313–334 = Studies in Ancient Israelite Wisdom, ed. J. L. Crenshaw, NY 1976, 245–266.

–: The Riddle of the Sphinx Revisited: Numerical Patterns in the Book of Qoheleth: CBQ 42 (1980) 38–51.
–: Additional Numerical Patterns in Qoheleth: CBQ 45 (1983) 32–43.
Wright, C. H.: The Book of Kohelet, commonly called Ecclesiastes, considered in relation to modern criticism, and to the doctrines of modern pessimism, with a critical and grammatical commentary and a revised translation, London 1883.
Wünsche, A.: Der Midrasch Kohelet, Leipzig 1880 (Bibliotheca Rabbinica).
Zapletal, Vincenz: Die vermeintlichen Einflüsse der griechischen Philosophie im Buche Kohelet: BZ 3 (1905) 32–39. 128–139.
Zimmerli, Walther: Die Weisheit des Predigers Salomo, Berlin 1936 (AWR.B 11).
–: Das Buch Kohelet – Traktat oder Sentenzensammlung?: VT 24 (1974) 221–230.
–: „Unveränderbare Welt" oder „Gott ist Gott"? Ein Plädoyer für die Unaufgebbarkeit des Predigerbuches in der Bibel, in: Wenn nicht jetzt, wann dann? (FS H. J. Kraus) Neukirchen 1983, 103–144.
Zimmermann, Frank: The Aramaic Provenance of Qohelet: JQR 36 (1945/1946) 17–45.
–: The Question of Hebrew in Qohelet: JQR 40 (1949/50) 79–102.
–: The Inner World of Qohelet (with translation and commentary) NY 1973.

AUTORENREGISTER